江戸の坂　東京の坂（全）

横関英一

筑摩書房

目次

江戸の坂 東京の坂

坂について　015
江戸の坂　019
古い新坂　023
坂と寺院　028
一名二坂　033
坂名の変化転訛　037

急坂を意味する坂名　052
富士見坂と潮見坂　056
昌平坂いろいろ　067
逢　坂　075
三年坂にまつわる俗信　080
三分坂と江戸銭価　090
誉田坂と八幡　095
三つの相生坂　102
妻恋坂とその前称大超坂について　109
鍋割坂　112
どれが本当の菊坂か　119
昔の坂と今の坂　124
二つの南部坂と浅野屋敷　133
乞食坂　139

瓶割坂と弁慶　　　　　　　　　　　144
いもあらい坂と疱瘡神　　　　　　148
うとう坂の当て字　　　　　　　　156
禿坂と河童　　　　　　　　　　　165
鼠坂と鼠穴　　　　　　　　　　　168
姫下坂　　　　　　　　　　　　　171
芥坂と鉄砲坂　　　　　　　　　　173
膝折坂　　　　　　　　　　　　　183
化粧坂　　　　　　　　　　　　　186
さびれた今の葵坂　　　　　　　　193
榎坂と鎌倉街道、奥州街道　　　　197
東京の坂の数　　　　　　　　　　216

あとがき　　　　　　　　　　　　220

続 江戸の坂 東京の坂

坂と江戸絵図 225
坂の下り口、上り口 232
坂の上と坂の下 238
土州橋と出羽坂 246
同じ名の坂と橋 255
変貌する坂、消えてゆく坂 265
市ヶ谷尾張屋敷に囲い込まれた六つの坂 276
再考 浄瑠璃坂 287
三田の馬場坂 293

目黒不動の男坂・女坂 311
阿衡坂と保科肥後守 315
江戸の念仏坂二つ 321
車坂と車返しの坂 329
瓢箪坂 332
やかん坂 336
忠弥坂私見 340
初音坂という坂 349
江戸城の坂二つ 356
渋谷の内記坂 365
袖摺・袖振・袖引の坂について 375
谷畑坂と八幡橋・谷畑橋のこと 383
麻布の芋洗坂と饂飩坂の道筋をきめる 387
目黒の新道坂を正す 401

坂名拾遺

上中里の宮坂 407
湯島の新坂と夫婦坂 409
渋谷の行人坂 413
切通坂六つ 416
神楽坂について 421
番付坂（茱萸坂、茱萸樹坂とも） 422
掃除坂（稲荷坂とも） 422
服部坂 423
洞　坂（法螺坂とも） 424
三百坂（三貌坂とも） 426
動　坂（不動坂とも） 426

日本最古の坂――黄泉比良坂	327
江戸時代のほととぎすの名所	354
名ばかりの坂	362
大名屋敷の坂	363
将軍の命名した坂	382
坂と川柳	399
あとがき	429
解　説　　俵　元昭	433
文庫版解説　　鈴木博之	441
江戸東京坂名集録および索引	451

江戸の坂　東京の坂（全）

江戸の坂　東京の坂

坂について

坂とは、山や岡に上ったり下ったりする道のことで、言い換えれば、低いところから高いところへ上って行く道路、または反対に、高いところから低いところへ下る道路のことをいうのである。しかし、いまここにとり上げているのは、その坂が名前を持っている場合であって、無名の坂、またはまだその坂名がわかっていないものについては、それに触れることはしない。

「さか」という字には、土へんに反という字をつくりにしたものと、阝《こざと》へんに反をつくりにしたものとがある。今までは、「阪」のほうは漢の通用字で、「坂」は和の通用字と区別されていたのであるが、今日の当用漢字表や教育漢字表には、「さか」は「坂」の字だけになってしまった。大阪、松阪、舞阪など地名のいくつかに阪の字を常用しているだけである。

土へんの坂は、土地が傾斜しているという意味を持っている。阪のほうは、阝が岐阜の阜と同じ意味で、土山の傾斜面ということになり、坂と同じ意味である。以上の土へん、阝へんのほか、漢字には山へんのついた坂、登という字をつくりにしたもの、墱・隥・嶝がある。みなトウと発音して、坂と同じ意味である。もう一つ、波という字の氵を取って、以上三つのへんをつけた字も「さか」である。坡・陂・岥（みなハと発音する）の三字である。それから、登という字に限り、墱・隥・嶝のほかに石へんの「さか」という字がある。磴である。この「さか」は、特に石段の坂を意味する。「さか」という字も、反のつくりのものが三つ（坂・阪・岅）、登のついたものが四つ（墱・隥・嶝・磴）、皮のつくりのものが三つ（坡・陂・岥）、計十字あることになる。そして、十字それぞれに、何か異なった意味が含まれていたようである。

坂には、かならず道路が伴う。道路のない単なる土地の斜面は、坂ではない。

坂とは、人間の経済活動に必要な道路の斜面でなければならない。したがって、単に神社、仏閣、私邸へ登るために設けられた坂も、一般に知られた名前のあるものを除いては、坂として取り扱わないことにする。

道路は地球上いたるところにある。そして道路のあるところ必ず坂ができるものだ。道路というものは、甲地と乙地との経済活動の必要から、もっと古くは、単に軍事上の必要から、両地間の交通のために造られたもので、必ずしも平坦地ばかりとは限らない。まして往古は交通機関の発達しない、徒歩の往来が主となっていたので、あえて回り道をしてまでも、平らな道路を造ろうとはしなかった。多少上り下りがあっても短距離のほう、すなわち、道の近いほうを選ぶもので、したがって、坂ができるのは必然である。

この場合、甲地乙地間に、谷なり山なりがあれば、それを通ずる道路には必ず傾斜ができる。すなわち坂ができるのである。道路の行く手に谷があれば、初めに下り坂ができ、つづいて上り坂ができる。この場合、その山が高ければ高いほど、その谷が深ければ深いほど、そこにできた坂は急坂となる。谷が浅く、山が低ければ、そこにできた坂は、したがってゆるやかである。

道路によって交通が開始され、往来が頻繁になると、知らず知らず人々はその分間《ぶんけん》に心を向ける。その道路上になんらかの特徴をつかもうとする。その場合、坂などは最もよい目標となる。甲地と乙地とを何度か往復している旅人は、その旅の話の中に、いくたびかその坂のことに触れる。たとえば、「土の色が赤い坂」の手前で雨にあったとか、「だらだら長い坂」の途中で弁当を食べたとか、「杉並木のうす暗い坂」の頂上で日が暮れたとか……。

この「土の色の赤い坂」ということばが、旅の話の中に、しばしば出てくるようになると、この坂のことを、いつの間にか略して「赤坂」と呼ぶようになる。「だらだら長い坂」は「長坂」、「杉並木のうす暗い坂」は、「木列坂《きつれざか》」とか、「暗闇坂《くらやみざか》」とか呼ぶようになる。それがいつの間にか固定して坂の名になるのである。だから、これらの坂名はだれがつけたものかわからない。しいて言えば、それは民衆がつけたということになる。

同じ条件で、ざっと調べた日本全国の坂名の総数約四千のうちで、いちばん多い坂は赤坂で、これが一三〇を数える。次が長坂で、これが九〇、第三が小坂で八〇、第四が大坂で六〇、つづいて高坂が三〇であった（高坂というのは急坂のことである）。以上はだいたい一般の坂についてのことである。江戸の坂も、もちろんこれらと同様なものでなければならないのだが、江戸が新開地であったがために、江戸以前の古いころの坂名については説明のとおりで、江戸ができてから、とくに徳川の時代になってからできた坂の名は、少しばかり違っていたようである。

江戸の坂

江戸の坂とは、江戸時代に江戸にあった坂で、もちろん名前を持っていた坂を言うのである。江戸の坂には、江戸の庶民が名前をつけたのである。江戸っ子が名前をつけたのである。だから、その名は江戸っ子気質そのままで、単純明快、即興的で要領よく、理屈がなくて、しかもしゃれっ気があふれている。

坂の上から富士が見えれば富士見坂と名づける。海が見えれば潮見坂と呼ぶ。新しくできた坂ならすぐに新坂と呼んでしまう。大きな坂は大坂で、坂と坂との中間の坂は中坂《なかざか》と名づける。樹木などの茂って薄暗い坂は、暗闇坂《くらやみざか》、急な坂は胸突坂《むなつきざか》、墓地のそばの坂は幽《ゆう》霊坂《れいざか》にきまっていた。それからそばに芥《ごみ》捨て場があるような坂は芥坂《ごみざか》と言い、同様に射撃練習場のあるような坂は鉄砲坂と呼んだのである。また、段々の坂は雁木坂《がんぎざか》または梯子坂《はしござか》と名づけた。お寺のそばの坂には、そのお寺の名をつけ、お宮のそばの坂には、そのお宮の名をかむらせる。そこに、八幡さまがあれば八幡坂、お稲荷さまがあれば稲荷坂と名づける。天神社ならば天神坂、氷川社ならば氷川坂と呼ぶ。さらに気どって、銀杏《いちょう》稲荷のそばの坂は、稲荷坂と言わないで銀杏坂と呼ぶ。朝日天神、牛天神のそばの坂も天神坂を捨てて、朝日坂、牛坂と命名する。

いつの世にも偉人を崇拝するのは民衆の常ではあるが、特に江戸っ子には、この気質がはげしくはたらく。有名な人々の邸宅付近の坂に、その名がかぶせられるのは当然である。渡辺綱にゆかりのあるところの坂は、綱坂または渡辺坂（港区芝三田の慶應大学裏門前の坂）と名づけた。紀州邸のそばの坂は紀伊国坂《きのくにざか》、松平摂津守の屋敷の前の坂は、津《つ》の守坂《かみざか》、三宅土佐守は三宅坂、紀州・尾州・井伊三邸のそばの坂は、ひっくるめて紀尾井坂《きおいざか》と呼ばれた。さらに、しゃれたところでは、岡部・安部・渡辺の三大名の屋敷のそばの坂は、岡部のべ、安部のべ、渡辺のべの三つのべを強調して、三《さん》べ坂《ざか》と呼んだ。

もし、坂の付近に目ぼしいものがないと、そこらあたりの樹木、鳥獣なんでもござれと、片ッぱしから借りてくるのである。冬青木坂《もちのきざか》、茶の木坂、茱萸坂《ぐみざか》、柘榴坂《ざくろざか》、狸坂《たぬきざか》、狐坂、蛇坂、蛙坂《かえるざか》、蛍坂《ほたるざか》、芋坂《いもざか》、乞食坂《こじきざか》……こんなぐあいにすこぶる自由奔放であった。

それのみならず、あやしげな伝説、挿話、事件など、およそ耳目に触れるものはなんでも採ってきて、すぐにその坂の名にすることができた。しかも明朗直截で、なかなかうまい名前を持った坂が、東京の各所に現存する。しかし、彼らの単純無造作の命名法は、ややもすると、マンネリズムに陥りやすく、江戸中のいたるところに、たくさんの同名の坂をつくってしまったのである（新坂一八、富士見坂一五、暗闇坂一二、稲荷坂九、中坂八、汐

三ベ坂

紀尾井坂

見坂八、幽霊坂八、禿坂七、芥坂七、清水坂七、大坂六、不動坂六)。

このように、江戸の坂は江戸の民衆によって名づけられたのであるが、まれには将軍の命名したと伝えられるものもいくつかあった。牛込の庾嶺坂《ゆれいざか》は徳川秀忠、それから湯島の昌平坂《しようへいざか》は、徳川綱吉の命名だと言われる。今の牛込若宮町の若宮神社付近に、当時有名な梅林があって、秀忠はこれを大いに賞賛した。その梅林のところへ上って行く坂を、庾嶺坂と名づけたのであるが、庾嶺というのは、中国の有名な梅の名所であった。昌平坂のほうは、ご存じのとおり聖堂のそばの坂なので、孔子の故郷の地名を採って命名されたものである。ともにすこぶる高踏的な、気どったものであったが、江戸っ子たちにはあまり歓迎された名前ではなかったとみえて、いつの間にか、これらの坂を、別の名で呼んでいたようである。すなわち、庾嶺坂はゆうれい坂、昌平坂は団子《だんご》坂《ざか》と。ただし、この昌平坂は、後で触れるように、初めの昌平坂ではなく、二度目の昌平坂のことである。

古い新坂

新坂には、古く江戸時代の初めころから唱えられている新坂と、江戸の末期になってできた新坂とがある。言い換えると、坂は古いが、新坂という一つの名前だけを持った坂と、名実ともに新しい坂の新坂とがある。もちろん、古い新坂と言っても、名が新坂であるからには、その付近の坂に比べると、新しい坂なのである。であるが、一般的には新坂という名称のみから、その坂の歴史を新しいものだと断定することはできない。たとえば、小石川第六天町（春日二丁目と改称された）の新坂は、今から二百五十年も前の正徳年間に開設されたものである。それから、赤坂新坂町の新坂、牛込船河原町の新坂などは、江戸絵図に、りっぱにシンザカと記入されている。そして、今日でも、なお新坂と呼ばれているものもある。こうした坂は、むしろ珍しいくらいのものである。

古い坂は、時代と地形の変化とともに、その名称も変化するものである。したがって、古い坂は三つも四つも別名を持っている。こうした習慣の中にあって、一つの別名にも汚されず、生まれたときのままの新坂という名を守ってきた小石川第六天町の新坂のごとき

もちの木坂

は、実に珍しい坂の一つと言わねばならない。

維新後、明治になってからできた新坂は、たくさんある。しかし、その地の人々は、今日ではもう人まねの新坂という坂の名を捨ててしまって、もっとよい名をつけたがる。新しい新坂のくせに、このほかに二つも別の名を持っている坂もある。国電鶯谷駅のところの新坂は、鶯坂または根岸坂と呼ぶ。本郷西片町の新坂は福山坂と改名した。

今日では、新しくできた坂に新坂という名はつけないようだ。開運坂とか明治坂とか昭和坂とか命名する。もちろん、民衆のつけたものではない。町会とか町会長とかの好みで命名されたものが多い。そしてりっぱな標示杭が立っているのである。

江戸時代では、新しく坂ができるとすぐに、これを新坂と呼ぶ。もしくは、坂の形態が切通し型になっている場合は、切通坂《きりどおしざか》と呼ぶ。既設二坂の中間に新坂ができた場合は、これを中坂《なかざか》と呼ぶ。であるから、中坂も切通坂も等しく新坂なのである。新坂と言うべきと

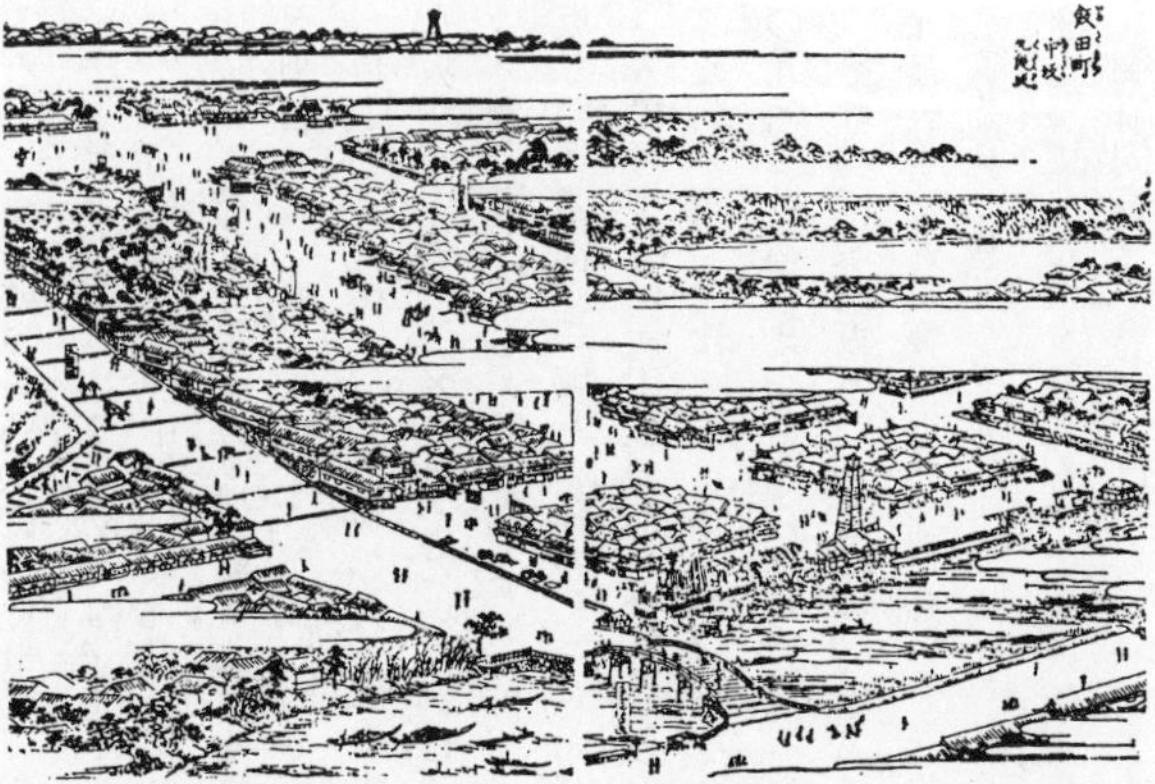

飯田町　中坂、九段坂（『江戸名所図会』より）

九段坂

ころを、その坂の関係位置から中坂、その坂の態様から切通坂と呼んだのにすぎないのである。中坂は、左右二つの坂よりも新しい坂であるということは、まず原則といってよい。たとえば、九段の中坂は、九段坂よりも冬青木坂《もちのきざか》よりも、新しい坂なのである。谷中の中坂は、善光寺坂よりも三崎坂《さんざきざか》よりも新しい坂なのである。湯島の中坂は、妻恋坂よりも天神石坂よりも、後にできた坂なのである。

以上のように、二つの坂の外側へ新坂ができたために、こんど新しく真ん中にはさまれた坂が、中坂と改名されたという例は決してない。中坂が改名されて、三浦坂となったという例はあっても、元名を改名して、中坂と言ったという例はない。なぜかというと、中坂という名は、新坂というのと全く同じ性質のものであるからである。

九段の中坂は飯田坂の別名であると、権威ある地名辞書に書いてあるのを、かつて見たことがある。これは誤りではないかと思う。飯田坂は九段坂の元名であって、決して中坂の元名ではありえないからだ。

それは、飯田坂という名は古い坂名で、中坂というのは新坂であるからである。これは、元禄三年の九段坂付近の江戸図と、元禄十年の絵図を並べてみれば、すぐわかることで、元禄三年に中坂の道路がなかったのに、元禄十年になってから、ひょっこり中坂の道ができ上っているのを見ても、中坂は飯田坂ではないということを証明している。

『御府内備考』巻六には、

「飯田坂。今九段坂ともいへり。むかし飯田喜兵衛が住し所なり」

とある。また中坂のところには、

「中坂。飯田坂と冬青木《もちのき》坂《ざか》との間に在り、故に呼名とす」

ともある。中坂が新坂であることは、重ねて例証するまでもないようである。

中坂（九段坂ともちの木坂との間の坂）

坂と寺院

善光寺坂、金剛寺坂、蓮花寺坂、東福院坂と言っても、決してそのお寺へ行くための坂ではない。お寺参りのためのみに造られた坂ではもちろんないのである。たまたま、その坂のそばにお寺があったので、むしろその寺号が、坂の名に利用されたのにすぎないのである。ことに江戸時代においては、寺院の名は、最もよく知れわたった、しかも適確な目標であったからである。お寺のそばの坂に、そのお寺の名前がかぶせられたのには不思議はない。寺院は創建以来、他の施設物のように移転、取りこわし、改名、荒廃が比較的少ないので、数時代にわたって、談話や記録の重要な、しかも便利な目標となっていた。寺院は、あらゆる文化史の研究にとって、常に、最も重要な拠点を与えてくれるものである。江戸寺院の移転荒廃は、元禄のころの「不受不施」弾圧政策の犠牲として、多少、日蓮宗に限りその災禍をこうむったが、その他の寺院は、その地からその名が急に消えてしまうというようなことは、まずまずなかった。

また、江戸の人々は、寺という字のつく坂は、習慣的に、いつもその寺の字を省いて呼んだものである。円通寺坂は円通坂、安養寺坂は安養坂、三念寺坂は三念坂と言うように。この習慣は、今日私たちが、歌舞伎座を「歌舞伎」、帝国劇場を「帝劇」と略して呼ぶのと同じような気持ではなかったかと思う。

有名な寺院が他に移転した場合、その坂の名は依然として、その元地に残っているものである。谷中の善光寺が、宝永二年に青山の現地に移転したが、その後ずっと善光寺坂は谷中に残っている。しかも、今でも善光寺坂へ行くと、善光寺湯と書いた湯屋の大きな煙突に、善光寺の元地が、この付近であるということを教えられているようだ（善光寺の旧地は今の王林寺の右手、本光寺、上聖寺、妙情寺、信行寺のあるところであった。善光寺の移転先は、港区青山三丁目五番である）。

麴町元園町二丁目の善国寺坂には、もう善国寺はない。三田四丁目の安全寺坂にも、安全寺はない。駿河台の光威寺坂および麻布市兵衛町の幸国寺坂にも、それぞれ、もうその寺はない。寺はないが坂の名は、いつまでも残っている。

その地に寺がなくなってしまっても、善光寺坂のように、また善国寺坂のように、寺という字をつけて呼ばれているあいだは、その坂の名称の起因を、私たちは、はっきりと認識することができるが、寺という字を省かれたまま、言い伝えられてきた坂の名は、そこにその寺があればともかく、寺もなければ、その文献も見あたらないという場合、その坂の名称の起因を知ることは困難になる。

最初はだれでも麻布の幸国坂、牛込の安養坂、三田の安全坂などには、ちょっとまごつくにちがいない。その意味がわからないからである。しかし、意味のあるようなないような名前は、江戸では大概お寺の名前だと思えばまちがいないようだ。

三田の安全坂のごときは、近所に蛇がたくさんいたのか、蛇坂という別名もあって、のちには蛇坂と安全坂とが、安珍清姫の物語に融化させられて、いや、まちがえられてと言ったほうがよいかもしれないが、ついに安珍坂《あんちんざか》と呼ばれるようになってしまった。江戸時代の坂名の転訛は、こんなような経路をたどることが多い。

幸国坂は、港区麻布今井町と簞笥町との境を、旧都電今井町停留所のところから南へ二丁目に上る、やや長い坂である。幸国坂、なだれ坂、市兵衛坂とも言う。幸国坂のふもとは昔の幸国谷である。いま、坂の西側に、法音寺、大泉寺、真性寺、円林寺、善学寺などという寺院がならんでいる。いろいろと文献捜しをしたが、幸国坂が幸国寺坂であるということを知っただけで、その寺がこの辺にあったというような記録は見あたらなかった。現在、新宿区牛込原町二丁目二〇番地に、日蓮宗の幸国寺という寺があるが、これは麻布の幸国寺とは別のようである。牛込の幸国寺は安房国誕生寺末の日蓮宗で、山号を正定山といった。寛永七年僧日観の開山で、開基は加藤肥後守清正だという。寛永のころ誕生寺から牛込に移ったということである。これだけでは、幸国坂の幸国寺には関係はなさそうである。そして、麻布の幸国寺について書かれたものは、何も見つからない。

善光寺坂

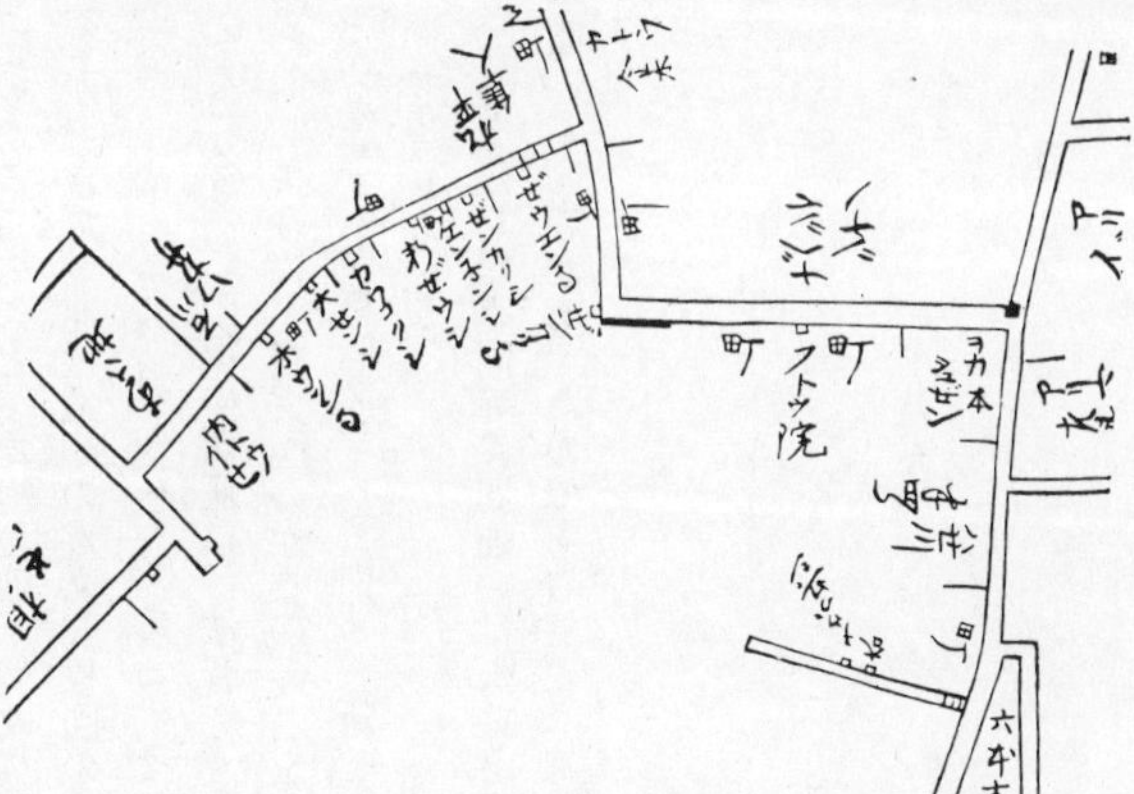

麻布市兵衛町付近（寛文図）

ちょうど、著者が『江戸図集成』の編集をしていたころのことであったが、寛文の江戸図の中に、この幸国寺を坂のそばに見つけることができた。遠近道印《おちこちどういん》の寛文五枚図の第五、寛文十三年二月の（赤坂、麻布、芝筋）の絵図〈前ページ〉に発見したのである。それは「カウコクシ」というかたかなの五字だけであった。今、この坂の西側に、法音寺、大泉寺、真性寺、円林寺、善学寺と並んでいる順序と同じように、寛文図のかなの寺名をならべてみると、ホウヲン寺（法音寺）、大センシ（大泉寺）、カウコクシ（幸国寺）、新ぜウシ（真性寺）、エン子ンシ（円林寺）、ゼンカクシ（善学寺）となる。

この「カウコクシ」は、ここの坂と谷とにその名を残した幸国寺に間違いはないと思う。現在の大泉寺と真性寺とにはさまれて、その中間に幸国寺があったのである。

一名二坂

一本の道路が、こっちの台から向こうの台地へ達するには、谷を一つ渡らなければならない。こっちの台には下り坂が、向こうの台には上り坂が、例のとおり、谷をはさんでおのおの一つずつできる。この谷が大きな場合、または広い場合は、別に問題はないが、谷がきわめて小さい場合には、この二つの坂が、相接続した一つの坂の感じになってしまう。この小さな上り坂、下り坂に、別々の名をつけることはやっかいである。こうした場合、江戸っ子は坂の名をつけずに谷の名を呼んで、坂の意味を持たした。御廐谷《おんまやだに》、鈴降谷《すずふりだに》、樹木谷、傘谷、薬研谷《やげんだに》などと。であるから、御廐谷といった場合は、御廐谷をはさんで向かい合った二つの坂を、同時に言ったのである。それが、いつの間にか坂という字をつけるようになった。御廐谷坂、樹木谷坂、傘谷坂などと。

もちろん、二つの坂に名づけた名称であるべきなのに、のちには、その二つの坂のどっちかの一方をのみ呼ぶようになってしまったものもある。そして、無名の坂が一つできるのである。これはすこぶる要領が悪い。それなら無理に坂という字をつけるにはあたらない。最初のように、谷の名を呼んで、同時に二つの坂を意味したところの巧妙さに遠く及ばないと思う。

赤坂の薬研谷のところの二つの坂を、薬研坂と呼んだのは、実にうまいものだと思う。一つの名称が、二つの坂に利用されたのである。一石二鳥ではなくて、一名二坂である。とにかく、薬研ということばがおもしろい。かた一方の坂だけでは薬研にはならない。どうしても、二つの坂がいっしょにならなければ、薬研坂にならないところに味がある。名前のつけ方も、ここまでくるとうまいものだと思う。

つぎに、二ヶ谷という谷（これは都電のあったところの文京区旧春日町都電停留所付近一帯の谷であるが）、この谷をはさんで相対した、本郷と小石川の二つの富坂《とみざか》であるが、東富坂、西富坂と二つに分けて呼んではいるが、ずっと昔は両方ともくるめて飛坂《とびざか》と言ったのである。すなわち、「向こう飛坂、前飛坂」で、飛坂という一つの名が、同時に二つの坂を意味していたものなのである。飛坂とは飛石、飛地、飛島などと同じ意味

薬研坂

東大久保の向坂（東向き）

向坂（西向き）

の飛坂なのである。これなどもなかなか巧妙な名のつけ方だと思う。それが、いつの間にか鳶坂《とびざか》となり、富坂と改名されて、今日では何を意味するものか、さっぱりわけのわからないものになってしまったのである。

四谷の忍原横町《おしわらよこちょう》に夫婦坂《めおとざか》というのがある。北から南へ下って、さらにまた南に上る二つの小さい坂である。昔は相当に傾斜を持った、大小二つの坂のつながりであったということである。これも一つの名を、二つの坂に利用した巧妙な名のつけ方である。二つそろってはじめて夫婦坂と言えるのである。一つだけでは夫婦坂にはならない。

この種類の坂に相生坂《あいおいざか》というのもある。今日残っている相生坂の完全なものは、新宿区牛込白銀町と西五軒町の間を、北へ下る坂と、これに平行して、やはり白銀町から東五軒町へ下る、これら二つの坂であるが、これらのどちらか一つだけでは相生坂にならない。二つそろったところで相生坂となるのである。

この二つの坂には鼓坂《つづみざか》という別名もある。これもなかなかうまい名だと思う。二つそろって鼓坂となるが、片一方だけでは鼓坂にはならない（『新編江戸志』に、「二つありてつゞみのごとし」とあるのが、この坂のことである）。

つぎに、東大久保の向坂も、東西二つの坂が向かい合っているので、二つの坂に同時に名づけられた一つの坂名である。旧尾州侯の下屋敷（今の戸山ハイツ）の南側の坂である。向坂は旧道の坂で、今日では、戸山ハイツ一号地、二号地、三号地の塀のすぐそばに沿って、大久保通りという新道路ができているので、向坂の道は新道路の崖下になってしまった。

薬研坂、飛坂、夫婦坂、相生坂、鼓坂、向坂という一つの名が、同時に二つの坂に利用されたのは偶然の巧名で、意識的ではなかったとしても、また、江戸っ子の無精から二つの坂の名を一つで間にあわせたのであるとしても、とにかく、こうした坂の名としては絶妙である。

坂名の変化転訛

江戸っ子にとって、坂に名をつけることなどは、他人にあだ名をつけることよりも、もっとたやすいことであった。だから江戸の坂の名は、いつも固定していなかった。坂の上から海が見えたので潮見坂と言った坂も、場所が千駄木というところなので、千駄木坂と呼ぶのはまずあたりまえのことである。それが急坂で人がたびたびこの坂でころぶというので、いつかまた、みんなが団子坂と呼ぶようになってしまった。ところが坂下の七面社が盛《さか》るようになると、それが盛っているあいだだけ、その坂を七面坂とも呼んだのである。

坂の変化転訛は、

(1) 地形の変化、
(2) 施設物の移転、荒廃、新設などによって変化する場合、
(3) 誤って呼び違ったり、
(4) 故意に呼び替えたりする場合、
(5) 京都などの模倣からくるもの、

(6)　本当の転訛、

のおよそ六つの場合が考えられる。

(1)　地形の変化――これは地形が変わったために、坂の名もそれにつれて、やむをえず変化していった場合である。文京区西片町二丁目と白山一丁目との境に、胸突坂という坂があるが、この坂が、いつの間にか峰月坂《みねつきざか》という名に変わったことである。元来、胸突坂という坂は、坂を登るときに胸を突くほどの急坂であるので名づけられたものであるが、昔、豪雨のための崖崩れなどで、坂がこわれてだんだんに急坂が急坂でなくなってゆく。そしていつの間にか傾斜のない、名前負けした坂になってしまった。こんな坂にいつまでも胸突坂という名はふさわしくない。そこで峰月坂などという苦しい坂の名ができあがったというわけなのである。

それから、大森の八景坂（大森駅前から天祖神社のほうへ上った昔の坂みち）もこれと同じで、初めは「やげんざか」（薬研坂）と言ったのであるが、それが「やけいざか」と写し誤り、八《や》景《けい》の字を当てられ、やがては景気よく八景坂《はっけいざか》とまで発展してしまったのである。

つぎは、(2)の施設物が原因となって、坂の名が変わったという場合である。北区の上中里（一丁目）の駅のほうから、平塚神社のわきへ上ってくる坂がある。これを蟬坂《せみざか》と呼ぶ。古くは、攻坂《せめざか》と言った。文明九年以前は、平塚神社の今あるところの高地は、豊島氏の城砦の一部であって、蟬坂の道は、この高地のふもとから背後を突く敵の唯一の攻撃路にな

団子坂

上中里の蝉坂

っていた。そのころ、この坂の名も攻坂と言ったのである。しかし、戦国の世が一転して泰平の世となり、城砦は崩壊して、城内にあった平塚明神が、庶民によって盛大に祭られるという時世になってみれば、ここでも蟬がさかんに太平の歌をうたっていたであろうから、攻坂が蟬坂と変わってもよいと思う。

麻布今井町と赤坂福吉町との境（いま麻布六本木二丁目と赤坂二丁目境）のところの南部坂も、坂上の南部邸が移転してしまったのちまで、そのまま南部坂でもあるまいとして、難歩《なんぶ》坂《ざか》という名に変わり、やがてまた、なんぽ坂となってしまった。

(3)の誤って坂の名を呼び違えるという場合は、数は少ないはずだが、これが案外に多い。千代田区永田町二丁目の永田町小学校の裏手を山王（日枝神社）のほうへ下る坂に、三《さん》べ坂《ざか》というのがある。この坂の別名を水坂《みずざか》と言った。『江戸町づくし』にも「水坂」とあるが、しばらくこの水坂の意味がわからなかった。しかし、最近これは誤記された坂名だということがわかった。水坂には誤記ということのほかには、なんにも意味はなかったのだ。「三べ坂」を早書きすると「ミづ坂」となってしまう。それを「水坂」と漢字で書き改めたので、のちにはその意味が、何が何やらわからなくなってしまったのである。

もう一つ、港区二本榎二丁目の高輪警察のところから、東禅寺の北を北町のほうに下る長い坂を桂坂《かつらざか》と言った。一名を鰹坂《かつおざか》と呼ぶ。この「鰹坂」も何を意味するものやらさっぱりわからなかったが、たまたま江戸絵図を見ていて、それがわかった。絵図には、東禅寺北わきの坂に、「カツラサカ」と印刷してあった。そして幸か不幸か、ラの字が不鮮明でヲの字のように読めたのである。そこで「カツラサカ」を「カツヲサカ」と読み、「鰹坂」にしてしまったというわけである（『江戸町づくし』）。

最後に、もう一つ、それは戦前のことであるが、あるとき麻布三谷町から、赤坂の霊南坂のほうへ行くために、わたくしは麻布市兵衛町との境の坂路を上って行ったことがある。途中一軒の家の人と顔を合わせたので、「この坂は何という坂ですか」ときいてみた。その人は主婦らしく、最近引っ越して来たばかりで、よく知らないが、この坂の上に町会の案内図が出ていて、それに「サンマ坂」と書いてあったという返事である。サンマ坂、秋刀魚坂とはおもしろいと考えながら、私はその町内案内図というものを探し当てた。その地図には、なるほど「サンマ坂」とペンキで書いてあった。しかしよく見ると、マの上のほうがかすれていて、最初に書いたのはマではなくヤであることを知った。やっぱりこの坂はサンヤ坂、すなわち三谷坂であって、サンマ坂ではなかったのである。

これと同じようなことだが、日暮里の「ごしき坂」のことも、初めは誤記であることを知らず、「五色坂」だの、「御式坂」だのと考えてみたが、わかってみれば、何のことはない「乞食坂《こじきざか》」の誤記であった。濁点の打ち違いであったのだ。

(4)の場合は、わざと変えた言い方をするのであって、多くの場合、江戸っ子の悪い癖の洒落からきたものである。

文京区湯島一丁目に傘谷《かさだに》という谷があって、ここから北のほうへ上って行く坂に横見坂というのがある。町名番地改正前の新花町と三組町の間の坂である。江戸っ子は、坂下の「傘谷」を病気の瘡《かさ》ともじって、わざと「瘡谷《かさだに》」とか「瘡っかき谷」とか呼んでいた。そこで、ここの坂も横根《よこね》坂《ざか》と呼んで、うまく洒落たつもりで、とくとくとしていたのである。

高田の金乗院《こんじょういん》の近くに、昔、木花開耶《このはなさくや》姫《ひめ》を祀った稲荷社があって、この前の坂を浅間坂《せんげんざか》と言った。ところが、江戸っ子は木花開耶姫を桜姫と混同して、歌舞伎の「清水清玄《きよみずせいげん》」〈=「桜姫東文章」〉で知った桜姫と清玄とを結びつけて、この坂を清玄坂《せいげんざか》と呼んでしまったのである。

つぎは、(5)の場合だが、これは坂名を他所から借りてきてつけるということであるが、これは、他のまねをするということにほかならない。江戸の昔では、やはり京都から持ってきたものが多い。

港区麻布本村町のお薬園坂の途中へ、西のほうから上ってくる小さな急坂がある。奴《やっこ》坂《ざか》というのだが、この坂の名は京都から借りてきたものである。京都市の北部、昔の愛宕郡、今の左京区の鞍馬から静原へ行く途中の坂に、薬王坂というのがある。やっこう坂と言ったが、いつの間にか、やっこ坂となまって、奴坂とも書くようになった。この奴坂のそばには薬王堂があって、坂名の起因となっている（今でも、この薬王坂の鞍馬のほうからの上り口のそばに、薬王堂がある）。江戸麻布のお薬園坂は、お薬園のそばの坂であった。

この坂の東側には、元禄から正徳の三年ころまでお薬園があった。温泉地には必ず薬師堂があるのと同様に、お薬園にも薬師はつきものであった。この麻布薬園には栄草寺と呼ぶ薬師堂があった。ここのところへ、西のほうから上って来る小さな急坂が、奴坂である。しかし、はじめ薬王坂と言ったものが、やっこう坂―奴坂と転訛したものではない。ただ薬師堂前の坂なので、京都の鞍馬の奴坂と薬王堂を思い出して、そのままここのところの坂に、奴坂という名を借りてきたまでのことである。

それから、この奴坂によく似た坂に、衣紋坂《えもんざか》という坂がある。この坂は現在は姿を消してしまった坂であるが、昔の新吉原という遊郭の入口の坂であった。そのころは、吉原土手から大門まで、五十間をくねくねと三曲にまがっていたというから、ちょっとおもしろ

麻布の奴坂

い坂であったにちがいない。吉原へ遊びに行く人たちが、この坂を下るときに、いつもきまりで、衣紋をつくろったということから、ついに坂の名になったと言われている。「帰りには要らぬ地名の衣紋坂」という川柳もある。

しかし、その意味で、遊郭の入口に衣紋という名をつけたのは、江戸の吉原が元祖ではない。京都の島原遊郭の入口には、寛永の昔から衣紋橋というのがあった。この橋を渡るときに、遊客たちが衣紋をなおしたというのである。それ以前の天正十七年に、初めて京都に遊郭ができたとき（その場所は、今の二条通り、夷川通り、押小路、富小路、寺町通りの交錯する二町四方の地）の惣門手前の大道に「柳の馬場」という通りがあった。この柳の馬場は衣紋馬場と呼ばれたということである。こんなわけで、江戸の吉原大門口の衣紋坂が、京都の遊郭の大門前の衣紋馬場や衣紋橋をまねてできた名称であると言われても、江戸っ子には文句のつけようがない。真似たことにちがいはないのだから、何とも仕方があるまい。

最後の⑹は、本当の意味の転訛である。

自然になまったもので、故意ではないようだ。上長坂《かみながさか》を「かみなり坂」となまったり、木列坂《きつれざか》が狐坂《きつねざか》になってしまったり、その他、うとう坂がうどん坂に、三藐坂《さんみやくざか》が三百坂に、土井殿坂が「どんどろ坂」になったりする。御薬園坂《おやくえんざか》が御役人坂《おやくにんざか》となまり、日無坂が東坂に、祐玄坂《ゆうげんざか》が唯念坂《ゆうねんざか》になって、また幽霊坂に変わってゆく。

形のおもしろい坂

雁木《がんぎ》坂《ざか》という坂がある。石を組んだ段々の坂である。きわめて急坂のために、階段になっているのである。江戸の昔から、いまなお雁木坂として知られている坂では、赤坂霊南坂町から麻布谷町へ下るところの雁木坂、それから麻布飯倉二丁目から六丁目へ上る雁木坂の二つである。

その他、雁木坂という名前ではないが、実際ガンギ坂である念仏《ねんぶつ》坂《ざか》、牛込仲之町から市谷谷町へ下る。丹後《たんご》坂《ざか》、赤坂丹後町。

駿河台の、今の日大病院前のあたりにも雁木坂があったが、いまはもうその形はない。

雁木坂は江戸の昔から、そのままの形をしているのでおもしろい。今、これらの石段の坂を上ったり下りたりしていると、江戸の昔のいろいろのことが思い出されてくる。とにかく、なつかしい坂である。

梯子《はしご》坂《ざか》という坂も、雁木坂同様に石段の坂である。これは東大久保二丁目の裏道にある。石段の急坂で、梯子を上る感じがする。形ももちろんおもしろいが、梯子坂という名前が

赤坂霊南坂町の雁木坂、上下二層になっている（右は上層、左は下層）

麻布の永坂

下落合の七曲坂

気に入った。

七曲坂《ななまがりざか》、地方へ行くと、こんな坂はたくさんあるが、東京には珍しい。下落合一丁目を南北にうねうねと七回も曲折するというので七曲坂と呼ばれた。とくに、この坂を下るときの感じは、とてもうれしく、東京都内には珍しい坂である。江戸時代には、ここは紅葉の名所であった。秋の陽光を受けて輝く紅葉をながめながら七曲りを下って行く気持ちは、さぞ愉快であったろうと考える。さらに時代をさかのぼった鎌倉時代には、坂の両側が松林であったと言うから、そんな七曲坂も絵のようであったろうと思う。実は源頼朝が作戦上、ここへ多曲の坂を大急ぎで造らせたものだということは、考えないほうがよいかもしれない。

長坂《ながさか》。これはただ長いというだけのことで、なんの変哲もないといえばそれまでのことではあるが、坂の形の一変態であり、古い昔から、この名を持った坂が、日本全国いたるところにあったという事実を知っていてもよいと思う。赤坂という坂についで多い坂が、この長坂である。江戸の長坂は麻布にあるのが、ただ一つの長坂である。古くは「長坂」と書いたが、享保のころから「永坂」と書くようになった。そのころから、江戸の長坂に限って、永坂が幅をきかせてきて、とうとうそこの地名も、麻布永坂町となってしまった。

以上のほか、変わった形の坂としては、前に説明した薬研坂、相生坂、夫婦坂《めおとざか》、鼓坂《つづみざか》のように、二つの坂の合体したものや、屏風坂《びょうぶざか》、切通坂、鍋割坂、胸突坂などがある。

江戸を離れて地方へ行くと、もっと形のおもしろい坂にぶつかる。たとえば、長野県の渋温泉に近い波坂《なめっつざか》、石川県の金沢に近い六曲坂《むまがりざか》、京都の鞍馬の九折坂《つづらおりざか》、日光のいろは坂、三陸の釜石に近い四十八坂、その他、急な坂の高坂《たかさか》、二つ重なって見える二重坂、二つながった孳坂《つるみざか》……などである。

坂の修繕と堀坂

江戸の坂が、とにかく今日までも、その名とその形とを保ってきたのには、少なくとも数年ごとに、その坂路の大普請、大修復を繰り返してきたことを忘れてはならない。坂の修繕には、おのおのその〝持《もち》〟というものが定まっていて、それによって坂の崩壊を防いできたのである。町方持《まちかたもち》とか武家方持とか、あるいは寺方持とか、大名の一手持とかというように、その持《もち》がきまっていたのである。大きな坂などでは、その坂に面している屋敷または寺院のある場合、その屋敷が武家なら、武家と寺方とが分担せねばならない。寺の門前町などの坂は寺と町方と分担する。その坂の付近に大名の屋敷だけしかない場合は、大名の一手持となるわけだ。

たとえば、小石川の西富坂などは、水戸邸のそばの坂なので、水戸家の一手持で、坂の普請、修復を引き受けていた。安藤坂は安藤邸と町方との分担持であり、文京区小日向二丁目の大日坂は久世邸と竜興寺および妙足院の分担持であったから、大名と寺方の持ということになる。それから御殿坂は武家方と町方の分担持であり、六角坂は武家方持であっ

堀坂（文京区小石川2丁目）

た。堀坂は堀内蔵介〈=助〉の一手持である。

坂でも道路でも、大火、地震、大暴風雨の後には破損は免れない。これをただちに修復しておかなければ、ついには崩壊してしまう。だれかが修繕しなければならないということになる。

江戸の坂には、古くから、その坂名を書いた杭などを建てたことはない。このごろは、ときどき、新しくできた坂などに、坂名を書いた木や石の杭を見受けることがある。古い由緒ある坂名と坂路とが忘れられようとするのを防ぐためのものならばまだよい。ところが、新しく自分の名をつけた杭を、坂のそばに建てられるのは、たいへん目ざわりになる。これは現代のことではあるが、江戸時代にもただ一度こんな話があった。

小石川の餌差町の善雄寺門前から西へ、中富坂町のほうへ上る坂に、堀坂《ほりざか》という小さな坂がある。古くは宮内坂《くないざか》と呼ばれた坂であった。堀宮内の屋敷があったからである。それがのちに源三坂とも呼ばれるようになった。名主の源三というものが、この坂下に住んでいて、多くの民衆の便宜のために努力したからである。そして、この坂は右の二つの呼名を持っていたのであるが、文政のころから「堀坂」とも呼ぶようになったのである。この坂の北側には、堀宮内以来、堀家が代々住んでいて、いつも坂普請などは一手に引き受けていたのである。文政五年ころのことで、坂普請ができあがると、坂の上下二カ所に「堀坂」と刻名した石標を、自ら堀邸で造って建てたのである。江戸時代に、自分の名を坂名にして、その坂の呼称を強いるなどということは、全く珍しいことであった。先祖の宮内坂という名が、いつの間にか、他の名前の源三坂と呼ばれていたので、坂の修復完成を機会に、今度は「堀坂」というはっきりした文字に改めて、標示したということなのである。

人名のついた坂の名は、その坂に関係の深い人の徳望、叡智、武勇、親切などにあこがれて、民衆が自然に声を合わせて、その坂の名に、その人々の名を呼んだのであって、けっして、自分で自分の名を、自分の屋敷のそばの坂に命名したのではないのである。

急坂を意味する坂名

昔から坂の名というものは、一般には、長い坂だから長坂、大きい坂だから大坂と簡単に名づけられたもので、この伝で行くと、急な坂は急坂と名づければ、それでよいはずだが、急な坂の場合に限って、単なる急坂という固有名詞の坂は、江戸時代には見あたらないようである。とくに江戸っ子は、そんな名のつけ方はしないようだ。

江戸時代の坂で急坂を意味する坂の名としては、いちばん多いのは高坂《たかさか》で、つぎは胸突《むなつき》坂《ざか》である。胸突坂は急坂を上って行くときの格好から名づけたものらしく、なかなか表現がうまい。地方の坂には、這坂《はいざか》または鬚摺坂《ひげすりざか》というのがあるが、これも急坂を上るときの形容で、胸突坂と同様に、うまい坂の名だと思う。急坂を上って行くときに、胸を突くという形容もうまいが、手足をついて四つんばいに這って行く形や、あごひげを坂にすりつけながら急坂を上って行く形容もよい。また地方の坂には、坂を下って行くときの急坂の形容として「尻《しり》こすり坂」というのもある。これもなかなかおもしろい。

江戸には上るときの坂の名、胸突坂だけで、下るときの坂の名がない。尻突き坂などと

目白台の胸突坂

愛宕神社の男坂

言ってもいいと思うが、江戸っ子は坂を下る前に急坂を避けている。川柳にも、「男坂おりかけて見てよしにする」などと本音をはいている。そこで、もう一つ急坂には男坂も加えるべきだと思う。石段の坂で、急な坂と言ったらこの上なしである。往きにはなんとか男坂を上ったが、帰りには男坂をやめて、女坂（これは緩やかな坂）を下りて行くということなのである。「下り坂帰りに見れば情なし」、「男ざかりの女坂ゆく」などという句もある。

本郷に団子坂という急坂がある。昔、この坂のそばで団子を売る店があって繁昌したので、この坂を団子坂と言ったのだと説明されている。団子坂という名の坂は、江戸時代には三、四カ所

神田明神　男坂

西久保八幡　男坂　女坂

あった。そしてみな急坂で、とにかくころびやすい坂であった。「よくころぶはずさ芸子はお坂也」「ころぶはず大きな坂の近所也」などと江戸川柳が言っているように、大きな坂はころびやすかった。昔の坂は、今日のようにコンクリートやアスファルトの坂ではない。土と砂利とで固まっている坂路は上等のほうであって、ほとんどの坂がでこぼこの、それこそ於《お》多《た》福坂《ふくざか》であった。団子坂というのは、足場が悪くてころびやすく、ころぶと団子のようにころがるという他愛もないことから名づけられたものらしい。

これと全く同じ意味を持った坂に、炭《た》団坂《どんざか》というのがある。これはもっと悪い結果になる坂で、雨上りに、ここでころぶ人の形容からきた名であろう。ころんだあとで炭《た》団《どん》になる、ころんで泥だらけになってしまうという坂名である。この炭団坂も、昔の江戸には二、三カ所あった。みんな裏みちの、じめじめした、雨上りには、いつもぬかっているような坂である。

梯子坂もその形から言って、すでに急坂を意味している。それから立爪坂《たてづめざか》という坂も急坂を意味するように思われる。立爪というのは、「爪立ちする」「爪先で歩く」という意味で、急坂を上って行く姿勢と考えたい。坂を上るには爪先で上るのが普通で、かかとを地に着けていては、急坂は上れない。そんな意味であろう。

今日の立爪坂は、たいへん傾斜を減じてはいるが、西側の崖が三丈（九メートル）も切り立っていて、昔はさぞ急な坂であったろうと想像する。

以上のほか、急坂と思われる坂名には、つぎのようなものがある。

雁木坂、屛風坂、胸副坂、高胸坂、早坂、転坂《ころびざか》、辷坂《すべりざか》、猿滑坂《さるすべりざか》、車返し坂、尻垂坂、手這坂、三分坂……。

富士見坂と潮見坂

富士見坂

江戸時代から富士見坂という名称を持った坂が、今でも東京の各所に存在する。大概は西向きの坂であるが、まれには南向きの坂もある。今日では、その坂の上から富士の見える坂は少ない。文明が、富士見坂から富士を駆逐してしまうのである。ことに南向きの坂からは、全く富士を見ることはできない。坂の両側が比較的開豁《かいかつ》であった昔ならば、真西でなくとも、たとえ坂の向きが南であろうが、北のほうであろうが、富士は自由に見られたのである。今日では、日ごとに高いビルなどが、坂の下にはもちろんのこと、坂の中腹にすらどんどん建てられるので、よほどの高い坂でないかぎり、または、富士に直面した坂でないかぎり、昔のように富士を見ることはできなくなってしまった。

渋谷の宮益坂《みやますざか》は、もとは富士見坂と言ったのであるが、今日ではもう富士は見られない。

坂のふもとの左側に東横デパートができてから、ちょうどその陰に隠れて見えないのである。しかし、このデパートの屋上からは、左右に邪魔のない富士を見ることができる。

江戸の昔から富士見坂と呼ばれて、その名のとおり、いつもりっぱな富士の見えた坂は、九段の靖国神社北わきの富士見坂と衆議院議長邸（戦前の赤坂見附の閑院宮邸）前の坂、も

渋谷の富士見坂（宮益坂）

大塚仲町の富士見坂

富士見茶亭（『江戸名所図会』より）

目黒の行人坂

靖国神社わきの富士見坂

一つは大塚仲町の護国寺前の坂であったが、今ではこれらの坂からさえ富士を見ることはできなくなってしまった。

空の晴れた寒い冬の朝などに、これらの坂の頂上にたたずめば、正面高く、銀色に輝いた富士を望むことができたものである。また、秋の夕暮などには、広重好みの宵空の中に、影絵のように浮かび出た版画の富士を見ることもできたのである。ところが、とうとう東京の富士見坂からは、一、二の坂をのぞいては、ほとんどもう富士を見ることができなくなってしまった。

一体、東京から見える富士山の方向は、真西ではない。三〇度ばかり南寄りに見えるので、坂の向きがその方向ならば、今日でも、その坂の上から富士はよく見えるはずである。

富士見坂という名称は持たなくとも、昔から富士がよく見えて、錦絵その他に写されている坂の一つに、目黒の行人坂《ぎょうにんざか》がある。目黒川に架かった太鼓橋東詰の雅叙園のところから、大円寺の前を目黒駅のほうへ上る坂である。この頂上から見る富士は、長谷川雪旦の「富士見茶亭」のところから見る富士と、同じ構図の富士を、最近まで見ることができたのであるが、今日ではもう目の前に、高いビルがいくつも建ち並んでいて、どうしても富士を見せてはくれない。

水道橋駅のところから神田川に沿って駿河台へ上る皂角坂《さいかちざか》と、神田川をはさんで、これに並行した本郷の御茶の水坂とは、四、五年前までは、昔の絵と変わらない美しい富士を見せてくれた。ことに、皂角坂の上からは、靖国神社の大鳥居（今はないが）と大松閣の白い建物とのちょうど中間に、富士が見えたものである。御茶の水坂からは、東京歯科大学の建物の左のほうに見えた。この二つの坂は、なぜ富士見坂と呼ばれなかったか、不思議に思ったものである。

しかし、これらの坂の上からはもう富士は全然見られない。皂角坂の西南方には高いビルが並んでいて、坂はビルの陰につぶれてしまっているようだ。

昔は富士見坂から富士が見えるのは当たり前の話で、珍しいことではなかったが、今日では富士見坂とはかぎらず、すべての坂の上から、たとえその坂が西向きであったとしても、富士が見えるとはかぎらなくなってしまった。

小石川植物園のそばの御殿坂も、ずっと昔は富士見坂と言われたものである。この坂は享保のころには富士も見えたそうだが、その後、約八十年たった文化のころになると、もう富士は見られなくなってしまった（『江戸志』）。もちろん今日ではなお見られない。麻布桜田町の専称寺前辺から西に下る坂と、同じ麻布の富士見町のフランス大使館から西に下る青木坂も、かつては、富士見坂と呼ばれたのであるが、早くから富士の見えない坂になってしまっていた。駿河台の明大図書館わきの富士見坂、小石川茗荷谷町の富士坂、これらの坂からも富士はもう見られない。これらはみな名ばかりの富士見坂である。

ただ今日でも昔に変わらず富士のよく見える坂がある。それは日暮里の諏訪神社入口のところの浄光寺門前から法光寺わき（日暮里三丁目九番十六号）を西へ下る坂の頂上からは、真西ではないが、少し南のほうにそれて空高く大きな富士を見ることができる。この坂は花見坂と言い、富士見坂という別名もある。しかし富士山の右、たぶん千駄木辺に、大きなビルが建っていて、やがて、これに並んで左のほうにもビルが建つようなことになれば、この数少ない富士見坂も、またまた名ばかりの富士見坂となってしまうであろう。

もう一つ、港区南麻布四丁目（旧富士見町）の富士見坂（青木坂とも）の北に並んでいる新富士見坂の上からは、まだよく富士が見える。坂の曲り角に富士見町町会で立てた「新富士見坂」の碑があって、昭和四年十一月と記してある。これはもちろん新坂である。

これで富士の見える富士見坂は、現在東京にはこれら二つの富士見坂があるだけとなった。

潮見坂

富士見坂と同じような坂に、潮見坂がある。東京の潮見坂は、ほとんどみな東向きである。すなわち東京湾の海が見える坂なのである。江戸時代においても同様である。佃沖の海と言い、袖が浦の海と言っても、東京湾の一部である。ただ年代が古くなればなるほど、海が近くに見えたのである。深川、本所はもちろんのこと、日本橋、京橋方面が海であっ

潮見坂（伊皿子坂）

伊皿子台の潮見坂
（『江戸名所図会』より）

麻布東鳥居坂町の潮見坂

三田功運町の潮見坂

たころの潮見坂もあれば、牛天神下(今の江戸川端一帯の低い地)が、入り江になっていたころの潮見坂もある。

潮見坂は汐見坂、塩見坂などといろいろに書かれたが、意味は同じで、海が見える坂ということである。ふつう、潮見坂または汐見坂と書かれることが多いが、ただ汐見のほうが絵図などの木版印刷には刻字が簡単で便利であったから、昔はさかんに使われたものである。

江戸時代から潮見坂と呼ばれていた坂は、七つ八つを数えることができるが、今日でもなお海が見えるという潮見坂は一つもない、芝の伊皿子台から田町九丁目へ下る潮見坂などはごく最近まで、今の高輪二丁目一番辺から、東京湾がよく見えたものである。昔の潮見坂は、今の坂路のように、途中から曲って泉岳寺前へ向かっていたのではない。まっすぐに田町九丁目へ下っていたのである。広重の『坂づくし』にも描かれ、長谷川雪旦も『江戸名所図会』のさし絵としてかいた坂であった。今は昔のような傾斜はない。それでも、戦前までは、一段高い歩道に立って東を望めば、品川の海がよく見えて、御台場をはじめ大小の船が手にとるように見えたものである。昔から潮見坂という名前どおりの坂であったが、今日ではもうだめである。この坂でさえもう海が見えなくなってしまったのであるから、他の潮見坂から海が見えないのは当然である。

江戸の昔から、潮見坂という名前を持っていた坂はだめだとしても、潮見坂の名は持た

牛坂（潮見坂）

なくとも、昔からその坂の上から海の見えた坂は、いくつかあったはずである。しかし、これらの坂も最も近い将来において、海の見えない坂となってしまうことは想像できる。東京湾の埋立てと海岸に近いところの高いビルの建設とは、われわれの目から、日ごとに海を隠してしまうからである。

三田功運町の聖坂《ひじりざか》の中腹から西へ、旧松平邸の前へ上る潮見坂からは、今日ではもう海は見えない。それから麻布東鳥居坂町の潮見坂からも海は見えない。霞が関の外務省南わきを西へ上る潮見坂も、今では海の見えない潮見坂となってしまった。目の前に日比谷の公会堂、勧業銀行などの高い建物ができてからのことである。

赤坂葵町のホテルオークラ（もとの大倉集古館）前の潮見坂などは、よほど古い潮見坂と見えて、古くから海の見えない潮見坂であった。大和坂《やまとざか》という別名がある。ホテルオークラのあるところ一帯が、昔の松平大和守の屋敷であったからである。

本郷の団子坂も昔は潮見坂と呼ばれた。この坂の上からは、佃沖の海が見えたということである。北向きの坂であるから、今日では海が見えるわけがない。

江戸旧本丸内にも潮見坂があった。本丸から二之丸に下るところで、坂の下は、その後の主馬寮馬場のあったところである。今日でも、この坂はりっぱに残っている。ここのところは皇居東御苑と命名されて、昭和四十三年十月一日から一般に開放された。ここの潮見坂も、今度は自由に見ることができる。しかし、この坂からは海は見えない。名ばかりの潮見坂である。天和二年の『紫の一本《ひともと》』は、この坂のことを、「塩見坂。梅林坂の上切手御門の内也、此所より海よく見え、塩のさしくる時、波たゞこゝもとによるやうなる故、塩見坂といふ也（今は家居にかくれて見えず）」と書いているので、そのころからすでにこの坂の上からは、海は見えなかったのであろう。

小石川大和町、牛天神の裏手の牛坂も、古くは潮見坂と呼ばれた。これは西向きの坂であるから、東京湾の海が見えた潮見坂とは違う。牛天神付近が、往古の入り江であったころのことで、古い潮見坂である。鮫干坂《さめほしざか》、蠣殻坂《かきがらざか》の別名があったころのことである。潮見坂と呼ばれたことはないが、海のよく見えた坂としては、芝の下高輪町の桂坂があった。高輪警察署と高輪消防署との間の道を東へ下る坂である。それから品川駅前を西に上る柘榴坂《ざくろざか》からも、品川の海がすぐ目の前に見えたものである。しかし、今日ではもう芝浦方面の高いビルの幕にさえぎられて、海は見ることができなくなった。それから芝功運町の聖坂からは、東の方、人家の切れ目から、青い海がちょっぴりのぞかれたものだが、これももうだめにきまっている。

また大森の八景坂からも、広々とした大きな海が見えたものである。この坂は別に、東向きの坂ではないのだが、そのころは埋立て前で、海岸に近いからよく海が見えたのであるが、今日ではもう見えない。しかし、この八景坂は新しい八景坂のことであって、古い昔の八景坂《やけいざか》（薬研坂とも）からは、今でも海は見える。すなわち、天祖神社の境内から正面の日立のマークのついたビルと中川三郎ダンスと書かれたビルとの間に、天気のよい日は、ピカピカ光った海が見え、白い船や黒い船の航行するありさまがはっきりと見える。広重の昔の「やけい坂」上が、ちょうど今の天祖神社の境内にあたる。本当に今日では、ここしか海の見える坂はなくなってしまった。しかし、この坂は潮見坂という名は持っていなかった。江戸の坂で、海の見える坂は、とうとうここだけになってしまった。だが、やがてここからも海は見えなくなってしまうであろう。

富士見坂と言い、潮見坂と言い、古くは江戸城のお天守のように、江戸っ子があれほど自慢にしていたものが、こうしてだんだんに消えて行くのを見ると、たしかにたまらないさびしさである。ところが、潮見坂という名前の本家本元である東海道の潮見坂は、今なお健在である。

昌平坂いろいろ

いま昌平坂というのは、文京区湯島二丁目、聖堂前昌平河岸を、東へ下る坂を言うのである。聖橋の下から昌平橋のところまでつづく神田川堀ばたの坂である。この坂は、相生坂と言われたこともある。神田川をへだてて向こう河岸にある駿河台の淡路坂と平行して同方向に下る坂というので、相生坂と呼ばれたのである。そのころは、坂下の昌平橋も相生橋と呼ばれていた。この昌平という名は、もちろん聖堂から出ているのである。聖堂には孔子が祀ってある。孔子は魯の国、昌平郷に生まれた。それにちなんで名づけられたものである。

聖堂は、初め（寛永十年ころ）上野の山王台（いま、西郷さんの銅像のある付近）にあった林道春の屋敷の中に祀られていた。それを、元禄四年五代将軍綱吉のときに、湯島の現地に移されたのである。聖堂前および聖堂わきの坂は、このとき、将軍によって「昌平坂」と命名されたのであったが、その命名された二つの坂は、はたしてどの坂であったかは、はっきりしなかった。『湯原日記』に、「聖堂の下前後の坂を今より昌平坂と唱へよ」とあるが、この「聖堂の下前後」ということだけで、昌平坂の位置ははっきりしていると思うのだが、「聖堂の前後の坂」と書かれた写本もあるらしく、何となくあいまいな感じを残している。

元禄十六年の大火に、聖堂も焼けて、ただちに新築再建されたが、その後、明和九年の大火のときもすっかり焼けてしまって、寛政十一年、十一代将軍家斉が、今度は境内も前よりはずっと拡張して、元禄の聖堂どころではないりっぱなお堂を再建したのである。これが最近まで残っていた江戸名物の聖堂で、私たちが親しく目撃したところのものである。が、惜しいことには、大正十二年九月の大震災のときに、またまた灰燼に帰し、現在の聖堂は昭和十年に新築されたもので、江戸時代のものではない。

寛政の聖堂ができるとき、昔の昌平坂（神田明神の鳥居から真っ直ぐに見通しになっていた）は、拡張と同時に、その境内に囲い込まれてしまったので、その後、実際は、聖堂脇の「昌平坂」はなくなっているのである。ある少数の人々は、失われた昌平坂の名称を昔どおりに保存したい気持ちが多分に加わって、旧昌平坂に平行した聖堂の外の坂を、新しく昌平坂と命名したのである。しかし、そのときにはもう、その坂は江戸の庶民によって、団子坂と呼ばれていたものである。そしてその坂を昌平坂と呼ぶ者が少なかった。かえって、聖堂前、河岸通りの坂のほうがりっぱに昌平坂という名を掌握してしまっていたのである。これは、『湯原日記』が言うとおり聖堂の下前後の坂、すなわち二つの坂のうち、

聖堂前の昌平坂

その一つの昌平坂がなくなってしまえば、あとは昌平河岸の坂の外には、昌平坂はないはずなのである。理屈なしに、今の昌平坂が本当の昌平坂なのである。

　元禄四年ころに、戸田茂睡の書いた記録『御当代記』がある。その元禄四年二月十一日のところを見ると、聖堂のことが書いてあって、「聖堂を大成殿と申、相生橋、湯島の坂を、昌平橋、昌平坂と云」とある。これによれば、昌平坂はいまの昌平河岸の坂を指していることは明らかである。相生橋、相生坂を改めて昌平橋、昌平坂と命名したと考えるべきである。「湯島の坂」をことさらに、のちの湯島坂（明神坂）だと考える必要はない。

　吉田東伍博士は、『大日本地名辞書』に、「聖堂址、今、教育博物館に借用せられ、其建築は依然たり、其門前万世橋の方へ下る坂を、昌平と名づく」と記し、永井荷風は『日和下駄』の中で、「神田お茶の水の昌平坂は駿河台岩崎邸門前の坂と同じく万世橋を眼の下に神田川を眺むるによろしく……」と書いている。

これらは、明治大正になってからの記述ではあるが、古い江戸時代のものにも、これを裏書きするものが多い。『再校江戸砂子』には「昌平坂、聖堂のまへの坂也」と記してある。『江府名勝志』の図には、これこそ明瞭に、いまの明神坂と、これに平行した道路と両方に坂の印をつけて、明神坂の方へは「ユシマサカ」、いまの昌平坂のほうへは「セウヘイ坂」と記してある。

ところが、江戸地誌として権威ある『江戸名所図会』の「聖堂」のところには、昌平坂についての説明が見あたらない。本文の代りに、長谷川雪旦の聖堂の絵があって、その東垣外の坂に、「昌平坂」と書き込んであるだけである。広重の天保の山庄版『江戸坂づくし』の昌平坂の図も、同様にこの坂を描いたものである。これが寛政以前の図であるならば、これで正しいのであるが、これはむろん寛政以後にできた坂の図であるから、本当の昌平坂でないことは明らかである。

このほか、『江戸地名字集覧』は「昌平坂、神田宮本町」と書いてある。宮本町の坂とは明神坂のことで、湯島坂すなわち神田神社前の坂のことを指したのであろうと思うが、これも誤りであろう。

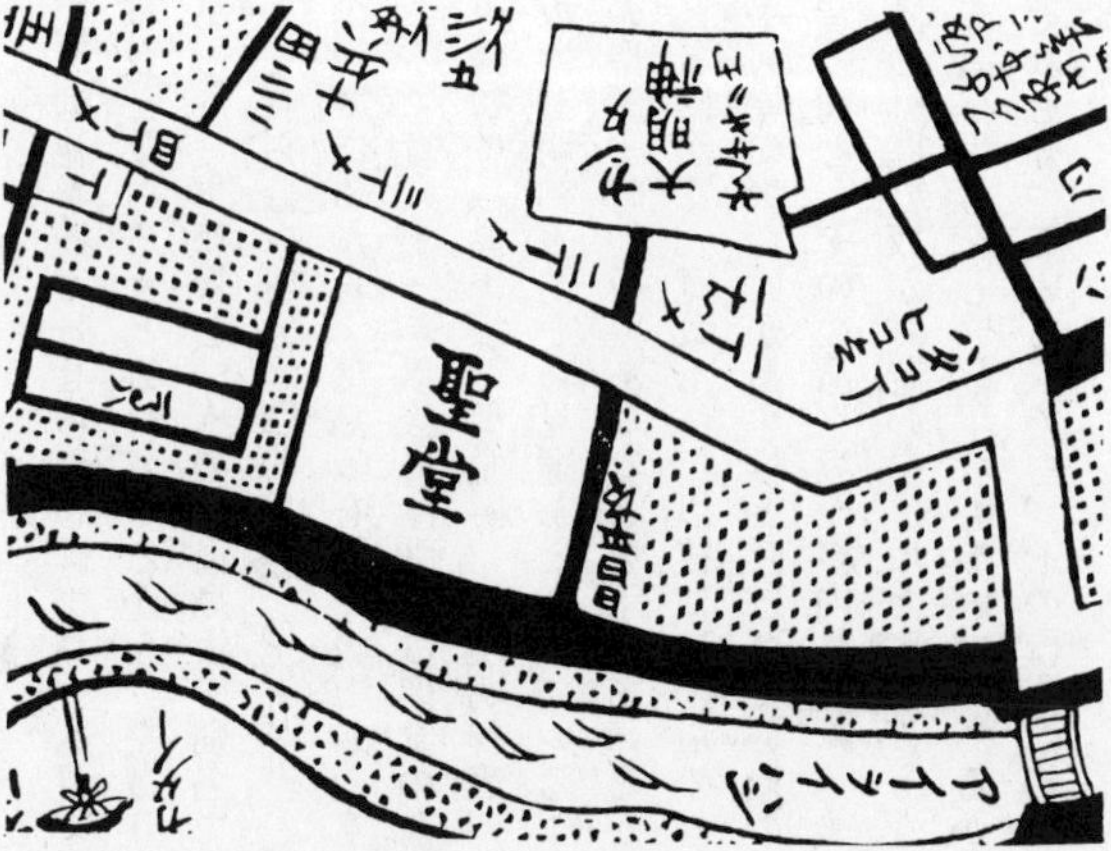

神田明神から見通しの昌平坂（元禄六年、江戸絵図）

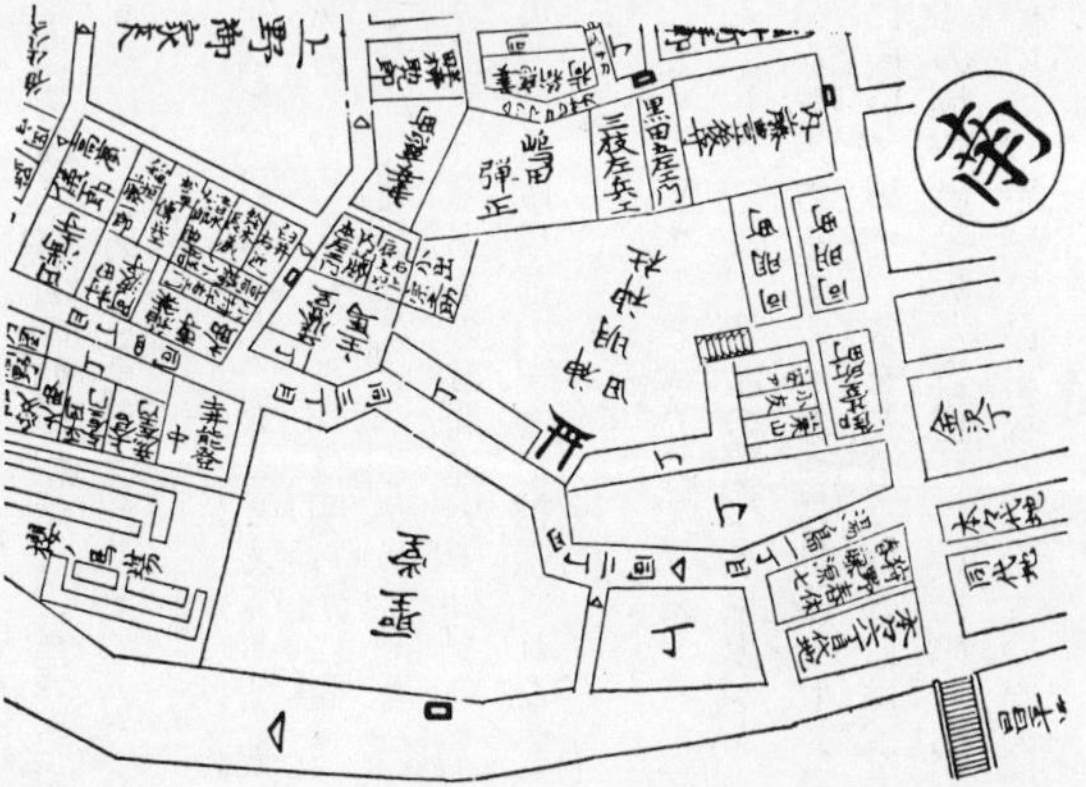

聖堂前昌平坂（相生坂）、聖堂右わき昌平坂（団子坂）（嘉永二年、切絵図）

『江戸名所図会』の編者は、同著『武江年表』には、「明治二年、湯島聖堂を改て、大学校又師範学校と号せられしにより、八月より昌平橋を改て古名の如く相生橋、昌平坂を本郷坂と改らる」と書いているから、やはり右と同様に、湯島坂を昌平坂と考えていたのであろう。本郷坂というのは湯島坂の別名である。

これらはみな、『湯原日記』の聖堂の下前後の坂を、聖堂前後の坂と考えて、聖堂の後の坂であるから、湯島坂を昌平坂としたものであろう。しかし、これは明らかに間違いである。寛政十一年以後の昌平坂は聖堂の前の坂でなければならない。しかし、宝暦『江戸町鑑』に「昌平坂、聖堂脇、神田明神表門より見通し」とあるのは間違いではない。この坂は、明神表門から見通しとなっているころの坂で、寛政以前の、まだ拡張されないころの聖堂当時の坂であることを示しているからである。

とにかく、寛政十一年以後には、この昌平坂はなくなってしまったのである。そして昌平河岸の坂だけが昌平坂と呼ばれていたのである。しかるに、聖堂の絵に昌平坂があった昔の図と、その後昌平坂が境内に囲み込まれてなくなってしまい、新たに拡張された新聖堂の外囲の坂が、昔の昌平坂と同じような方向に向いていて、昔を知らない人には、もとの昌平坂も新しい昌平坂もないのであるから、この坂を昌平坂と盲信していたのである。それを知っている人でも、そのほうが都合がよいので、平気で昌平坂と呼んでいたのであろう。

昌平坂

文政十年の湯島一丁目の書上《かきあげ》によると、「昌平坂、高二丈四尺、幅四間四尺、上り二十七間。昌平坂と申候訳は、以前神田明神向聖堂脇坂を昌平坂と唱候処、寛政十午年中聖堂御再建の節、右坂御囲込に相成候に付、其砌より此坂を昌平坂と相唱申候」とある。

以上によると、昔の古い昌平坂は命名前までは、聖堂脇坂と言ったのである。聖堂境内拡張後の、聖堂わきの無名の坂を、その町の人々の大部分は新たに昌平坂と呼びたい気持ちはわかる。ことに当時の画家は、昔の昌平坂の構図のままで聖堂を描いて、聖堂の脇の坂に昌平坂と書き入れている。しかし、江戸の民衆の心は、これについてゆかなかった。

いつか、この昌平坂は坂が急であったことから、平凡に「団子坂」と呼ばれてしまったのである。そして聖堂前の昌平河岸の坂だけを昌平坂と呼んでいたのである。

ところが最近、この団子坂の頂上に、「古跡昌平坂」と刻した石標が建てられていることを知って驚いた。ここの昌平坂がいちばん古い昌平坂だと信じている者もいるからである。「古跡」という冠をつけていることが、それを証明している。だが、この坂だけが昔の昌平坂でないことぐらいは知っているはずである。しかもここの昌平坂は、昌平坂という坂のうちではいちばんおくれて昌平坂という名をつけられたものである。いちばん古い昌平坂と言えば、聖堂前の昌平河岸の昌平坂と、今はない「神田明神表門より見通し」の昌平坂の二つであったはずである。だから強いて〝古跡昌平坂〟の碑を建てるとすれば、それこそ神田明神表門から見通しの聖堂背後の辺へ選ぶべきではなかったかと思う。とにかく、現在のところの〝古跡〟はどう考えてもおかしい。

逢坂

数多い逢坂《おうさか》の中で、いちばん有名な逢坂は、京都に近い逢坂山の逢坂で、昔、関所のあったところ、それから蟬丸が付近に住んでいたところとして、だれでもが知っている。逢坂は大坂の当て字であることにまちがいはないようだ。初めから逢坂と名付けられた坂は、わたくしの知っている範囲では、数が少ないのではないかと思う。

昔、京都では親戚朋友などが伊勢参宮をするときに、出立には粟田口まで送って行き、帰って来るときは、山城と近江の国境逢坂まで迎えに出て、ここで旅の無事を祝って酒を飲み交わしたものだという。そこで、これを坂迎え、境迎え、酒迎え、関迎えなどと言ったのである。これらのことから、大坂が逢坂と当てられたのではないかと思う。逢坂は、ときどき相坂、会坂などとも書かれた。

江戸には、大坂という坂が六つあったが、逢坂と書いたものは少ない。しかも、その逢坂も明らかに大坂に当てられた逢坂である。

新宿区船河原町、旧都電逢坂下停留所のところから、ちょっとはいって西に上るかなり急な長い坂が、この逢坂である。江戸の坂としては珍しく、妙に気取った名前で、どうしても江戸っ子のつけたものとは考えられない。また、この坂にからんだ伝説というものがすでに江戸向きのものではない。それはこうである――

昔、と言っても江戸の昔ではない、もっともっとさかのぼった奈良朝時代の物語である。小野美佐吾《みさご》という美男が武蔵守となって、東国へ下り、今の牛込辺に住居を構えた。そして、この地のさねかづらという美女に逢う。若い都びとの美佐吾と、真間《まま》の手古奈《てこな》に劣らない美女さねかづらとは、ついに恋に陥り、日夜楽しい逢瀬を重ねていたが、世はままならず、突然美佐吾は、勅命によって奈良の都へ帰らねばならなくなった。不幸な美佐吾は奈良へ帰るとそのまま病の床に臥す身となり、病は重く、さねかづらのことを思いながらも、ついにあの世に旅立ってしまったのである。

一方、さねかづらは、そんなこととは夢にも知らない。恋のうま酒なお忘れかねてか、もろもろの神仏に再会を祈願する。ある夜の夢に、この坂のほとりに行けば恋しい男に逢うことができると、神のお告げがあって、目がさめた。彼女は心もうきうきと、急いでこの坂に来て見れば、はたして美佐吾に逢うことができた。嬉しさのあまり男の胸に抱きつくと、無言の男の姿は煙のように消えうせる。茫然とした彼女は、そこで初めて美佐吾の世になきことを知ったのである。やがて、生きて甲斐なきわが身とかこち、このあたりの淵瀬に身を投げて、はかなき恋を結んだという。

かくて、美佐吾は死に臨んで、なきがらを武蔵の国へ送り、さねかづらの住むあたりに葬ってくれと遺言したのであったが、遺族の人たちはそれもできず、せめてもの美佐吾の霊を慰めるつもりで、若草山のふもとに葬ってやり、そこを武蔵野と名づけたということである。

なるほど、今日でも奈良には武蔵野というところがある。嫩草山《わかくさやま》のふもとのお休み所や売店のある辺一帯が武蔵野と呼ばれていて、そこにはかつて武蔵野屋という旅館もあったことを覚えている。しかし、美佐吾の墓は見あたらない。こうした物語から、この坂を逢坂と呼んだのであろう。

名にしおはば
逢坂山のさねかづら
人にしられでくるよしもがな

という三条右大臣の歌が、ふと思い出されて、もちろんこのまま信ずることはできないとしても、この、手の凝った物語には感心させられる。がしかし、江戸時代をへだたることははるかに遠い昔のこと

逢　坂

であった。今から約千年以上も前のことになる。江戸っ子の先祖がつけた名は、ただの大坂で、何の理屈もないのである。大きい坂だから大坂なのである。それを後世、付会好きの閑人階級の詩人たちによって、まことしやかな物語がつくり出されたわけなのである。

爽塏経レ年勝景増
相逢之坂小陵嶒
都人士女忙々過
誰憶風流玄及藤

これは、江戸っ子詩人大沼枕山の詩である。今日でも、この坂の上に立って東方を望めば、城濠構築以前の、昔の地形とともに、昔の歌人詩人の感激を新たにすることができる。むろん、現在の文明的施設を心の中で抹殺してしまって、家康がこの外濠を造築した以前の風景を、まぶたに描くのである。

坂からの見晴らしは、すばらしい。眼下には、さねかづらが身を投げたという深淵が静かな水面を見せて、坂下にまで迫っている。前方の土手は、もちろんない。自然の岸に樹木が深く覆い、上流は今の市ヶ谷八幡社前から谷町のほうへ延び、四谷見附のところの谷はなくて、四谷と麴町とが地続きになっている。下流は今の飯田橋駅付近で滝になって落ち、どんど橋（飯田橋の古名）を過ぎて江戸川に合流して、九段下のほうへ流れて行く。とにかく東京に欲しい風景であった。

こんな情景を思い浮べ、逢坂のあたりを歩いていると、つくりごととは知りながらも、ふとさねかづらと美佐吾の伝説の中へ、いつの間にか溶け込んでしまうのである。

なお、逢坂の別名を美男坂とも言うのだが、これもやはり美佐吾とさねかづらのロマンスに結びつけてできた名称であろう。それに玄及藤《さねかずら》を美男蔓《びなんかずら》とも言うから、美男坂はおもしろいと思う。

三年坂にまつわる俗信

三年坂と呼ぶ江戸時代の坂が、旧東京市内に六カ所ばかりある。いずれも寺院、墓地のそば、または、そこからそれらが見えるところの坂である。

三年坂はときどき三念坂とも書く。昔、この坂で転んだものは、三年のうちに死ぬというばからしい迷信があった。お寺の境内でころんだものは、すぐにその土を三度なめなければならない。もちろん土をなめるまねをすればよいのであるが、わたくしたちも子供のころ、叔母などによくやらされたものである。それをしないと三年の内に死ぬのだと、そのときいつもきかされたものだ。坂はころびやすい場所であるので、お寺のそばの坂は、とくに人々によって用心された。こうした坂が三年坂と呼ばれたのである。三度土をなめるということは、三たび仏に安泰を念願することである。とにかく、三年坂という坂は、坂のそばに寺か墓地があって、四辺が静寂で、気味の悪いほど厳粛な場所の坂を言ったもののようである。古い静寂なお寺の境内で味わうものと同じような気持ちである。

ここで、三年坂の現在の姿をさがしてみよう。台東区初音町四丁目に三年坂がある。七面坂と三崎坂《さんざきざか》の中間にあるので中坂《なかざか》とも言った。坂の正面、崖の上に塔婆や墓石が見える。霊梅院と本立寺の墓地である。ここで坂は直角に右へ曲る。そしてこの坂の左崖上も本立寺で、坂の頂上の辺が安立寺である。この坂下一帯の窪地は蛍沢と言って、江戸時代の蛍の名所であった。そこでこの坂の、もう一つの名を蛍坂とも呼んだのである。蛍沢は、文化年中、近衛左大臣来遊の地としても名高い。

とにかく、このように、お寺に取り囲まれたところの坂を、昔は三年坂と言ったのである。

つぎは、筑土の三年坂であるが、これは新宿区神楽町三丁目と上宮比町との境から北へ津久戸町に下る坂である。ところが、『東京地理沿革誌』には「牛込津久戸前町と下宮比町との間を新小川町二丁目のほうへ下る坂を三念坂と云ふ」とある。文政十年の「丁亥町方書上《かきあげ》」によると津久戸前町のところに「坂。巾二間程、高三尺余、右町内南角ニ面片側家続之所ニ有之、里俗三念坂と唱申候」と、くわしく書いてあるので、今の下宮比町の坂でないことは明らかである。下宮比町境には、古くお寺があったような記録も見あたらない。しかも右のような古い書上《かきあげ》に、津久戸前町に下る坂であると明記されているので、『東京地理沿革誌』の説明は間違いである。とにかく、お寺に関係もないところに三年坂はありえないのだ。

神楽坂の頂上から、北へ津久戸前町へ下る坂の西側には、西照院（絵図には西照寺）があったり、坂のふもとには成願院（絵図には成願寺）があった。この津久戸の三年坂こそ、正真正銘の三年坂の坂路である。しかし、今は、西照院も成願院も他へ移転してしまって、この坂みちは、昔の寂しさはどこへやらお寺の跡にはぎっしり商家が建ち並んで、この近辺ではいちばん繁華な街になっている。

牛込矢来下の交番のところの坂も三年坂と言った。交番の前を榎町のほうへ下って行く小さな坂である。明治十九年ころの参謀本部五千分の一図には、「三年坂」としるしてある（参謀本部のできたのは、明治十一年十二月である）。現在はこの坂のそばには、寺らしいものも見あたらない。しかし、享保元年の『分道江戸大絵図』にはこの坂の西側に、「青松寺」の名が見える。それから『東京地理沿革誌』には、「天神町と東榎町との間を南へ上る坂を地蔵坂と云ふ。仏寺あり、芳心院及実性院なり」と書いてある。この地蔵坂は三年坂の別名で、地蔵坂という名前が、すでに、この付近に寺院のあったことを物語っているようである。

市ヶ谷見附内（いま、五番町、もとは土手三番町）の三年坂にも現在は寺は見あたらない。江戸切絵図には、この坂の西側に、高木氏、平野氏の屋敷が見える。この両屋敷辺が、ちょうど薬王山三念寺の旧地にあたる。ここから移転した先は、本郷元町二丁目二十八番地であった。

市ヶ谷御門内のこの坂を、初めは三念寺坂、三念坂と書いたと思うが、ここに寺がなく

筑土の三年坂

万延元年改正尾張屋版切絵図

牛込矢来下の三年坂

なると、他の「さんねんざか」同様、三年坂と書くようになった。ところが、寛延四年ころ書かれた『南向茶話』の中で、作者酒井忠昌はつぎのように言っている。

「六番町のかたへ市谷御門より上る坂を三年坂と呼び候事、寛永十三年外廓出来之刻、新に開ける坂ゆへに伝来候か、是に付て思ふに、牛込神楽坂より北へ築土へ出る小坂をも三年坂と号する同意なるべし。京都東山清水観音門前より、横に北へ下る坂をも三年坂と号するは、清水は大同二年に草創、同三年に此坂を開る故に云爾と、旧記に載之と同日の語なるべし」

と、三年坂に関するかぎり、年号のつく年にできた坂のことだと、いつまでも強情を張っている。江戸の坂の名というものは、ほとんど当時の江戸っ子によって名づけられたものであった。だから、この坂は、寛永十三年にできたから三年坂だとか、大同三年にできたので三年坂だとか、というような名前のつけ方はしなかったと思う。こうした方法は、いかにも上方趣味であって、江戸っ子好みではない。もし江戸っ子が三年坂を年号によってつけたものだとすれば、きっとどこかに五年坂、七年坂、九年坂があってもよいはずである。そうした坂の名は、江戸の坂には一つも見あたらないようである。京都には三年坂（産寧坂）のほかに、二年坂（二寧坂）というのがある。三年坂から霊山へつづく道の、三年坂同様の石段の坂である。

　三念寺のそばの坂を三念寺坂と書き、それが三念坂となり三年坂と変化したことは、も

我善坊谷の三年坂

市ヶ谷御門内の三年坂
（この坂の右側に三念寺があった）

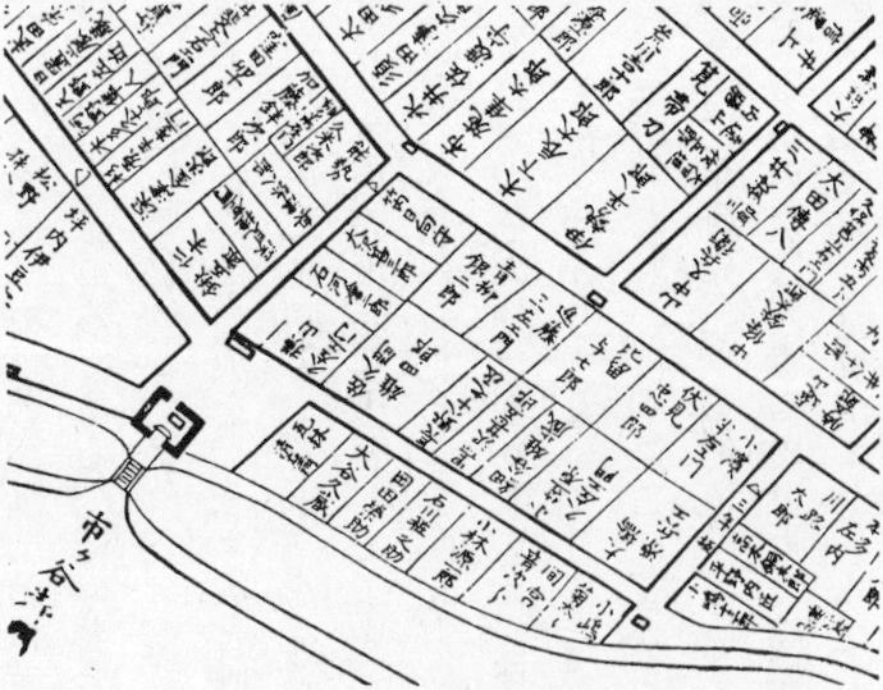

市ヶ谷御門内

っと理屈に合っている。しかし三念寺坂が三年坂となった坂は、市ヶ谷見附内の三年坂だけのことで、そう都合よく三念寺がいくつもあるわけのものではない。

つぎは、麻布飯倉六丁目から麻布我善坊町へ下る三年坂である。坂下の窪地一帯は昔の我善坊谷で、徳川二代将軍秀忠の夫人浅井氏の荼毘所のあったところである。そのときの仮堂を龕前堂《がんぜんどう》と言ったことから、その地の通称〈が〉がぜん坊谷となったとか。

この坂付近に寺院や墓地を求めずとも、我善坊谷に下って行くこの坂を、三年坂と呼んだのは、きわめて無理のないことである。しかし、元禄三年の『江戸御大絵図』を見ると、坂の頂上の東側には「長音寺」があるので、このほうも三年坂の坂名起因としてよい。

最後の三年坂は、千代田区霞ヶ関三丁目一番と二番の境、文部省の北わきを西北方に上る坂である。この付近は、文部省をはじめ、大蔵省、外務省、その他いかめしいお役所が林立しているところである。寺院や墓地などとは、およそ縁もゆかりもないようなところに思われる。しかし、明治五年に、この付近の町名を三年町としたのは、ここに昔から有名な三年坂があったがためにほかならない（しかし、今は三年町の一部が霞ヶ関三丁目と町名変更になってしまった）。とにかく、ここに三年坂があるからには、昔この付近に寺院か、その墓地がなければならないはずである。江戸絵図を見ても、大名屋敷がぎっしりならんでいて、この付近には「三年坂」を除いたら寺院にゆかりの名さえも見あたらない。しかし、徳川家康の入国以前の状態を調べてみると、意外にもこの辺の高台は、大きな寺院や墓地でふさがっていたようである。

現在の皇居内の吹上御苑も、そのころは局沢《つぼねざわ》と言って、大きなお寺が十六カ所もあったと伝えられる。それから、一つ橋、神田橋内外の地（昔の平川村）にもお寺がたくさんあったはずである。たとえば、丸山の本妙寺、浅草の聖徳寺、善徳寺、牛込の宝泉寺、四谷の西迎寺などは局沢から移ったもので、本所の平川山法恩寺、赤坂の平川山源照院浄土寺、浅草の東光院、地蔵院、祝言寺などは、平川村から現在のところへ移転して行ったのである。そして、その跡は、将軍賜邸として、大名屋敷になったのである。今の文部省のとこ

文部省わきの三年坂

ろは内藤能登守の屋敷であった。大蔵省のところは、松平伯耆守や高木主水の屋敷、外務省のところは、黒田肥前守、人事院ビルのところは松平安芸守の屋敷であった。そしてこの付近一帯を桜田霞ヶ関と呼んだ。天正のころには、今の外務省から文部省付近までは、大名屋敷の代りに、大寺院が甍《いらか》を並べていたはずである。

その主なるものをあげてみると、第一に光明山和合院天徳寺である。いま西久保巴町に実在するが、この寺は天文三年に紅葉山（今は皇居内）に起立して、天正十三年に桜田霞ヶ関に移ったという記録が残っている。天正十三年から慶長十六年まで、およそ二十六年間、今の霞ヶ関二丁目一帯をその境内としていたのである。その他、霞ヶ関付近にあった寺院は栂上山証誠院光明寺（これは慶長二年まで）、称光山長延寺華徳院（これも慶長中浅草へ移った）、長命山桐樹院証誠寺などである。もう一つ、今、新宿に霞関山本覚院太宗寺という寺があるが、これは昔、内藤修理亮が慶長中創設したものだというが、その山号が霞関山であることから、この寺の旧地は、この霞ヶ関ではなかったかと思うのである（異説もあるが、わたくしはこのほうをとりたい）。

とにかく霞ヶ関付近、とくに溜池台には、いろいろと有名寺院があったことは事実である。たとえば、芝の「東禅寺」は、今のアメリカ大使館付近にあった。大使館わきの坂を霊南坂というのは東禅寺の開山嶺南和尚の名からできたものである。それから、高輪の「泉岳寺」も、古くは今のホテルオークラの付近にあったものである。なおこの辺には

「ふくごん寺」という寺もあった。まして、この近くの三年坂付近に、寺院や墓地がなくて、なんで三年坂という名ができよう。

　要するに、三年坂の坂名因由は、きわめて平凡な、「この坂でころぶものは三年のうちに死ぬ」という俗信からきたものである。

　三年坂という名称は、不吉な意味を持っているので、いつの間にか他の名称に改められたものが多い。特に、おめでたい名前に変わっている。たとえば、三年坂が産寧坂とか三延坂、三念坂などと。それから全く「三年」をきらって、鶯坂、蛍坂、淡路坂、地蔵坂のように別の名に改められたものもある。

　三年坂に似たものに、二年坂（二寧坂とも）、百日坂、袖きり坂、袖もぎ坂、花折坂などと言う坂もあるが、これらは三年坂と同じ種類のもので、二年坂は三年が二年になっただけである。百日坂はさらに期限が短縮されて、この坂でころぶと百日の内に死ぬということになっている。袖きり坂、袖もぎ坂、花折坂などは、この坂でころぶとやはり三年の内に死ぬというのであるが、仏寺に花をささげたり、自分の着物の袖を切ってささげることによって、死の難からのがれることができるというのである。

　こうした俗信は、かなり古い昔から行われ、しかも日本全国にわたって流行し、信仰されたもので、地名としても、いたるところに、その根強い民俗的信仰の記録を残しているのである。

三分坂と江戸銭価

港区役所赤坂支所の前を南へ下る坂がある。これが薬《や》研坂《げんざか》で、この坂を下ってふたたび南へ上って行くと、ここが赤坂台町である。この道を更に二五〇メートルほど行くと、突き当たりが赤坂一ツ木町の曲り角で（戦前には近衛歩兵第二旅団司令部があったが、今は聖パウロ学園に代わっている）、ここから右へ直角に折れると、大きな急坂の上に立つ。すなわち三分坂の頂上である。これは台町から新町五丁目に下る坂で、坂のふもとの右側は、報土寺という真宗のお寺である。この坂は、急坂で、東京でも珍しく感じのよい坂で、こんな坂が、まだ東京都内に残っていたかと思うとうれしくさえなる。

近ごろたまたま『江戸名所図会』とある江戸地誌の翻刻本の二、三を見たが、いずれもこの坂に「三分《さんぶ》坂」とルビが振ってある。また、明治四十年ころ出版された東京市編纂の『東京案内』にも「三分《さんぶ》坂《ざか》」とある。そして「急峻にして此に至りて車力賃三分を増したるを以て其名となせり」と説明を加えている。しかし、この坂を三ブ坂と読ませるのは間違いである。

江戸時代に三ブと言えば大きな金額で、金一両の四分の三である。昔の一両を今日の金額に換算してみれば、ざっと二万円に相当するのであるから、三ブでは一万五千円ということになる。この坂で一万五千円もの増し賃を取られるなどということは絶対にありえない。遠回りをしても、つねにこの坂を避けるはずである。ところが、そうでもなかったことを思えば、金額の間違いであるか、書き違いにきまっている。

実は三分とは三プンとよむべきであって、三ブと仮名をふるべきではなかったのである。三ブ坂ではなくて、三プン坂なのである。三プンとは銀目《ぎんめ》で、銀一匁の十分の三のことである。金一両を銀六十匁として、銀三プンを江戸銭価に換算すると、二十文《もん》にあたる。今日の金額にしても約百円と見てさしつかえない。

江戸末期に近いころの湯銭が五文で、これは今日の二十五円にあたり、もりかけそばが一杯十六文で八十円、天ぷらそばが三十二文で百六十円、大福餅や今坂餅が一個四文で、これが二十円、酒は剣菱の特級格で一舛二百文で、今日の千円、一級格では百五十文で七百五十円にあたる。それから米は、まず一石一両と見て、前述のとおり一両は今日の二万円にあたるので、米一斗（一四キロ）は二千円、したがって一〇キロでは千四百二十九円となって、昭和四十二年十一月の配給米価の千四百十円とほとんど一致する。つぎに、銀座から白山までの駕籠賃が百十文だったから、今日のタクシーと考えてみると五百五十円となる。それから髪結銭《かみゆいせん》、今日の理髪代だが、これはどうであったかというと、三十二文であったから、今の約百六十円から二百円どまり、歯みがき粉は八文で今の四、五十円、芝居が一人二百文くらいで約千円であった。以上換算した金額は今日（昭和四十二年）の価格とだいたい一致しているとみてよい。

とにかく、三プン（二十文）すなわち今日の百円の増し賃は、ふろ屋へ四回行くだけのわずかな金額である。これならばまず文句はない。引っ越し荷物一台のトラック代金を四、五千円とみて、近道をするために無理にこの坂を通ったとしても、増し賃はせいぜい百円くらいが相当で、三ブすなわち一万五千円の増し賃など理屈にも何にも合ったものではない。明治の昔、九段坂の立ちん坊でさえ、たった一銭（今日に換算しても五円くらい）で、荷車のあと押しをして、あの坂を上げてくれたものである。

ここで、今、仮に三分坂を三ブ坂が正しいとしたらどんなことになるであろうか。たとえば、この坂を上下するたびごとに、三ブという莫大な金を平気で、そのころの江戸っ子は支払っていたということになる。もしそうだとすると、なにも吉原の「松の位《くらい》」の太夫《たゆう》には一生近づけないものと、あの鼻っ柱の強い江戸っ子が、変な弱音をはかないでもよいはずである。太夫だって最低九十匁も出せば、大いばりで呼べたのである。九十匁とは一両二分《ブ》で、たった六ブ（現在の金で三万円）なのだから、三ブ坂で二度増し賃を取られたと思えばなんでもないはずである。ところが、これが三ブ坂ではなくて、三プン坂なのだから、事実は情けないことになってしまうのである。全く、江戸っ子の言うとおり、その日暮しの彼らには、一生かかっても、まず太夫にはお目にかかれないということになる。三プン握っていたのでは、太夫も先ほどよりさらに何百倍も遠いところへ離れてしまう計算になる。したがって、一日三プン（百円）ずつ、ほとんど一年も、けちけち溜めなければ、太夫のそばへはとうてい寄り付けないという勘定になってしまう。またそうでなければならないはずで、太夫と言えば、二十四文（百二十円）の夜鷹《よたか》とは違う。気が向かなければ六十万石の大大名《だいだいみょう》をさえ振り通す松の位の持ち主である。と、こんなところまで言及しないでも、もう三分坂は三プン坂でなければならないということは、明らかになったはずである。

三分坂

　実は、『新編江戸志』には「三分ン坂。種徳寺の前の坂。此坂けはしき故、車を推上る時、銀三分の車力増したるゆへ云」と丁寧に、「三分ン」とか「銀三分」とか、金三ブとまちがえないようにと実に親切に書いている。もう一つ、『再校江戸砂子』には「三分《ふん》坂、種徳寺の前の坂をいふ」と、これも三分に正しく仮名をつけてくれている。その他『江戸地名以呂波引』と『江戸地名字集覧』にも、サンプン、さんぷんと仮名をふっている。これで三分坂の問題は解決したと思うので、最後に文化八年ころの狂歌を一つだけ挙げておしまいにしたい。

　秤目につもりて見れば銀世界　三分坂にたらぬ初雪

常識から言っても、三分坂は三ぷん坂でなければならないのだ。わざわざ「三分《ぶ》坂」を引き合いに出すにも及ばなかったのかもしれない。結果としては、校正不備を突っつくなどと、おとな気ないことをしてしまった。と言って、こんな場合、どうしても訂正だけはしておかなければならないと思う。

誉田坂と八幡

　もとの赤坂離宮のところが、紀州家の下屋敷であったころ、ここの庭内には大きな池があった。池の水は赤坂の風呂屋町の北部を通って、赤坂見附の弁慶橋のほうへ流れ込んでいた。そして、四谷のほうから戒行寺谷を通って、鮫河橋《さめがはし》下から、この池に流れ込む一筋の小川もあった。そのころ、東西に細長い池と、一本の道路をはさんで、南北に紀伊大納言の屋敷があった（正保年間江戸絵図）。この辺の道路は、往古の一ツ木村の一部で、赤坂三田方面へ出る主要な街道であった。

二つの紀州屋敷にはさまれた道路と池が、交差するところが鮫河橋で、この橋を渡って池の端を東のほうへ上って行く道路が、誉田坂であった。明暦のころ、南北二つの紀州屋敷が、一つに合体されたときに、ここの誉田坂の道路と、ここにあった池も、完全に屋敷の中に消えてしまったのである。鮫河橋だけが外に残っているので、この道路は、北の紀州屋敷の外囲いを、ぐるりと回って喰違見附のほうへ出て、ここのところから堀端を、赤坂風呂屋町のほうへ下って行くようになってしまったのである。これがのちの紀伊国坂《きのくにざか》の道路である。

文政十年の元鮫河橋仲町の丁亥の「書上《かきあげ》」には、誉田坂についてつぎのように書いている。「明暦之比迄者、只今の鮫河橋向、紀州様屋鋪御門之内ニ、誉田坂と申有レ之、近在より芝三田辺え之通ニ而、人馬往来繁く、今之四谷青山之如ニ而、繁華ニ相成候」「猶誉田坂と申所ニ罷在右地所、赤坂え之往来ニ而有之候処、是又明暦年中、同様御抱地ニ而、御囲込ニ相成候、右元地者、余程繁栄地ニ有之候由、右住居之者共、当所え為引移可申存念ニ而、其比、池沼等ニ付、築立候得共、一体山際ニ而、地低、平生清水湧出雨後ニハ乾兼候、至而湿地ニ而住居人八軒有レ之候間、元禄九巳年、町御支配ニ相成候、後、元鮫河橋八軒町と名付申候、今ニ土中え一、二尺細竹ヲ差込候得者、水吹出申候、尤往古潮入ニ候哉通え寄候処水塩気有之候」

以上の「書上」によると、誉田坂の坂路は、近在から、芝三田方面への道路で、いつも往来がしげく、四谷、青山のように繁華なところであったとある。そして、この道は、奥州街道の「一ツ木村」の一部で、のちの元赤坂町（ゆや町、風呂屋町とも）につづく道筋であった。明暦後、この辺一帯が紀州家の抱地《かかえち》となって、屋敷内に囲い込まれてしまうと、当然そこの村落と誉田坂もいっしょに屋敷の中にはいってしまった。そのとき、誉田坂付近の民家は、立退き地をもらって、そこへ移った。それが八軒町である。多分、元地にあった民家八軒だけが、ここへ移ったのであろう。八軒町は永井信濃守の屋敷に近い、林光

『江戸名所図会』の科濃坂（権田坂ともいう）

権田坂（信濃坂ともいう）

寺の裏手にあたるところである。

この「誉田坂」という珍しい名称は、どういう意味を持っているのであろうか。またなんで「誉田坂」と呼んだのであろうか。第一「誉田」はなんと読むのであろうか。地名辞典では、大阪の古市町の誉田は「こんだ」とよませる。それから静岡市と千葉県、茨城県、兵庫県などには、それぞれ誉田という町村があって、これらをみな「ほんだ」と言っている。そして、誉田はみな、八幡社に関係のあるところの地名である。大阪府南河内郡古市町の誉田は「こんだ」と呼ばれている村である。いま誉田《こんだ》神社のあるところで、昔は誉田八幡と言った（『日本輿地通志畿内部』巻三十）。この誉田村には応神天皇の御陵がある。『安斎随筆』には、「誉田。河内国の地名なり。誉田天皇の陵あるに依りての名なり、然ればホンダと唱ふる事本名なり、然るに後代コンダと唱ふるは誤りなり、ホとコと音横の相通故転訛する歟」とある。

誉田八幡社には応神天皇を祀る。応神天皇は誉田別尊と称した。その読み方は、「ほんだわけのみこと」である。『古事記』も「品陀和気命」と読んでいる。応神天皇御誕生のとき、御腕に鞆《とも》のような形の宍《にく》が生じていたので、誉田別尊という御名を得られたのであると伝える。この「ほんだ」は鞆の古称であるから、誉田別尊の別名を、大鞆別尊《おおともわけのみこと》とも言ったのである。鞆は今の巴《ともえ》のことである。昔、弓を射るとき、左の臂《ひじ》に着ける武具で、形は丸くて弦が臂に当たるのを防ぐものである。皮で作ってあり、正面に巴の模様が描いてあった。大概三つ巴の紋が付いていたようだ。八幡社の提灯の御紋は三つ巴である。誉田別尊と巴とは関連が深い。

ここでまた昔の一ツ木村の誉田坂に帰るが、ここの誉田坂は、初めに「こんだ坂」と言ったのか、「ほんだ坂」と呼んだのか、どっちだかわからない。それよりも前に、誉田が八幡社関係の名であるからには、この坂の付近に八幡社がなければならないことになる。『御府内備考』によると、古いころ鮫河橋付近に、「放生池《ほうじょういけ》」と呼ぶ大きな池があって、その池畔に、同じ名の放生と呼ぶ庵もあった。ここに、源義家公の兜を安置した正八幡宮が祀ってあったということである。正八幡宮には、誉田別尊をお祀りしてなければならない。この坂付近の放生庵の八幡宮が、坂名起因だとすれば、この坂は「誉田坂」であって当然である。ただ当時、その坂名をなんと発音していたかが問題である。

この誉田坂を下ると、そこに鮫河橋があり、それを渡って西へ行くと、権田坂を上ることになる。誉田坂と権田坂のふもとは、鮫河橋ということになる。誉田坂を下って権田坂の頂上までは、三町（四〇〇メートル）もない。こんなに短い距離の間で、上り坂下り坂の二つの名が「ごんだ坂」だの「こんだ坂」「ほんだ坂」などと、坂名がこんがらがってしまって、どっちが権田坂だか誉田坂だか、わからなくなってしまう。こんなに近い二つの坂だとすると、この名は一つであったのかもしれない。権田坂は、実際は誉田坂が転訛したものかもしれない。権田坂は永井信濃守の屋敷に近い坂なので信濃坂とも言った。

ここの権田坂は、事実誉田坂が転訛したもので、こんだ坂がごんだ坂となったものだとしたら、誉田坂と権田坂、それに信濃坂は、同一の坂だということになってしまう。

ここで思い出すのは、昔の東海道の程ヶ谷と戸塚の間の信濃坂と権太坂のことである。程ヶ谷から戸塚まで二里九町（八・二五キロ）あった。最初の程ヶ谷の上り坂を、今は権太坂と呼び、最後の戸塚に近い下り坂を信濃坂と言っている。遠近道印《おちこちどういん》の『東海道分間絵図』（元禄三年）の「新町」（のちの程ヶ谷）戸塚間の絵図を見ると、新町寄りの最初の上り坂には、「少上り坂」とだけ書いてあって、坂名は書いてない。中央の境木《さかいぎ》というところまでは上り坂で、ここから下り坂になる。最初の下り坂は、「やきもち坂」で、つづいてふもとに近い下り坂には「しなの坂」とある。やきもち坂と信濃坂とはつづいているので、同一の坂と見てよいと思う。

古くは「境木」を出て、最初の下り坂、すなわち「やきもち坂」の頂上の右のほうに、「八幡の宮と時宗の寺」があったということである。この坂の上に八幡社があったということから、このやきもち坂はかつて誉田《こんだ》坂《ざか》と呼ばれたのではないかと想像する。その誉田坂が権太《ごんた》坂《ざか》となまったのではないだろうか。この権太坂と信濃坂とは一連の下り坂であるので、同一の坂だと言うこともできる。『江戸名所図会』によると、「品野坂、或は信濃、又科野に作る。俗に権太坂と呼り」とあって、信濃坂と権太坂とは全く同一の坂であると考えているようである。これは私の考えていることと一致する。

偶然なことながら、江戸の誉田坂、権田坂、信濃坂が同一の坂であるばかりでなく、戸塚の誉田坂、権太坂、信濃坂も同一の坂であることを知った。たまたま、権田坂、権太坂、誉田坂の三つの関係が、八幡社に密接なつながりを持つ「誉田」から出発しているように思われるので、ここに書きとどめてみた。

三つの相生坂

江戸時代から現代までの相生坂《あいおいざか》を並べてみると、おおよそ、次の三つに分類することができる。

A　坂路が途中でY字型に分れているもの

B　二つの坂が平行しているもの

C　二つの坂が離れて向き合っているもの

東京都内の相生坂は、今日ほとんど昔の形を残していないほどに道路をいじっているものもあるので、多少苦しい形になってはいるが、それでも現代の坂路から、相生坂と呼ばれた当時の形を想像することはできる。

(1)　**相生坂**〔港区麻布一本松町〕

今日でも、この坂の頂上の路上に、一本松という有名な松がある。そして、ここから坂が二股に分れて、左のほうは今の暗闇坂（オーストリア大使館前）、右は長伝寺、徳正寺、大黒天前を、北東に下って行く一本松坂（大黒坂とも）である。これはY字型の相生坂である。『江戸図解集覧』には「相生坂。印本町鑑云、一本松坂と記す」とある。一本松のところから左右に別れて行く相生坂である（Aの型）。

(2) **相生坂**（品川区下大崎二丁目　雉子神社前）

これも品川台町のほうから、雉子神社前で左右に分れて行くY字型の相生坂である。西のほうへ行く坂は、道路改修でおそろしく変形してしまった。昔の面影はないが、『江戸名所図会』の「雉の宮」の絵を見ると、道路改修前の坂路の様子がよくわかる。この絵と寛延三年ころの江戸絵図を合わせて見ると、雉の宮わきで、二方向に別れて行く坂路が想像できる。まさしくY字型である（Aの型）。

麻布一本松町の相生坂（左は暗闇坂、右は一本松坂、大黒坂とも）

(3)　**相生坂**（文京区湯島一丁目　聖堂前）

神田川をはさんで、昌平橋のほうへ下る駿河台の淡路坂と聖堂前の昌平坂とを相生坂と言った。相平行して同方向に下る坂なので、そう呼んだのである。だからふもとの橋を、そのころは相生橋と呼んだ（Bの型）。

(4)　**相生坂**（新宿区東五軒町南部）

『続江戸砂子』に「相生坂、小日向馬場のうえ五軒町の坂也、二坂並びたるゆへの名也」とある。これも平行型の相生坂の例である。別名を鼓坂《つづみざか》ともいう。『新編江戸志』はさらに「鼓坂。筑戸の方より小日向へ下る坂也。二つありてつづみのごとし」とも書いている（Bの型）。

(5)　**相生坂**　Cの相生坂のうちの一つ、西五軒町との境の坂を言う。

(4)の坂の一つを言ったのである。そしてこの坂から北のほうに見える小日向の新坂と、この坂とが南北向い合っているから、相生坂と言ったというのだ。牛込の五軒町の丁亥（文政十年）の「書上」には、「坂、登り凡二

牛込五軒町の相生坂（左の方）

同じく相生坂（右の方）

間程、巾四間、右当町表通りニ有之、里俗相生坂と唱申候、右は小日向新坂と南北向候ニ付、右様申習由ニ御座候」とある。二つの坂が離れて向き合っているのを相生坂としているのであるが、ちょっとどうかと思う。『続江戸砂子』のほうが二つの坂に関する限り正しいようである（Cの型）。

同じ根もとからはえた松を相生の松というのであれば、相生坂もY字型のほうが原義に合うように思われる。『百草露』には、「播磨の国に高砂の松とてあるは、根はひとつにて、上はふたつにわかれて雌雄の双生也」とあって、これを相生の松と呼んでいる。これなら相生の松として申し分はない。それから日光の「相生の滝」であるが、これも二つの滝が並んで落ちて、一つの流れに落ち合って、末は一本の川となって流れて行くかたちのもので、明らかにY字型に属している。これも理想的な相生である。二つの平行した坂路や大小二つの坂のくっついたもの、向き合っている坂などに、相生坂という名称をつけたことのほうが、むしろ、おかしいくらいのものである。

ここでさらに深く、相生の意味を探求するために、相生橋について、ＡＢＣの三つの型に分けて見たらどんなことになるであろうか。

Aの相生橋　Y字型の相生橋は広島市内の太田川にかかる「相生橋」がよい例で、この橋の途中から枝のように橋が分かれていて、ちょうどそれがY字型になっている。築地の「三吉橋」に似た形式である。この形が本当の相生橋であろう。しかし、これらの相生橋に似た橋で、江戸時代には撞木橋《しゅもくばし》というのがあった。同じような形のもので、「三方に掛る」橋というので、それが撞木の形、すなわち、T字型になっている橋に名づけたものである。Y字型ではなく、Yがもっと開ききって、Tになった形である。この形の橋、撞木橋という名の橋は、江戸時代には深川に二カ所、京橋に一カ所あった。もう一つ、江戸時代の扇橋《おうぎばし》という橋も「三方に掛る橋」のことを言ったのであるという。

Bの相生橋　二つ並行している橋、これはありそうである。しかし、そのような橋に相生橋と名づけたものが、現在見あたらない。江戸では、二つ並んだ橋に相生橋とは名づけないようである。二つ並んだ「枕橋《まくらばし》」とか、「夫婦橋《めおとばし》」とか、また二重橋などという相生型の橋はいろいろあるが、その意味の「相生橋」という名を持った橋は、まだ東京都内には発見しない。相生坂の坂下の橋を相生橋と呼んだり、相生松のそばの橋で相生橋と呼んだりしたものは、地方などには、いろいろあるようである。そうでなければ、単なるおめでたい名前をつけるという目的で、常盤橋《ときわばし》、万世橋《よろずよばし》、千歳橋《ちとせばし》、高砂橋《たかさごばし》などと同じように、相生橋と名づけたものも多い。

Cの相生橋〔江東区深川越中島と中央区新佃島とを結ぶ〕　中央に小さな島が一つあって、この島が大小二つの橋をつないでいるのである。こんな場合、それが坂であれば、江戸時代には、いつも夫婦坂《めおとざか》と呼んだものである。関西では、こうした橋の場合には、たとえば三条大橋、三条小橋などと呼んでいる。この例に従えば、この相生橋は、月島大橋、月島

広島市太田川にかかる相生橋

戦前の東京築地三吉橋
（橋の下は川）

昭和43年ごろの三吉橋
（橋の下は高速道路）

小橋と呼んだほうが、相生橋と呼ぶよりも、ぴったりするような気がする。

ところが最近、この相生橋も、小橋のほうがなくなってしまって、小橋のところを外から隠してしまうほどの高いコンクリートの防波壁が造られたのである。しかし、橋を渡って見れば、小橋の欄干はまだ残っている。この欄干から橋の下をのぞくと、そこには川がなくなってしまって、土である。水がない。埋立てになっているのだ。

やがて、この欄干も取り去られるのであろうが、そのころになると、どういうわけでこの一つしかない平凡な橋を相生橋と呼んだのか、それこそ、全くわけがわからなくなってしまうであろう。そして、この橋に相生橋と名づけたわけを、ただおめでたい名前がつけたかったのであろうなどと簡単にかたづけられてしまうにちがいない。

こうしていくつもの相生橋の本当の姿が変化してゆくのを見ては、二つ並んだ相生橋というものも、全然ないとあきらめなくともよいのではないか。古い相生橋の歴史を調べて見たら、きっとどこかに二つ並んだ相生橋がないとも限らないような気がする。でも、江戸とその近辺では、二つ並んだ橋にはいつも夫婦橋《めおとばし》と名づけていたことも事実である。遠近道印の『東海道分間絵図』には、二つの女夫橋が見えている。

妻恋坂とその前称大超坂について

文京区妻恋町妻恋神社の前を、東に下る坂を妻恋坂《つまごいざか》と言う。ずっと昔は、大超坂《だいちょうざか》と言った。のちに、大長坂、大帳坂、大潮坂、大朝坂などといろいろに書いた。同じ発音に、書き方がいくつもあるということは、その坂名の起因が、はっきりわかっていないからである。大超坂と書くのが本当で、他はみな当て字である。

江戸の初期、寛永のころ、この坂の南側に霊山寺《りょうぜんじ》というお寺があって、その開基を大超和尚と言った。この開基の名大超が坂の名になったのである。大超和尚は地味で、徳望堅固な高僧であったということである。この寺は、京都知恩院派の浄土宗で、常住山二尊教院霊山寺と言った。

慶長六年、霊山寺は徳川家康の命によって、白銀七十貫を専誉大超に寄せられ、駿河台の梅坂（たぶんのちの紅梅坂辺）に創立されたものであった。敷地二万坪、朱印五十石、そして関東十八檀林の一に列せられ、当時盛んな大寺の一つであった。それが、寛永十二年、三代将軍家光の時代に、湯島に二万坪の替地をもらって移転することになった。後の妻恋坂の南側の地である。切絵図には、妻恋坂の南側に、内藤豊後守、黒田五左ヱ門、三枝左兵ヱ、嶋田弾正などの屋敷が見えるが、これらを合わせたこの辺一帯の地、約二万坪であった。ちょうど、神田明神裏手の地である。この時代に、霊山寺の北わきの坂を、大超坂と呼んだのである。

明暦三年の大火のとき、霊山寺も類焼して、こんどは浅草へ移ったが、その後でも、この坂は大超坂と呼ばれていた。しかし、世間の人々は年月がたつにつれて、大超和尚の名を忘れてしまって、いつか、この坂を大帳坂と書いたり、大長坂と言ってみたり、また大潮坂などと書いたのである。『東京地理沿革誌』は、「妻恋稲荷社前より東へ明神下に下り妻恋坂あり、むかしは大超坂或は大潮坂と呼べり」と書いている。

大超坂を大長坂と言ったり、大帳坂と書いたりするのは、一般民衆の耳学問の悲しさを暴露したもので、別に気にもとめないが、大潮坂と書いた知識人の多いのには、ちょっと気になった。

大超和尚よりずっとあとに、大潮和尚という人が江戸で有名になった。この和尚は、肥後の竜津寺という寺にいたのだが、生来文を好くして、詩名も高く、江戸へ来て荻生徂徠の門下となり、当時有名であった服部南郭と藻を争って、その声望は互角であったと言われた。のちに、九州に帰って露山寺に隠栖したが、晩年なお露山寺の大潮和尚として、世に高名を馳せたということである。霊山寺の大超和尚とは、時代的に考えて約百年のへだ

大超坂（妻恋坂）

たりがあった。ただ露山寺と霊山寺、大潮和尚と大超和尚とが、よく似ていたので、そんなところから、大超坂を大潮坂と間違ったのかもしれない。現に、いろいろの人名辞典を見ても、大潮和尚は出ているが、大超和尚の名の載っていないものが多い。それほど大潮は後々までも有名な詩人として、人気があったらしい。とにかく、江戸末期に近いころは、寺の和尚よりも、詩人のほうが世に持てはやされた時代であったから仕方はあるまい。

大超坂が、いつか妻恋坂と呼ばれるようになったのは、もちろん妻恋稲荷が、この坂の北側に移って来てからのことである。それは明暦大火後、万治のころといわれる（妻恋稲荷の旧地は湯島天神町旧一丁目の辺と伝えられる）。

鍋割坂

江戸時代に、鍋割坂《なべわりざか》という坂があった。現在東京都内に、鍋割坂という名を持った坂が三つ残っている。

昔、この坂で鍋を割った者があって、鍋わり坂と言ったのだと書いた人もあるが、単に鍋一つを割ったという行為が、他のいくつもの坂の名に、まねられるなどということは、とうてい考えられない。坂と限らず、他の、鍋を割りそうにもないところに、鍋わりという名をつけたものがたくさんある。鍋割山、鍋割峠、鍋割岩などである。この鍋割には、何か別な意味がなければならないと思う。多くの鍋割坂に共通した何かがあってよいと思う。鍋割とは、ナベワリという草のことではないかと、初めは思った。今日、東京の鍋割坂と呼ぶ坂のあるところは、江戸時代の薬園のあった所である。ナベワリの実は有毒であるということから、何かの薬草として栽培されたものであって、そんな草のはえているところの坂を、なべわり坂と言ったのではないかと思ったりした。薬園と毒草は、ちょっとつられそうな関係を持っている。しかし、全然そんな意味ではなく、これは坂の形から来た名称であることを知った。

鍋割坂という坂は、みな等しく小山を横断するところの坂であって、なべわりは鍋を割ったのではなく、鍋を割った形なのである。この鍋とはなんであるかというと、やはり、古い昔の土鍋の形である。鍋をさかさにしたような小山を割《さ》いて通ずる切通し型の坂路を鍋割坂と言ったのである。この鍋の形は、ちょうど今日の擂鉢《すりばち》と同じような形で、鍋山だの、擂鉢山だのというのが、この鍋をさかさにした形の山なのである。

平安朝時代には、富士山の形を「塩尻《しおじり》」と言っている。『伊勢物語』もつぎのように書いた。

「時しらぬ山はふじのねいつとてか
　かのこまだらに雪のふるらん
　その山は、ここにたとへば、ひえのやまをはたちばかりかさねあげたらんほどして、
　なりはしほじりのやうになん有ける」

塩尻とは塩田の砂に海水を入れて、これを太陽に干すと水が蒸発して、塩が結晶する。それを集めて盛り上げたものを、塩尻と言ったのである。その黒い砂の山形に、真っ白い塩がかぶさっていて、まるで富士山の頂上に雪が積っているような感じがする。

その後、江戸の初期になると、こんどは富士山の形を鍋にたとえるようになる。たとえば、貞徳の前句付《まえくづけ》にもあるように、「富士はただ鍋うつぶけたなりにして」である。この

鍋というのは、やはり擂鉢形を言ったものであろう。時代的に富士山の形容を考えて見ると、初めは塩じりの形と言い、次には鍋をさかさにした形と言い、つづいて擂鉢の形であるということになる。こんなことから考えても、鍋割坂の意味は、ほぼ想像がつく。ことに鍋割山などという山があって、その頂上が二つに割れている事実から考えても、鍋割坂は確かに小山を二つに割っているところの坂を意味し、それほどの深い割り方ではないとしても、とにかく小山の頂上を切通しに割った形をしている坂に、名づけられたものである。

神奈川県足柄上郡、丹沢山の南方の鍋割山。神奈川県津久井郡藤野町牧野の鍋割山。群馬県勢多郡赤城五山の一つの鍋割山。岩手県胆沢郡駒が岳南方の鍋割山。熊本県球磨郡神の瀬村の鍋割峠。鹿児島県種子島南端の鍋割岩。

これらは、みな頂上が鍋をさかさにした形をしていて、しかも二つに割れているのである。鍋割峠は峠が切通し型になっているもので、鍋割岩は海中の岩の頭が二つにさけているので、船がときどきこの岩に座礁することがあった。

さて、江戸時代から鍋割坂として知られている坂は、つぎの四カ所である（ただし、この中の一つは大名屋敷庭園内の坂であったので、今はない）。いずれも小山を横断する坂路であった。

(1) **鍋割坂**〔新宿区牛込矢来町、旧酒井邸内の坂、記録のみで今はない坂〕

『新撰東京名所図会』は、つぎのように述べている。「(牛込矢来町酒井伯邸)藩邸の坂、三条あり、曰く辻井の坂、鍋割坂、赤見の坂是なり」

(2) **鍋割坂**〔千代田区麴町一番町と富士見町一丁目との境の坂。フェアモントホテルのわき、次頁写真右がそれである〕

これは、一番町の通りから、土手一番町の小山を切通し型に、西から東へ上り、千鳥ヶ淵のほうへ下る坂で、代表的な鍋割の形をしている。坂路の両側が石がけになっていて、もと小山であったところを、掘削して、つくった坂であることを証明している。

(3) **鍋割坂**〔文京区の植物園内の大公孫樹の辺、昔のお薬園坂の道筋で、植物園を南北に通ずる坂路であった〕

小石川御薬園図の中央を南北に通ずる道路の、「切通し新道」とあるのが、鍋割坂の坂路で、のちにはお薬園坂、または病人坂と言った。病人坂とは、坂の東側に施薬院があるから、そう呼ばれたのである。この施薬院ができたのは享保七年で、貧民のための唯一の病院であった。この坂を、毎日病人が通るので、いつか鍋割坂も病人坂と呼ばれるようになった。この鍋割坂のわきに、昔から大きな公孫樹があった。この大公孫樹が、今日でも健在で、昔の鍋割坂の位置を知らしてくれる。この辺から南のほうへ下る坂みちが、今でもあるが、これが昔の鍋割坂の道筋であると思う。

(4) **鍋割坂**〔千代田区麴町隼町、もと警視総監官舎の南わきを西に入って、弥生神社前から平

小石川植物園内の大いちょう

一番町・富士見町の鍋割坂

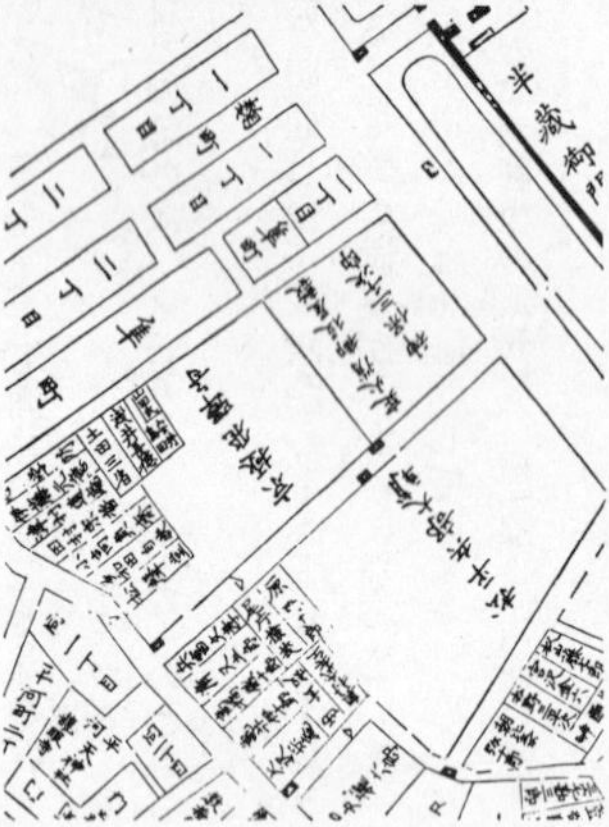

隼町（『江戸切絵図』嘉永二年）

隼町の鍋割坂（昭和35年9月）

隼町の鍋割坂（昭和43年5月）

河天神前へ下った坂。現在は国立劇場敷地の北わき、半蔵門会館の南わきを平河天神社へ向って行く坂路〕

切絵図の松平兵部大輔屋敷と京極飛驒守屋敷の間を、定火消御役屋敷のほうへ上って下る坂。やはりここの小山を横断した切通し型の坂である。東の坂下は、半蔵御門に近いところのお堀で、西の坂下前は平河天神社である。

どれが本当の菊坂か

本郷の菊坂というのは、どの辺を言っているのであろうか。地名としての神楽坂や、道玄坂は、必ず、その坂を中心としているものであるが、地名としての菊坂は、坂を中心としていない。菊坂という坂がはっきりしていないためか、明治以来の菊坂町という地名に、たよっているようだ。地名としての菊坂町から考えてみると、最近の菊坂町と昔の菊坂町とは、その地域がだいぶ違っている。今日では、この辺はすべて文京区本郷五丁目と改称されてしまったが、その前は、菊坂町というのは、本妙寺のあった辺、すなわち昔の女子美術学校や佐藤高女のあったところ、長泉寺、梨木坂下、本妙寺坂下、炭団坂下など、この辺の大体、谷のようなところの市街を含んだところであった。だから本妙寺下から西北方田町のほうへ行く長いゆるやかな坂路を、菊坂通りなどと言っていたのである。

嘉永のころの菊坂町は、そのころの阿部伊勢守の中屋敷（最近の西片町）に近いほう、胸突坂、梨木坂の坂下あたりが中心であって、明治の菊坂町は、本妙寺、長泉寺とその門前町が中心であった。大体において、昔は菊坂町は西の方が中心であり、明治の菊坂町は東のほうが中心になっていた。だから、明治以来、菊坂という名は、坂から離れて町名にのみたよってきたので、かんじんの菊坂の存在を忘れてしまったのである。

江戸の地誌、絵図その他によって菊坂をさがしてみると、次の四つに分けることができる。

(1) 今の本妙寺坂を菊坂とするもの（本妙寺門前から弓町のほうへ行く坂）

(2) 本妙寺、長泉寺前を西片町のほうへ行く通りの坂。『宝暦江戸〈大〉絵図』、『江戸鹿子』

(3) 梨木坂（梨坂とも）嘉永三年の切絵図、『本郷谷中小石川駒込図』（△キクサカ）

(4) 胸突坂『享保年中江戸絵図』（きくざか）、『紫の一本』、『新編江戸志』、『江戸砂子』、『江戸町づくし』

(1)の本妙寺門前から弓町のほうへ行く本妙寺坂を、昔の菊坂だとするものは、主として明治の菊坂町の地域を頭に置いて、『江戸鹿子』の説を採用したものと思う。すなわち、「菊坂は本郷丸山本妙寺の前なる坂」を言うのである。それから、この『江戸鹿子』の本妙寺の前なる坂というのは、(2)ののちに菊坂通りと呼んだ本妙寺、長泉寺前を西片町のほうへ行くゆるやかな坂路を指しているのかもしれない。

しかし、なんと言っても、菊坂は、まず菊坂町にあった坂でなければならない。それも昔の菊坂町でなければならない。菊坂町の文政九年の菊畑についての「書上」を見ると、つぎのように書いてある。「同所（菊畑のあったところ）の坂を菊坂と唱、坂上の方菊坂台町、坂下の方菊坂町と唱候」

坂の上のほうが菊坂台町で、坂下のほうが菊坂町である坂は、(3)の梨木坂と(4)の胸突坂の二つだけである。しかし、梨木坂が本当は菊坂であるということにはならず、もちろん胸突坂の元名が菊坂だということにはまだならない。しかし、次の菊坂町の「書上」を読むと、どうやら胸突坂が本当の菊坂に近づいて来たように思われる。

「一、なし坂、長二十間余、幅九尺程、但し此辺往古菊畑有之候処、此坂辺迄にて菊畑無之候故、菊なし坂と申候を、いつの頃より歟、なし坂と唱候由に御

梨 木 坂

菊坂（今は胸突坂）

座候。一、菊坂、長二十間余、幅二間程、但右二ヶ所共町方持にて当所幷菊坂台町両町持に御座候」

これによって、菊坂は菊坂町と菊坂台町の両町持の坂であるということがわかった。菊坂と梨木坂（梨坂とも）とが出ていて、この条件に合う胸突坂という坂名が、どこにも見あたらない。そして、梨木坂は昔からの梨木坂であって、菊坂ではないということになる。菊坂と梨木坂とはりっぱに独立した二つの坂であった。ということは、梨木坂は、けっして菊坂ではないということなのである。菊坂の条件にピッタリする坂は、今の胸突坂以外にはないということがわかったのである。梨木坂と菊坂との長さは同じ二十間余であるが、幅だけが違う。梨木坂は九尺余で、菊坂は十二尺もある。今日の梨木坂と胸突坂とをくらべてみると、まさしく胸突坂のほうが幅が広く、梨木坂は昔どおりの狭い坂である。

梨木坂付近にかつて住んでいた戸田茂睡という人の書いた『紫の一本《ひともと》』がいちばん正確な記述を残しているものと思う。すなわち、「菊坂は小石川より本郷六丁目へ出る所の坂を云。なしの木坂、本妙寺の前の谷へつきて小石川へ下る右のほうの坂を云、此坂より菊坂へも出る」と至れり尽せりに記述している。本妙寺の前の谷へ下る坂で、菊坂と並んで、右のほうの坂と言えば梨木坂である。したがって左のほうの坂は菊坂すなわち、のちの胸突坂だということになる。胸突坂の中腹に出る坂は梨木坂のほかにはない。『享保年中江戸絵図』は、今の胸突坂の坂路に「きくざか」と記し、梨木坂のほうへは「梨坂」と記している。

これで、胸突坂が、昔の菊坂であったことは証明されたわけだ。現在の町名で言えば、文京区本郷五丁目九番と三三番の間を、東北方本郷通りのほうへ上る急坂である。坂の頂上二九番に、喜福寺という寺が今でもある。寺には、北向観音があってさかったものである。そのころの川柳に「喜福寺の尻菊坂がメくくり」というのがあるが、菊坂の問題についても、うまくしめくくりをつけてくれたようでもある。

昔の坂と今の坂

——壱岐坂、大坂、権之助坂——

壱岐坂　本郷に壱岐坂《いきざか》という坂がある。本郷二丁目から一丁目に下る大きな坂で、坂下は後楽園の野球場と子供の遊園地との間である。幅の広いゆるやかな大きな坂である。しかし、この坂路は昔の壱岐坂の道筋とは違う。全然違う道筋である。

昔の壱岐坂は、今の本郷二丁目の二八番地と二四番地（町名番地改正前の元町二丁目と弓町一丁目）との間、いわゆる、本郷大横《おおよこ》町通りを下って、東洋女子短期大学のところで、新壱岐坂に交差して、まっすぐに新壱岐坂の東に並んで後楽園野球場に下る坂をいうのである。昔の、本当の壱岐坂は、今日では大きな新壱岐坂に平行し、交差する寂れた裏通りの坂みちになってしまった。

『正保年間江戸絵図』を見ると、そこには新しい壱岐坂の道はもちろんなく、のちの大横町通りの本当の壱岐坂が一本だけ通っている。そして、この坂の北側には「無量院」、南側に「小笠原壱岐下ヤシキ」と書いてある。小笠原壱岐守下屋敷の南隣りには、「吉祥

新壱岐坂（坂下は後楽園野球場）

昔の壱岐坂（本郷大横町通り）

寺」という大きな寺がある。これは、今の駒込吉祥寺の旧地である。今の水道橋のほうを向いていた。そのころ水道橋はあったが、「水道橋」ではなく「吉祥寺橋」であった。壱岐坂の南側の小笠原壱岐守の下屋敷が、壱岐坂の名称の起因となったのである。今日では、昔の古い狭い坂のそばに、大きなりっぱな坂ができて、昔の坂名を奪い取ってしまったような感じである。しかし、昔の坂が、はっきりと残っているからには、その坂を無視することはいけない。新しいほうの壱岐坂にしても、壱岐坂と名のること自体、僭越で、古い昔からの坂が残っている以上は、その坂の名は壱岐坂であって、新しくできた坂は、「新壱岐坂」と称すべきであろう。新壱岐坂は最近できた新坂であるから、江戸の坂ではない。江戸の坂は古いほうの壱岐坂である。

大坂　この壱岐坂と同じような坂に、大坂がある。渋谷の道玄坂上から厚木街道を西に下る坂である。

玉川電車の通る坂で、もとは坂の南は松平邸、北側は中将湯の製薬工場（津村順天堂）があった。そして坂下の北側に高台があって、この上に氷川神社の鳥居が見えた。そして、大きないい格好の松が二、三本、その上に見えていた。電車線路の敷設のこともあったが、たびたびの道路改修、拡張のため、まっすぐな大きな坂ができ上ったのである。これを大坂と呼んでいる。

しかし、古い昔の大坂は、この新大坂の北崖下になってしまった。新しい大坂の頂上か

渋谷　左は新しい大坂、右は古い大坂

旧大坂の坂路

ら、もと中将湯製薬工場のあった裏のほうへ下る坂が、昔の大坂であった。この新旧坂路の別れ口の右のほうに、「新舞子」という旅館がある。それに並んで、たちばな幼稚園、坂のふもとに近く昔のままの帝釈天、庚申塚がある。この前から坂は左に折れて、氷川神社の高台下に向かって上って行き、新道路の大坂に合体しているのである。これが古い大坂の道筋で、これを曲った弓と考えると、新しい大坂の道筋は弓の弦ということになる。古い大坂が弓のように湾曲しているのに対して、新しい大坂は、その弦のようにまっすぐなのである。しかも、幅も広く、あらゆる車がこれを利用している。それにくらべて、古い大坂は昔ながらのわびしい裏通りの狭い坂みちに落ちぶれてしまった。軒を貸して母屋を取られてしまったのだ。

しかし、大坂の古い坂みちはまだりっぱに残っている。その道筋とともに、本当の大坂の名を忘れてはならないと思う。したがって新しいほうの大坂は江戸の坂ではない。古いほうの大坂が江戸の坂である。

権之助坂　もう一つ、国電目黒駅のところの陸橋を渡って、西へまっすぐに行く大きな坂を権之助坂と言っているが、昔は途中から右へ折れて田道《でんどう》へ行く坂が、本当の権之助坂であった。戦後の道路大改修が権之助坂を、こんなにりっぱな道路にしてしまった。

これに並んで南のほうには行人坂《ぎょうにんざか》がある。ずっと昔は、「行人坂」の名は、だれでもが知っていたものであった。そのころは権之助坂の道筋は、もちろんなかったのである。下丸子道は、この行人坂一本であった。祐天寺方面へ行くにも、この行人坂を下って、大鳥神社の前へ出て行くのが道順であった。

その後、権之助坂ができたが、初めは、田道のほうへ行く坂であって、今日のように、その曲り角からまっすぐに、大鳥神社前へ向かっていたのではない。今日のように、大鳥神社へ向かう坂路のできたのは、ずっと後のことである。その証拠には坂下の目黒川架橋を「新橋」と呼んでいる。ここの新橋の場合、新橋とは新坂下の橋という意味である。だから権之助坂の一名を新坂とも呼ぶのである。権之助坂の名は古い。その坂を新坂と呼ぶのである。あまりにも、この坂が、古いころの権之助坂とつながりが少ないので、全体を新坂とも呼びたくなったのであろう。今日、権之助坂と呼んでいる全体の約五分の二ぐらいの頭の部分が、古い権之助坂であって、残り五分の三以上が、新しくつくられた坂路であってみれば、新坂とも呼びたくなるのであろう。権之助坂は田道から来て、この坂へ上るところまでが、まじりっけない権之助坂と考えたほうがわかりがよい。しかし、この新坂のすべてが権之助坂でないことは忘れてはならない。

新権之助坂は、今ではりっぱな大道路となった。昔の本通りの行人坂に対しては北裏通りと言われた昔を、行人坂へ返上して、今では全くの本道となって、かえって行人坂通りのほうが、南裏通りになってしまった格好である。『宝暦江戸町鑑』には「権之助坂、同所（行人坂）北之裏通り」とあり、『新編江戸志』

には「権之助坂。行人坂の北、松平主殿頭屋敷前より下る所」「でんとふ橋（田道橋）、右の坂下にある橋也」とある。これによって、宝暦のころの権之助坂の坂下には田道橋があったということもわかる。権之助坂は、今の道筋の途中から右へ折れて田道橋のほうへ下って行ったことも明らかである。

以上の壱岐坂、大坂、権之助坂の外にも、これらに似た坂がいくつかある。志村の清水坂《しみずざか》がそれである。この坂は隠岐殿坂《おきどのざか》、地蔵坂とも言った。今日では志村坂と呼ぶ。しかし、志村坂というのは新坂で、この坂の西裏に、昔の清水坂の坂路がうねうねと湾曲して、今の志村坂下で合体している。

これは、渋谷の大坂の場合と同じケースで、新しい坂と古い坂とが、からみ合っている

志村坂

清水坂

高輪の桂坂

桂坂付近略図

（地図中の文字：黄梅院、二本榎、承教寺、高輪警察署、東禅寺、高輪二丁目（高輪北町）、庚申堂、旧坂、新坂）

富坂付近略図

（地図中の文字：本郷四丁目、一丁目、二丁目、小石川二丁目、文京区役所、（旧水戸邸）後楽園、（春日町））

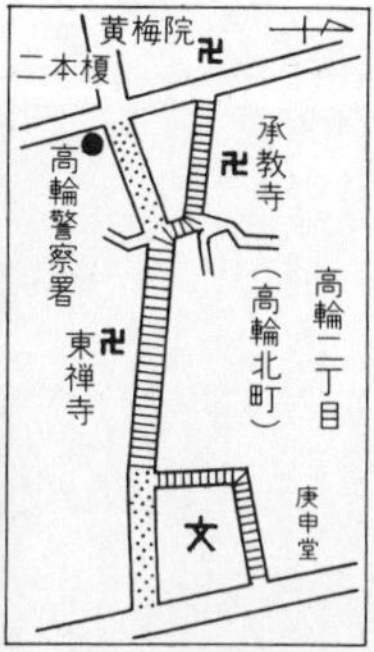

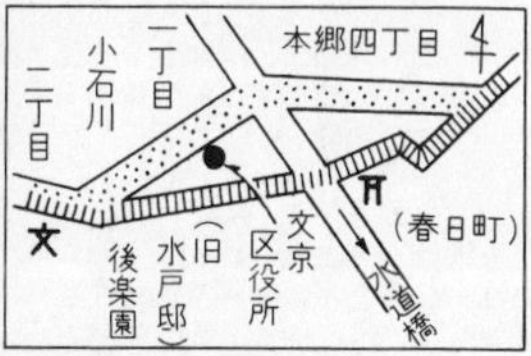

西富坂（文京区役所通り）

ものでまだこの外に、赤坂の牛啼坂《うしなきざか》がある。

今の豊川稲荷前から西の方、港区役所赤坂支所のところまでの直線道路が、新しい坂道で、昔の坂は、豊川稲荷前赤坂小学校のところを左へ入って、今の大通りの南裏手を弓なりに湾曲して、薬研坂上で、一直線に上って来た新坂に合体するのである。

このほか、品川駅前の柘榴《ざくろ》坂《ざか》、小石川の西富坂、高輪の桂坂《かつらざか》などあるが、これらは、写真と簡単な地図とを、同時ににらんでいただくと、その新しい坂と旧坂とがはっきりとわかってもらえると思うので、いちいち坂についての説明を省きたい。

二つの南部坂と浅野屋敷

東京には、江戸時代からの南部坂が二つある。一つは港区麻布盛岡町の南部坂で、もう一つは、港区赤坂福吉町と麻布今井町との境の南部坂である。赤坂の南部坂のほうが、麻布の南部坂よりも古い。南部坂の名称起因は、坂のそばに南部屋敷があったからである。南部の殿様は、奥州盛岡の城主で二十万石の大名であった。

正保元年の江戸絵図を見ると、赤坂の南部坂上には、「南部山城守下ヤシキ」とある（今の赤坂氷川公園、氷川小学校の辺）。それから後世、麻布盛岡町と呼ばれたところには「浅野内匠下屋敷」とある（今、有栖川記念公園のあるところ）。そのころから約三十年たった寛文十三年二月の寛文図を見ると、赤坂の南部坂の頂上、南部山城守の下屋敷のあったところが、「アサノ采女」となっていて、麻布の浅野内匠頭《たくみのかみ》の下屋敷のところは、「南部大ゼン」と変わっている。正保図と寛文図とを並べてみると、期せずして、南部邸と浅野邸とが入れ替わっていることを知るのである。それに、この入れ替りは、南部家の記録によっても、明らかにされている。明暦二年二月、南部山城守重直の赤坂築地の中屋敷と、浅

赤坂築地の南部屋敷（『正保元年江戸絵図』、赤坂の氷川小学校、氷川公園の辺）

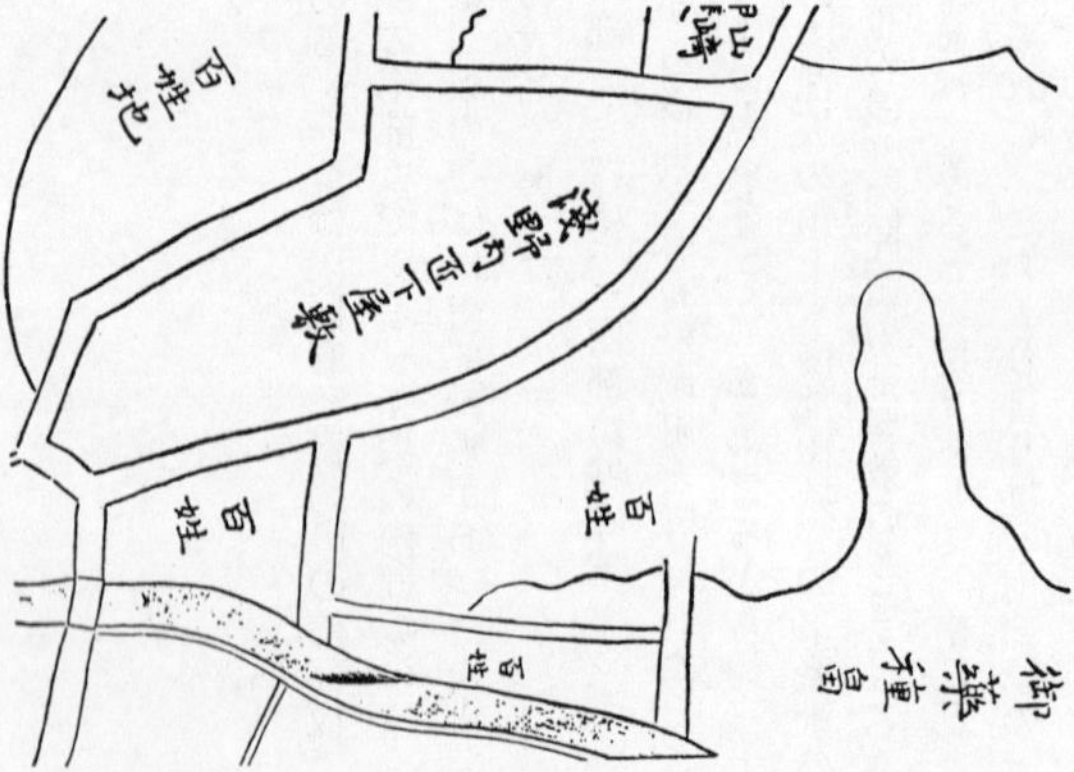

麻布の浅野屋敷（『正保元年江戸絵図』、有栖川記念公園のあるところ）

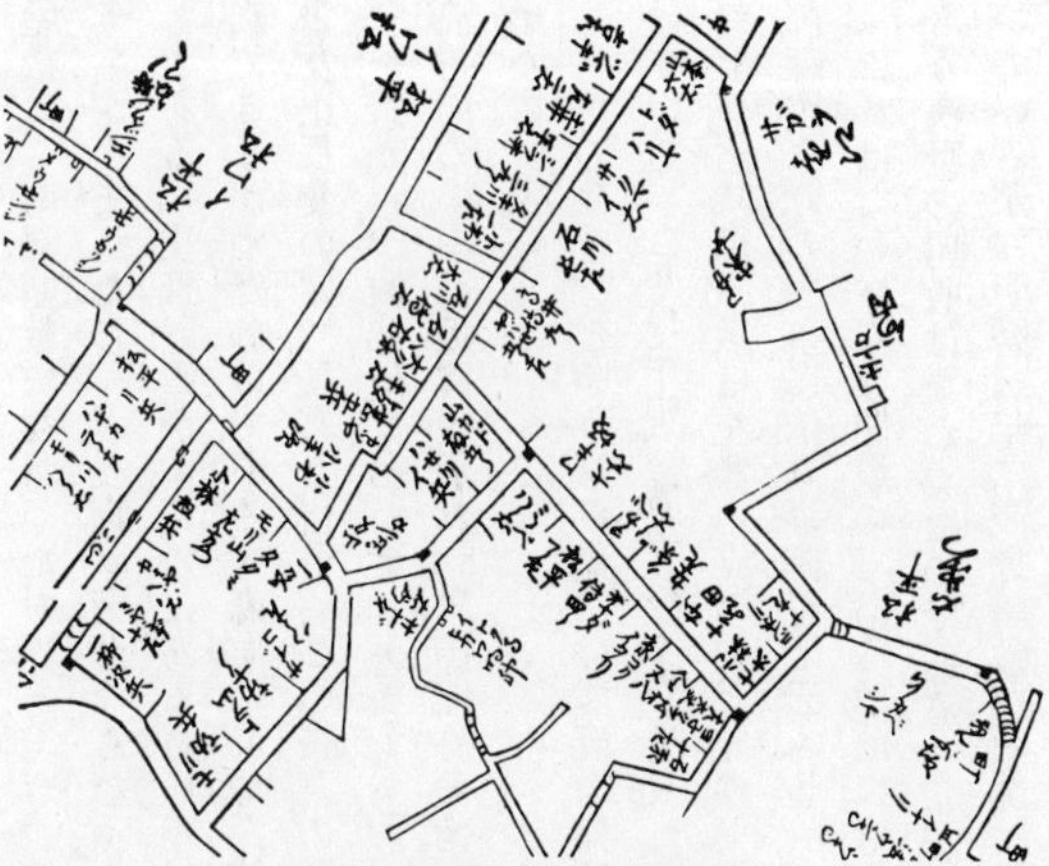

赤坂築地の浅野屋敷（寛文図）

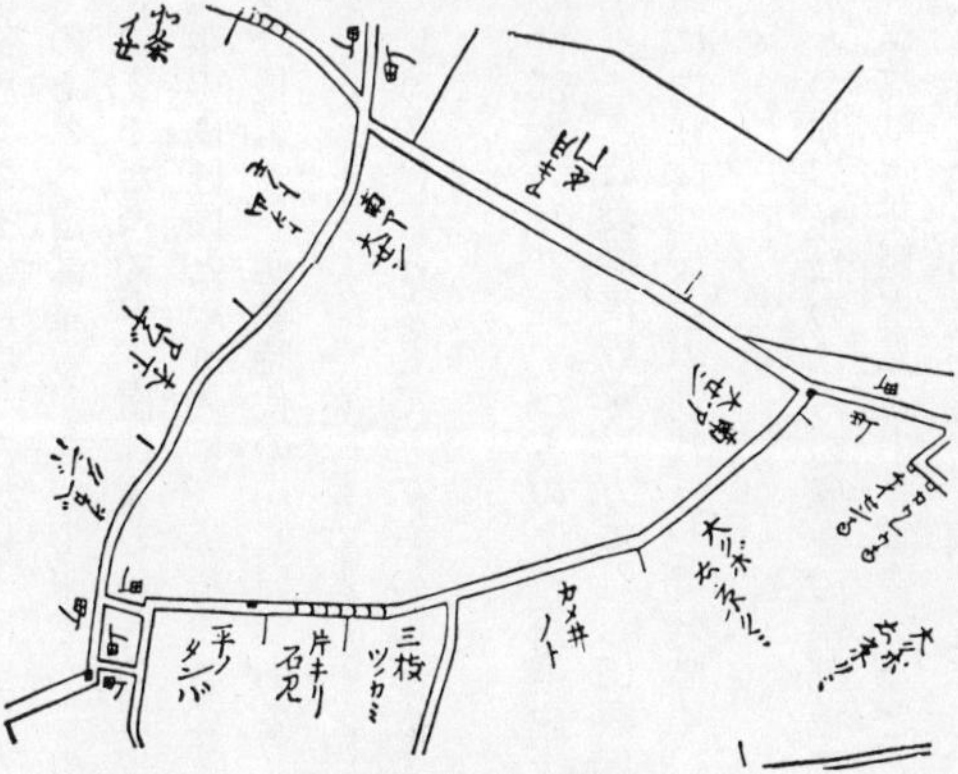

麻布の南部屋敷（寛文図）

野内匠頭長直の麻布の下屋敷とが、相対替《あいたいがえ》になったのである。このとき以降、麻布の浅野屋敷は、南部屋敷に変わったのであった。この南部屋敷のそばにあった坂に、南部坂という名が生まれたのも、浅野屋敷がなくなって、そのあとへ南部屋敷が移って来てからのことである。浅野屋敷が、ここにあるあいだは、いつまでたっても、南部坂という名は生まれてこなかったわけである。麻布にあった浅野屋敷の内匠頭というのは、赤坂屋敷の浅野采女正長友の父で長直と言い、この長直の孫が浅野長矩で、元禄時代の内匠頭である。

それから、南部坂について、ときどき問題になるのであるが、「忠臣蔵」という芝居や浪花節の「南部坂雪の別れ」に出てくる南部坂というのは、はたしてどちらの南部坂であったのであろうか。

『江戸の今昔』という写真集には、麻布盛岡町の南部坂の写真に、つぎのような解説をつけている。「元禄年中、義士打入の前日、雪の中を、大石義雄浅野家奥方に対し御暇乞に参上、当時御屋敷は左側木立の中と覚ゆ、浪花節により南部坂雪の別れとして名高く、南部森岡よりの古事に依り森岡町と云ふ也」

これはたいへんな間違いである。前にも言ったとおり、元禄のころの麻布の南部坂には、もう浅野の屋敷はなかったのである。「当時の御屋敷は、左側木立の中と覚ゆ」などと書いているが、明暦二年に浅野屋敷が南部屋敷と入れ替えになってから、元禄十五年で、ちょうど四十六年もたっているのだ。ここが浅野屋敷でないことは、火を見るより明らかなことである。第一、ここが浅野家の下屋敷だと言ったのでは、南部坂の解説にはならない。ここに浅野屋敷があったのでは、南部坂そのものがありようはずがないではないか。南部屋敷があってこそ、この坂が南部坂と呼ばれたのである。それに、この坂付近には、浅野内匠頭長矩の奥方の身を寄せるべき浅野式部の屋敷は、どこにも見あたらない。浅野長矩の御後室の引き取られた先は、実兄浅野式部少輔長照の下屋敷であったはずで、浅野長矩

赤坂の南部坂

赤坂氷川神社　浅野式部少輔
長照の下屋敷のあったところ

の下屋敷ではない。それどころか、浅野家の上屋敷も下屋敷も、長矩切腹と同時に、すべて没収されていたはずである。

浅野内匠頭長矩切腹以後、内室（瑶泉院）の引き取られたところは、前述のとおり、浅野式部の赤坂下屋敷であって、今日の赤坂氷川神社の境内にあたる。ちょうど赤坂の南部坂の頂上辺である。大石内蔵助が雪の降る日に、御後室に最後のお別れに参上したとすれば、そのときの南部坂は、この赤坂の南部坂でなければならない。享保二十年ころの『続江戸砂子』には、「浅野土州侯上り地、今の氷川明神の境内也」とある。この土佐守は長澄と言って、浅野式部少輔長照の嗣子である。

乞食坂

乞《こ》食坂《じきざか》という坂がある。昔から、よく人に知られている乞食坂では、日暮里の御殿坂、牛込岩戸町の袖摺坂《そですりざか》、四谷南寺町の暗闇坂《くらやみざか》、雑司ケ谷の小《こ》篠坂《ざさざか》の四つである。乞食坂という坂は、かならず寺院の多い場所で、その横町とか裏道とかにある。今日でもそうだが、昔は、ことに寺院の門前は乞食のかせぎ場所であった。しかも、昔は縁日というものがあって、毎日どこかの神社仏閣の縁日であったはずである。たとえば、五日が水天宮、七日、十三日はお閻魔さま、八日、十二日はお薬師さま、十日が金毘羅さま、十八日は観音さま、二十四日はお地蔵さま、二十五日は天神さま、二十七、二十八はお不動さま、それから子《ね》の日は大黒さま、寅《とら》の日は毘沙門さま、巳《み》の日は弁天、午《うま》の日が稲荷で、申《さる》の日が帝釈天《たいしゃくてん》というわけである。これらの中でも、とくに盛《さか》った神仏というものがあって、一年中参詣者が絶えなかったのである。

そうしたところに近く、乞食坂があったというのも意味のないことではない。老若善男善女の群集するところは、いつも乞食のかせぎ場所であった。乞食坂は、こうした盛り場へ出かけて行く乞食の通路であり、乞食の休息場所でもあった。乞食坂は、いつも寂しいところで、人の往来が少なく、そこへ行くと、いつでも乞食の一人や二人は、必ずうずくまっているというような坂であった。

　国電日暮里駅の近くに、本行寺という寺がある。この前の坂が乞食坂である。昔は、少なくとも東北線、国電山手線などのレールが敷設されないころは、もっと長い急な坂路であったはずで、駅やレールができて、半分ばかり坂が断ち切られてしまった形をしている。昔は、この坂の下のほうに、乞食小屋があった。この坂を上ると、江戸末期に最も繁栄した遊山《ゆさん》場所であり、また仏寺の多い「日暮《ひぐらし》の里」と呼ぶ所に出られた。

　まず雪見寺として名高い浄光寺には、江戸六地蔵の第三番の地蔵尊があり、またお産の

日暮里の乞食坂（御殿坂）

四谷南寺町の乞食坂
暗闇坂・茶の木坂

牛込岩戸町の乞食坂
(昭和11年ごろ)

戦後に大改修された牛込岩戸町の袖摺坂（乞食坂）

神、防火の神として信仰された人丸社もあって、老若男女をひきつけていた。啓運寺の大毘沙門天、経王寺の大黒天など、いわゆる谷中の七福神がある。花見寺として名高い妙隆寺の隣には七面社がある。ここは寛政のころの延命院で、破戒無慙の罪で遠島にされた延命院日道の色欲両道のかせぎ場所でもあった。こうした盛り場と乞食小屋とをつなぐところの坂を、乞食坂と呼んだのは当然である。この坂の本名は御殿坂であった。

つぎに、牛込岩戸町にも乞食坂があった。本名は袖摺坂《そですりざか》である。肴町から若松町のほうへ行く大通りの横町の坂で、岩戸町から南へ、北町と袋町との間へ上る坂であった。幅一間にたりない狭い坂だが、古い形ばかりの低い段のある坂で、坂の西側に大きな榎があって、薄暗い坂の感じであった。（しかし、これは戦前のことであって、今日では坂路が大改修されて、昔の乞食坂の面影はなくなってしまった）

この坂下の、すぐ左のほうには、南蔵院の弁天堂があり、右のほうは寺町へつづく道筋である。乞食坂を上って袋町へ出れば、有名な光照寺の地蔵尊があった。またその付近には、行元寺という大きなお寺もあり、通寺町、横寺町にも有名な寺院があった。安養院の願成就歓喜天、正蔵院の草刈薬師なども多くの賽者を集めていた。こうした寺町の間にあって、しかも寂しい横町の坂であったので、この坂は夜も昼も乞食の休息場所となっていたのである。

それから四谷南寺町の乞食坂も、雑司が谷の護国寺うら門のところの乞食坂も、同じように付近に寺院が多く、また人々の遊山場所があってこの坂を通るといつも一人二人の乞食が、うずくまって休んでいたものである。

瓶割坂と弁慶

大田南畝の『一話一言』巻四十二に、つぎのようなことが書いてある。「大久保久能町かめわり坂〔俗名〕の東、四谷自証院の西に霊亀山東長寺という禅寺あり……」

これによって、四谷自証院および東長寺の西のほう、大久保久能町に、かめわり坂という坂があるということを、知ったのである。

嘉永四年の近吾堂版切絵図の「大久保戸山高田辺之図」には、『一話一言』が言う久能町のかめわり坂下のどぶ川の橋に「弁慶橋」と記されている。かめわり坂は、四谷源慶寺と東長寺との間の、茗荷坂《みょうがざか》の頂上から、さらに西へ下る坂路がそれである。弁慶橋のあったところは、戦前の牛込区市谷富久町一一九番地辺にあたる。今は新宿区番衆町三一番地辺で、いわゆる「靖国通り」と呼ばれている大きな道路になってしまって、ちょうど厚生年金会館の前あたりが、昔の瓶割坂のふもとにあたると思う。

かめわり坂と弁慶橋ということから、越後の瓶割坂のことを思い出す。『越後名寄』に、瓶割坂のことをつぎのように書いている。

「北陸道ノ海道筋、鉢崎駅ト鯨波村両駅ノ中間ハ、米山ノ山足ニテ、其行程三里、磯山道也、其中ホドニ、上輪村甕割坂《かめわりざか》ト云所有、坂ヲ上テ嶺ノ見渡シ広ク、平ナル処ニ茶店アリ。其カタハラ一町許隔テ水田中ニ産水アリ源義経世ヲ忍ビテ、奥ヘ下リ玉フ折節、北《きた》ノ方《かた》此所ニテトミニ出産アリ、時ニ弁慶取ハカラヒ、此水ニテ浴シケルト云伝、近曾高田領主ヨリ石ノ井筒ヲ置レタリ、又道ノ傍ニ産所ノ址トテ標ヲ建タリ、上輪邑最鄙キ里ナレド、其折節ノ謂レ有テ、五月帯《いわたおび》スルコトナシ、且今ニ到、難産ナシトゾ、向ノ山林中ニ胞衣《えな》権現《ごんげん》ノ宮有、凡此アタリ海山ノ風景眺望最佳」

かめわり坂のかめは瓶《かめ》で、おなか（腹）のことをいう。腹が割れるというのは、子供が生まれることを意味する。

越後米山の瓶割坂の場合は、義経の「北の方」が、ここでお産をしたので、この坂を瓶割坂と後世言ったのである。ここには弁慶が取り上げたときの産湯の井戸というものが残っている。その他、今ではお産の神や胞衣権現があり、「弁慶の力餅」などというものも売っている。瓶割坂にはいつも弁慶が付きものになっている。

山形県最上郡新庄町の東方にも、亀割山《かめわりやま》がある。『義経記』では瓶割山でなく亀割山と書いている。「北の方」が、ここでお産をすることは、越後の瓶割坂と同じであるが、水瓶の水で産児のうぶ湯をつかい、亀割山の亀という字を採って亀鶴殿と、生まれた子に名づけたと書いている。そんなことから瓶を亀に変えたり、瓶の水をうぶ湯につかったりして、亀割が瓶割であることを暗示している。しかし、『義経記』では弁慶がいない。兼房という老いた家来に変わっている。とにかく、瓶割というのは、お産をしたということで、そこの坂をかめわり坂、そこの山をかめわり山と呼んだのである。

それでは、江戸のかめわり坂は、だれのお産であったのだろうか。義経、北の方、弁慶たちが、奥州下向のとき、ここを通過したということは、正史にはないことだ。しかし、江戸にも弁慶遺跡は方々にある。

『川柳江戸名物』には、「昔、義経の奥州に落ち給ひし時、武蔵坊弁慶、此処に於て負傷の療養をなせしが、其出立の際、銅羅《どら》と手紙を残して行けり、其銅羅をもて焼き初めしを以て、一名銅羅焼の名ありといへる伝説さへあり……」と記しているが、これは麴町三丁目の「助総」という菓子屋の先祖（橘屋佐兵衛）が、初めてどら焼を売り出す因縁を語ると同時に、義経と弁慶の一行が江戸へ来て、弁慶だけが助総という菓子屋の先祖の家へ、何日か逗留したということを言っているのが、おもしろいのである。

しかし、これが多少でも、事実のにおいがしただけでもたいへんなことになる。銅羅よりも、そのとき弁慶が残して行ったという手紙が、今でもどこかにあったとすれば、もっとおもしろくなるのだが、どうせ、そのころの伝説などというものは、作りごとにきまっていたので、信じもしないし、またいやな気持ちにもならない。江戸っ子はいつも、夢が多すぎて、英雄豪傑をなんとか自分のものにしたがるもので、ときどき、とんでもないことをやり出す。三田と渡辺綱のつながりと同じように、あやしい話ばかりであるが、おもしろいところもあって、捨てがたいものである。麴町の仮寓を出てから、弁慶が義経の一行と、どこかで落ち合い、主従《しゅうじゅう》が奥州へたどり着くまで、その間の伝説が、ずっとつづいていたとすれば、彼らはその日のうちに四谷久能町の瓶割坂に現われて、「北の方」のお産という物語に発展して行く。義経と弁慶が奥州へ落ちて行くときに、とにかく、江戸麴町に立ち寄っているという伝説があるからには、四谷の瓶割坂へも行ったという伝説が書き加えられても、伝説だから少しもさしつかえはない。そのほうが、伝説の地名が一つずつかたづいていって、かえって都合がよい。

いもあらい坂と疱瘡神

いもあらい坂は、芋洗坂、一口坂などと書く。いもあらい坂は、東京には、いま三つしか残っていない。

このいもあらい坂の「いもあらい」とは、いったいどういう意味なのであろうか。それよりも先に、まず、「いも」とは何であるかである。辞書には、「いも」は芋、妹を除けば、いもがさ、あばた（痘痕）、疱瘡《ほうそう》、天然痘などというのが、この場合、いちばん近い解釈のように思われる。疱瘡にかかったときに、それを軽く済ますために、神仏に祈願することは、種痘のないころの昔であってみれば、無理もないことである。この「いもあらい」が、いも（疱瘡）を洗うということだとすれば、芋洗坂の解説も簡単になる。すなわち、芋洗坂とは、一言にして、疱瘡神のそばの坂ということに尽きるからである。そこで、「いもあらい」ということばを、坂名に限らないで、それからその範囲も、江戸の外にまで拡大して、すべてのものから「芋洗」を追求してゆけば、かならずその本当のことが、わかってくると思う。

山城久世郡の一口沼《いもあらいぬま》（芋洗沼とも書く）のほとり、一口《いもあらい》の里。これは、駿河台の一口《いもあらい》稲荷《いなり》の元地であり、太田道灌がここのいもあらい稲荷を、初め江戸城内に勧請《かんじょう》したのである。ここの一口稲荷が疱瘡神であったことは、そのときからわかっていたはずである。そして、この「芋洗沼」の芋は疱瘡の「いも」で、それを洗うと考えるべきであろう。この沼の水で疱瘡を洗えば、疱瘡がたちどころになおってしまうとか、あるいは軽く済んでしまうということなのであろう。

大和の畝傍山の南方深田の近くに、芋洗川という小川があり、そのそばに芋洗地蔵が立っている。この芋洗川と芋洗地蔵とは、まさに疱瘡《いも》洗いの川であり、疱瘡《いも》の神の地蔵尊でなければならない。

大和深田付近の芋洗地蔵尊

東京小石川の白山神社の山裾を流れる小川を、「芋洗」と呼んだのも、この白山神社が疱瘡神であるからである。白山権現の祭神は菊理《きくり》媛《ひめ》である。菊理媛が疱瘡神として信仰されていることは、菊の花が痘痕《あばた》に似ているからである。昔、菊面と書いて、あばたと読んだのは、あばたが菊石に似ていたからであろう。昔の人々は単純なもので、人丸社がお産の神となったり、また防火の神となって信仰されたのも、人丸《ひとまる》ということばが「人生《ひとうま》る」と「火《ひ》止《とま》る」との二様に読むことができるので、それを勝手に読んで、勝手にかついで信仰の対象にしてしまったのである。もう一つ、浅草の今戸に白山権現があった。旧称亀岡町で、江戸時代には、新町と言ったところである。昔、白山の石と言ったお守りの小石がこの神社から出ていたので、これをうけてくると、疱瘡が大変軽くすんだということである（『再校江戸砂子』）。

根岸守信の『耳袋』には、こんなことが書いてある。「神奈川宿の先、本牧といへる所に、芋大明神といへるあり。彼池の水を取りて小児に浴びすれば疱瘡軽しと……」

芋大明神というのは、疱瘡をなおす神様であることがわかる。この本牧の芋大明神は芋が大好物だというので、人々はいつも芋を神前にお供えしたということである。また往時、疱瘡のささ酒と言って、小児の疱瘡をなおすために、水に酒を混じて沐浴させたということを書いたものもある。

但馬の大岡山というところの白山権現は、瘡薬師《かさやくし》とも呼ばれ、本尊は薬師仏であった。それに疱瘡神は、みな芋を好むというので、いつも大前《おおまえ》に芋を供えたものである。牛頭《ごず》天王《てんのう》すなわち素《す》盞嗚尊《さのおのみこと》も疱瘡神であったから、芋が大好きであった。天王社（今、須賀神社）の縁日には、ふかした芋を小笹にいくつか突き通したものを、輪にして売っていたものである。近江の神崎郡建部村に瓦屋寺というのがあった。本尊を芋観音と言い、疱瘡除けには、芋を糸に貫いたものを宝前《ほうぜん》に献ずるのである。

それから、昔、武蔵多摩郡御嶽村に、御嶽社があった。その二の鳥居の下を右の方へ行くと、そこに疱瘡神があった。祭神は菊理姫命である。今、疱瘡神社という。

その他、瘡守《かさもり》稲荷、笠守観音、笠森神社なども、もとはみな疱瘡神であったと考えて間違いない。

以上、さまざまな疱瘡神の、いろいろの場合を考えて、芋洗の芋は疱瘡のことであって、芋洗とは疱瘡を洗うことだと断定してもよいと思う。これによって、すべての芋洗地名の内容が、正しく解明できるのではないかと思う。

さて、ここで、東京の「いもあらい坂」の三つの坂について、あらためて考えてみたい。

(1) **一口坂《いもあらいざか》**〔千代田区神田駿河台の淡路坂のこと〕

坂の頂上に、一口稲荷《いもあらいいなり》があったので、その名が移ったのである。この一口稲荷は、のちに太田姫稲荷と改称され、もと駿河台の神田川堀ばたの土手にあったが、今日では、主婦の友社の裏のほうに移されている。この稲荷は、太田道灌が、長禄二年に京の一口《いもあらい》の里から江戸城中に勧請したものと言われる。その後、天正十八年、徳川家康が入国と同時に、この稲荷を城中から駿河台の土手へ移したものであった。

慶安のころ、若林兼次という武士が、まだ子供のころ、疱瘡にかかった。それがかなり重態なので、兼次の祖母が、この一口稲荷に願がけして、三七《さんしち》日の間、孫の全快を祈りつづけた。そのかいあってか満願の日に、孫の疱瘡もとれて、快方に向かったということである。成人した若林兼次は、そのときの御礼のしるしにと、この社を新築したのだと伝えられている。社地十五坪と言われる。一口稲荷前の坂なので、これを一口坂《いもあらいざか》と呼んだのである。そして坂下の橋は芋洗橋と言った。ここの一口稲荷が疱瘡神であることは申すまでもない。そのころの稲荷の裏には、神田川が流れていた。これが「いも」を洗う「お水」であったかもしれない。そのころは、仙台の伊達公が、まだ大規模な、ここの掘割り工事に取りかかる前なので、ここの神田川は船も通らない、狭い小川であった。

(2) **芋洗坂** 〔港区麻布六本木五、六丁目境〕

『新編江戸志』に、「芋洗坂。日ケ窪より六本木へ上る坂。坂下稲荷社あり、麻布氷川の持也。毎年秋、近在より芋を馬にてはこび来り、稲荷宮の辺にて日毎に市あり、ゆへに名付るかと江戸砂子に見ゆ」とある。

坂下の朝日稲荷の前で芋を売っていたので、この坂を芋洗坂と言ったというのであるが、それには説明が少し足りないようだ。この芋をどうするのか、この辺に小川なり池などはなかったのか。『江戸砂子』も、これ以上は何も書いていなかったらしい。それに、朝日稲荷は「いもあらい稲荷」ではないので、疱瘡神とは考えられない。

このあたりの古いころの絵図（寛文十三年図）を見ると、この朝日稲荷の北隣に「せイトク寺」（清徳寺）とあり、そのわきの道路をはさんで、北隣が「法デン寺」（法典寺）であ

麻布六本木の芋洗坂

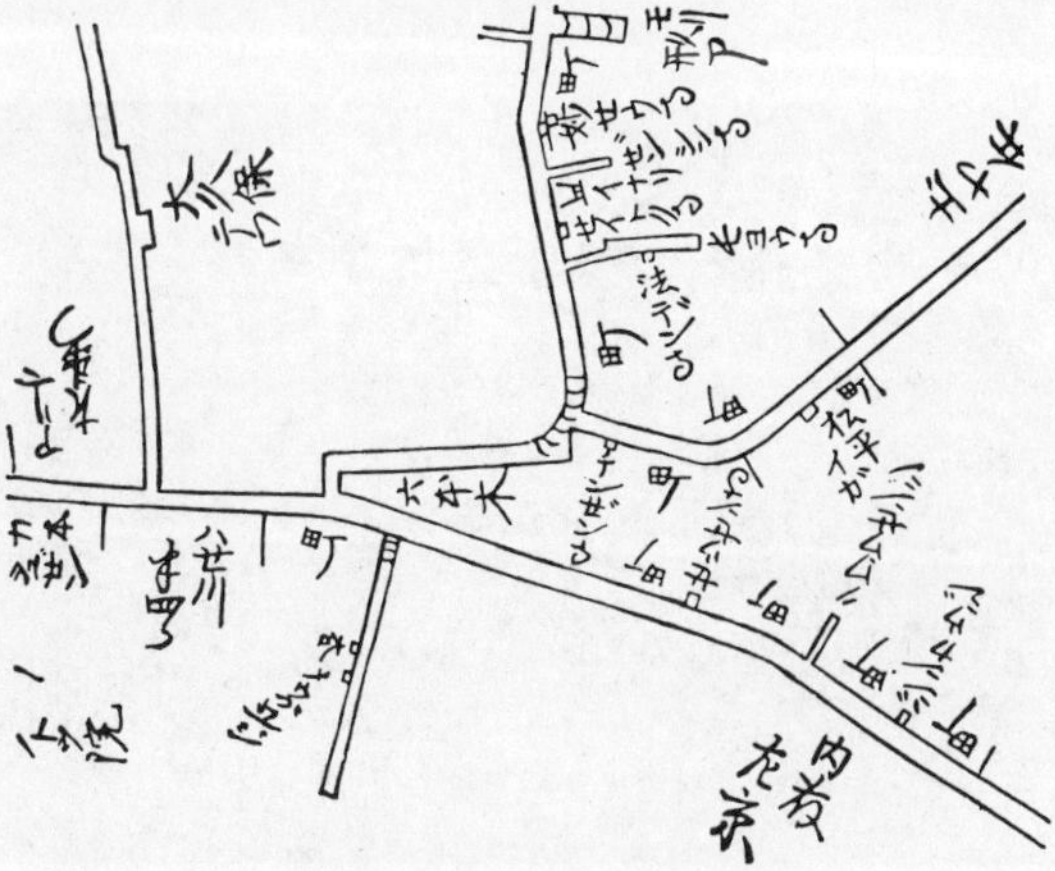

六本木付近（「寛文十三年図」）

る。清徳寺に並んで、法典寺境内と思われるところが、芋洗坂の道路に面して空地になっている。他のもう一つの絵図（寛延三年図）には、その空地の北隣に「弁才天」と記してある。これは、おそらく、法典寺の弁才天であろう。弁天さまには池がつきものであるから、この辺にはかならず、池があったと思われる。そして、この弁天様の池の水が芋洗の「お水」となったのであろう。

(3) **一口坂《ひとくちざか》**〔千代田区九段北三丁目、四丁目境〕

もとは、いもあらい坂と言ったのであるが、明治以後、間違って、ひとくち坂と呼ぶようになってしまった。

この一口坂のふもとには、大きな沼があった。逢坂の「さねかづら」が身を投げたという伝説のある淵瀬が、この坂下に見えるよう

九段の一口坂

である。しかし、一口坂付近に疱瘡神があったという記録が見あたらない。地図にもない。が、ここに何らかの疱瘡神がなければならない、それがないと、ここが「いもあらい坂」とは言えなくなってしまう。

うとう坂の当て字

近畿以東には、「うとう坂」と呼ぶ坂が、数えると四十もあるが、それらと同じような意味を持った「うとう坂」は、東京にはいくつもない。せいぜいつぎの三つくらいのものであろうか。

(1) 宇都布坂《うとうざか》 〔北区王子本町一丁目王子神社の西方、旧日光街道の地蔵坂の古称〕
(2) 歌坂《うたざか》 〔新宿区市谷砂土原町三丁目と市谷田町二丁目の境〕
(3) 謡坂《うたいざか》 〔目黒区上目黒四丁目、祐天寺駅の東北方〕

これらに共通した点は、かつて、坂下に川があったということ、今でも川や橋があること、その坂が岡の終りで、平地へ突き出ているということ、この三つである。

「うとう坂」は、とくに日本の北半分に多いのだが、ほとんど全国的に散在する坂だと言ってよい。東京に少なく地方に多い坂である。しかし、読み方は「うとう」「おとう」であっても、その当て字の多いのには驚くほどである。烏頭坂、善知鳥《うとう》坂、鵜頭坂、宇都布坂、鵜取坂、有東坂、有藤坂、有度坂、有問坂、兎渡坂、羽渡坂、ウト坂、宇戸坂、宇土坂、宇道坂、宇頭坂、宇当坂、宇通坂、謡坂《うとうざか》、歌坂、唄坂、雅楽坂、ウツ坂、御塔坂《おとうざか》、尾頭坂、オト坂などである。

「うとう」と発音するものと、「おとう」と発音するものとがある。それを省略的に呼んで、うた坂（歌坂）、おと坂などとなったものもある。謡坂と書いて、うたい坂でなく、うとう坂と呼んでいる（真鶴の謡坂）。うとう坂に、こんなにたくさんの当て字があるということは、うとう坂の本当の意味が、忘れられてしまったからだと思う。

江戸時代の滝沢馬琴は「うとう」をどう解釈していたのであろうか。彼の『烹雑《にまぜ》の記』に書かれたものを引用してみたい。「善知鳥《うとふ》は出崎《でさき》といふがごとし。陸奥《みちのく》の方言に、海浜《うみべ》の出崎を、うとふといふ。外浜《そとがはま》なる水鳥に、觜《はし》は太くて、眼下肉つきの処高く出たるあり。故に、これをも、うとふといふ。彼鳥の觜に喩て、出崎をうとふといふか。出崎に比て、彼鳥をうとふといふか。何にまれ、さし出たる処を、うとふといふは、東国の方言なり。美濃の御嶽駅の東に、うとふ村あり。信濃にうとふ坂あり。いまは烏頭と書く。これらみな、さし出たる処なれば、うとふといふなるべし」

これについて、高田与清も『松屋筆記』につぎのように書いている。「山の出崎などをウタウといふを、烏頭と書は、鳥の頭の貌よりおもひよれるなるべけれど……」

馬琴と与清の二人の意見の一致しているところは「出崎」ということである。すなわち、地形である。馬琴は「海浜の出崎」と「鳥の口ばし」の形がうとうであるとし、与清は

「山の出崎」と「烏の頭」の形が、うとうであるとしている。

　奈良の法隆寺五重塔内陣の塑像の一つで、「烏頭形」と呼ばれる「侍者像」がある。これを見つめていると、うとう形というものが、どんなものをいうのか、だいたいわかってくる。坂のほうで言えば、たしかに「出崎の坂」というのが適当のようである。

王子の宇都布坂

　とにかく「うとう」とは、「烏頭」であって、善知鳥《うとう》の「くちばし」に似たような地形、すなわち、山や海浜の出崎を言ったのであろう。たしかに、往古の「うとう」ということばなどは、きわめて平凡な、だれにでもわかるような日常語であったに違いない。

　ここで、実際の「うとう坂」をいくつか取り上げて検討してみよう。

　まず、東京の北区王子本町一丁目、王子神社裏の「宇都布坂《うとうざか》」はどうであろう。この「うとう坂」は、十条の台地から、旧日光御成道を王子神社裏へ下って来る坂で、たしかに「山の出崎」が、ふもとを流れる音無川《おとなしがわ》のところで、荒川右岸の平野地へ突き出ている出崎の坂という感じである。坂の形は「うとう」形である。

東京の「うとう坂」から、もう一つ採るとすると、新宿区市谷砂土原町三丁目のところの「歌坂《うたざか》」であるが、これは、神楽坂上の台地、砂土原町三丁目と田町二丁目境を、「山の出崎」となって、坂下の「うなぎ坂通り」まで下る坂である。これも、たしかに、今でも「うとう」形の坂の感じを残している。

つぎは、横浜市港南区笹下《ささげ》町の、うとう坂である。笹下町の笹下川に「上笹下橋」という橋がある。この橋のところまで突き出ている坂が、笹下の「うとう坂」である。橋を渡って左のほうへ、このうとう坂を上って行くと、左が笹下川に臨む断崖になっている。右側のほうは山で、その山裾を上って行くのである。この辺は雑色というところで、この坂上の左に、相本山東福寺というお寺がある。この坂も一目でわかる、うとう形の坂である。

今度は、少し遠いが、神奈川県の真鶴の謡坂へ行く。

『新編相模国風土記稿』に、「謡坂（宇太布坐加）。真鶴往還にあり、石橋山の役に、頼朝杉山を出て当所に来り、敵の襲ひ逼るを免れ、喜の余り、土肥実平等と謡歌乱舞せし旧跡なり。故に坂名となると云伝ふ」とあるが、宇《う》太布坐加《たふざか》と読ませているように、この坂は「うとう坂」であって謡坂ではない。頼朝と土肥実平のことを、こじつけただけのことで、もちろん「烏《う》頭坂《とうざか》」という名が先で、謡坂というのは、のちに当てられた坂名である。頼朝、土肥実平の謡《うたい》の故事も後世書き加えたものであろう。ここの、うとう坂は「海浜の出崎」の坂で、坂のふもとは本当の海べである。

これから並べて行く写真は、今までの、うとう坂のように、出崎の形がはっきり見えないかもしれないが、昔を考え、周囲の地形を思うとき、やはり、烏頭形の坂であることに気がつくと思う。

神奈川県小田原市谷津町大稲荷《だいいなり》わき、うとう坂。

小田原は、北のほうが山で、南が海である。この坂も北から南へ下る坂である。小山から市街地へ向かっているうとう形の坂である。

埼玉県川越市岸町、善知鳥《うとう》坂《ざか》、烏頭坂とも。

坂の北側の高台に、熊野神社がある。この前の坂で、坂下に不老川《としとらずがわ》があり、その橋を御《ご》代橋《だいばし》という。

『新編武蔵風土記稿』には、つぎのように記されている。「岸村は河越城より辰の方に当り三芳野里と云、烏頭坂。村の北端に街道へかかれる纔かなる坂なり、古は善知鳥坂ともかけり、『廻国雑記』に河越より勝呂へ至るの間、うとう坂と云る処にて、うとうさかこえてくるしき行すえを、やすかたとなく鳥の音もかな、と見えたり、此坂のことならんには、旧くよりの地名なるべし、今此坂を上れば大仙波の杉の並木ある所に至る」

横浜市港北区中川町字老馬、うとう坂。

幅は狭いが、このうとう坂のみちは、昔の街道であったという。坂の下は早淵川で、山の中を切通して下って来たような坂。老馬の旧称は牢場で、もと牢屋のあったところだと

新宿区市谷砂土原町の歌坂

神奈川県真鶴の謡坂
（坂の頂上の辺）

謡坂の中ほど

川越市のうとう坂

小田原市のうとう坂

神奈川県石田のうとう坂

横浜市老馬のうとう坂

いう。

神奈川県中郡成瀬村石田、うとう坂。

大山旧街道の坂。坂を上って行くと、右と左に分かれる道があって、左はアスファルトの道路で、これが新大山道、右は狭い昔の道で、これが旧大山道である。この坂下は、一面の水田で、ここに玉川という大きな川が流れている。やはり、高地から平野地へ下って行く出崎の坂である。この坂が突き出た岡の最後のところである。

神奈川県小田原市板橋町、お塔坂《とうざか》。

『新編相模国風土記稿』の早川庄板橋村のところにつぎのようなことが書いてある。「山二、村の西北にあり、御塔山（於多布也麻）。富士山と唱ふ。御塔坂。西方東海道にあり、御塔山の麓なり」

写真の右のほうの山が御塔山で、お塔坂の左がけ下が早川である。箱根の山から小田原へ行く中間辺の坂である。

東京都調布市深大寺町、お塔坂《とうざか》。

深大寺入口辺から、坂下の野川に向かって下って来る長い坂で、坂下の橋

小田原市の御塔坂

を、お塔坂橋という。

このように「うとう坂」の見本を、いろいろと見てくると、二十以上もあるうとう坂の当て字は、現在において、これを考えたら、もっと内容的にピッタリする名前に統一することもできようが、昔からの名称をまず尊重しなければならないとすれば、「鳥頭坂」という当て字が、いちばんしっくりしているように思われる。

禿坂と河童

江戸には、かつて禿坂《かむろざか》と呼ぶ坂が六つばかりあった。その中で、二つは大名屋敷の、庭園内の坂であったが、坂の付近には、きまって古池や川などのある、寂しいところの坂であった。

一体、この禿というのは、何であろうか。昔、遊郭で遊女のそばにいて、その見習いをする十二、三歳の女の子を禿《かむろ》と言った。髪を「おかっぱ」にしていたので禿と呼んだのである。「おかっぱ」は河童《かっぱ》のような髪形のことで、頭の脳天のところを丸くそり、周囲の髪を短くそろえて切った女の子の髪の形を言ったのである。琉球では、河童のことを、ガワッパと言ったり、カマロー、カムロー、カムラーマなどと言った。とにかく禿は河童のことである。河童が大入道になったり、かわいい女の子の姿になったり、いろいろの化け物になって、人にいたずらをしたので、その化けた場所が坂なら、その坂は禿坂と言った。橋なら禿橋、屋敷なら禿屋敷、路上ならば禿横町とか禿小路などと呼んだものである。九段上の禿小路《かむろこうじ》は、昔、禿の化け物が出たと言い伝えられている。『玉路叢』にはつぎのように書かれている。「番町山名十左ヱ門屋敷に、十二三許りの禿、又は大入道の化物出る」

この山名十左ヱ門屋敷は、禿屋敷ともいうべきものであろう。だから同じ番町の禿小路にも、この禿の化物が、のこのこと出て来たのであろう。

(1) **禿小路**（禿横町、禿新道ともいう） 千代田区九段南三丁目七番八番の間の道。

(2) **禿橋** 芝増上寺の裏手今の麻布飯倉一丁目から赤羽橋へ至る道路、すなわち土器坂《かわらけざか》の途中、西わきの熊野社の前辺にあった橋である。

(3) **禿屋敷** 文京区弓町辺に昔あった空き屋敷。

(4) **禿山**（禿塚とも） 古いころの渋谷の円証寺旧跡の西の方にあたる。

小石川の禿坂（吹上坂ともいう）

禿坂は、つぎの七つである。

(1) 文京区久堅町、石川山善仁寺前を、東北方へ下る坂、極楽水のそばで、吹上坂ともいう。坂下は昔の谷端川が流れていた。

(2) 新宿区富久町、もと刑務所のあった辺、四谷番衆町から自証院（こぶ寺）前へ下る坂。

(3) 港区麻布笄町と渋谷区宮比町との境、日赤病院の東北角のところの坂。堀田坂、御太刀坂などの別名がある。坂の下を昔は笄川が流れていた。

(4) 昔、新吉原に近く、田町の袖摺稲荷の付近から、吉原土手へ上る坂であった。今の山谷堀橋のあるところが、昔の禿坂のあった跡であろう。吉原土手が崩されたときに消えてしまった坂の一つ。

(5) 品川区西五反田四丁目九番の天台宗行元寺前辺から、第四日野小学校前を、北方目黒川のほうへ下る坂。

(6) 江戸末期のころの安藤対馬守の大塚下屋敷庭園内の坂。庭は約六万坪あった。明治維新後、大塚兵器庫のあったところが屋敷跡である。

(7) やはり江戸時代の松平筑前守（黒田氏）の溜池中屋敷庭園内の坂であった。当時の屋敷は、いまの港区赤坂福吉町のほとんど全域にあたる広さであった。

鼠坂と鼠穴

江戸には鼠坂《ねずみざか》という名の坂があった。それから鼠穴《ねずみあな》と呼ぶ地名もあった。これらは、細くて狭く長い坂または道を言ったのである。

『改選江戸志』は、「鼠坂は、至つてほそき坂なれば、鼠穴などいふ地名の類《たぐい》にて、かくいふなるべし」と解説している。

とにかく、鼠坂も鼠穴も、ともに細長い狭い道を意味していることは確かなようだが、鼠穴のほうは行き止まりの袋町といったようなところもある。

現在、東京の鼠坂は、つぎの三カ所である。

(1) 文京区音羽一丁目（旧音羽町六丁目）から小日向二、三丁目境を東へ上る細くて長い坂。音羽町六丁目の丁亥（文政十年）の「書上」にはつぎのように記してある。「坂、幅壱間程、長凡五拾間程。右は鼠坂と里俗に相唱申候」

(2) 港区麻布永坂町と麻布狸穴町との間を、北の方麻布飯倉片町まで上る坂。

(3) 新宿区納戸町と鷹匠町との境を、北のほうへ上る狭い坂。

麻布の鼠坂

牛込納戸町の鼠坂

また、鼠穴はつぎの四カ所である。

(1) 半蔵門より城内に入り、松原小路から東へ曲りさらに北へ行く道路の行き詰りに「鼠穴」とある。

(2) 港区三田小山町、元神明付近、大中寺、長久寺前の狭い行き止りの露地。

(3) 江戸切絵図尾張屋版『千駄ケ谷、鮫ケ橋、四ツ谷絵図』の一行院と六道の辻との中間辺、小役人屋敷へ行く、狭い露地に「子ヅミ穴」とある。それから、切絵図の近吾堂版の「四ツ谷、千駄谷、内藤新宿辺絵図」にも、同位置の辺、露地の行き止りになっているところに、「鼠穴ト伝」と記してある。今は、明治記念館の敷地内になってしまって、もちろん、昔のものは何もない。

(4)（神田台下）『江戸方角安見図乾』の「同名異所」というところに、「鼠穴（神田ノ台下代官丁ノ近）」とある。代官町の鼠穴というのは、(1)の松原小路から北へはいる袋町のところの鼠穴のことで、「神田ノ台下の鼠穴」というのはわからない。神田台とは、この場合、駿河台のことと思うが、駿河台下の細くて長くて行き止まりになっている路地らしいものが見あたらない。

姫下坂

青山に姫下坂《ひめおりざか》という古い坂があった。嘉永六年の『東都青山絵図』では、長谷寺という大きなお寺の北にあたって「此辺長者ケ丸」と記してある。今の港区赤坂青山南町五丁目の中央部にあたる。これは、応安のころの渋谷長者の屋敷のあったところと言われる。図の松前伊豆守の邸中には、渋谷長者の墳墓らしい塚があったと伝えられる。一説に、渋谷長者の幼名は金王丸で、白金村の白金長者に対して、黄金《こがね》長者と呼ばれたという。青山北町六丁目の古塚は、渋谷金王丸の墳墓であるとも伝える。（赤坂青山南町五丁目、青山北町六丁目は、後の南青山三、四丁目、北青山三丁目）

渋谷長者のお姫さまと、白金長者の若息子とは恋仲で、いつも笄橋《こうがいばし》で落ち合っていたという伝説もある。長者ケ丸から笄橋へ行く途中の姫下坂《ひめおりざか》という坂の名も残っている。渋谷長者の姫は、いつも乗物で供人を大勢つれて往来するのだが、時によると、乗物から下りて、この坂を、そっとひとりで歩いて行くこともあるというのである。

これが、姫下坂のいわれである。

嘉永六年、『東都青山絵図』

古い昔の話だから、その坂が今でも残っているか、変わってしまったかわからないが、長者ケ丸の姫の屋敷から笄橋へ行くのには、今の図で考えてみると、どうしても長谷寺、大安寺の北わきを回って行くのがいちばん普通の道順であったと思う。そして、「長者ケ丸」から笄橋までの間の坂らしい坂は、今の「北坂《きたざか》」の通りだけである。しかも、この坂下には今でも古めかしい庚申塔なども建っている。とにかく、このことは伝説の中の話である。この辺がいちばん適当な場所だと考えても、別にたいした問題にもなるまい。

芥坂と鉄砲坂

芥坂《ごみざか》と鉄砲坂《てっぽうざか》とは、特別に関連はないのだが、ただともに坂路の崖下の特徴をつかんで、施設され、活用されているところが似ているのである。芥坂はその崖下に芥捨場ができていた。それから鉄砲坂は、崖下に特別な施設をした幕府の鉄砲練習所があった。坂を利用した施設と言えば、これら二つのもの以外にはなかったようである。もっとも、展望のよい坂の上などを利用して、火の見櫓を立てて、そこへ火消屋敷を施設したということはあるが、それが坂の名になったものは一つもない。小石川伝通院前の安藤坂の定火消《じょうびけし》屋敷、市ケ谷左内坂上、駿河台紅梅坂上、溜池の霊南坂上などの火消屋敷が、この例である。

ここで、まず芥坂について考えてみたい。いったい、江戸時代の「ごみ」はどのようにして処理されていたのであろうか。

江戸時代には芥坂と呼ばれた坂が各所にあった。芥坂と呼ばれる坂は、坂のわきが崖になっていて、ごみを捨てるのに、もって来いの場所であったのだ。いつの間にか、ここが近所の芥捨場になってしまう。それで、芥坂と呼ばれるようになった。しかし、ごみ坂と呼ばれない坂でも、その崖下を利用して、芥捨場にされていた坂もたくさんあった。坂はなくとも町内に空地でもあると、すぐにそこが芥捨場になってしまう。下町では川ぶちなどへ、芥捨場をつくって、そこへ集めた。山の手でも、芥捨場に集めた塵芥は、車でどこか近くの船着場へ持って行って、そこで船に積んだのである。この芥船は、塵芥処分の町《まち》触《ぶれ》に従って、その指定された場所へ船を着けて、芥を捨てて来るのである。こうしたことは昔も今も同じで、いつも海岸の埋立てに利用されたのである。だから江戸も初期のころと末期のころとでは、もちろん、年ごとにその芥捨ての場所が違うのである。それは埋立てがつぎつぎに完成されてゆくからで、たとえば、初めは近いところの越中島の埋立てをやり、つぎは永代島（寛文）、永代島新田（延宝）、砂村新田（延宝）、永代浦（元禄）、御材木蔵跡入堀（享保）、永代築地六万坪（享保）などとだんだんに大きくなり、海と島ばかりの深川も、やがて今日のように町から海が消えて、川と橋の下を除いては、すべて土というようになったのである。

　こんなわけで、江戸時代の芥坂は、衛生的なところとは言えなかった。しかし、その芥捨場に簡単な施設をしたり、溜った芥を車に積んで、河岸《かし》に着いている芥船へ運んで行き、その船に芥を移して、指定された埋立予定地まで、芥を捨てに行く、その一切の費用は、その町内でまかなっていたのである。勝手に坂の下へ芥を溜めていたわけではなかったのである。

筑土の芥坂

ごみ坂は、芥坂、埃坂、塵坂などと書かれた。現在東京に、ごみ坂という名を持った坂が、つぎの七カ所残っている。

(1) 文京区湯島三丁目、妻恋坂の途中から北へ上る坂。立爪坂《たてづめざか》ともいう。文政十年、湯島三組町の丁亥書上には、つぎのように書かれている。

「右坂の脇崖下芥捨場に致候間、里俗に芥坂と相唱申候、尤町内持に御座候」

(2) 新宿区筑土明神裏手の坂。

(3) 千代田区麴町三番町。甲賀坂、ハキダメ坂、五味坂とも書く。このごみ坂について、古い『麴町区史』はつぎのように書いている。「ごみ坂は一に甲賀坂と称し、本の名は光感寺坂であり、町の南、五番町から二番町に昇る長さ一町弱の坂である。その由来は詳かではないが、光感寺が本名とすれば、甲賀は光感の転訛らしく、ごみは埃にあらずして五二の転訛でなかろうか」

ここの、ごみ坂は、埃《ごみ》でなくて五二であろうと説くのだが、それはどうかと思う。五番町から二番町へ上る坂だから五二坂と言ったのが、いつかごみ坂に訛ったのだと言うのだが、江戸っ子は、そんなような名前のつけ方はしなかったように思う。ごみ坂をきらって五味坂と変えてみても、芥坂が、ここだけしかないのなら、ともかくも、他にいくつもの芥坂があるのだから、どうも五二坂説はいただけない。

江戸っ子がすでに呼んでいるように、この坂は芥坂であり、嘉永二年の切絵図にも出ているように「ハキダメ坂」に違いないと思う。いや、芥坂でないはずはないと思う。他の芥坂同様、芥坂の条件を具備しているからである。とにかく、芥坂を五味坂と改めてもなんにもならない。

一口坂《いもあらいざか》をひとくち坂と呼ぶのと同様、意味を捨てた、ただ何でもないものになってしまう。幽霊坂を勇励坂と改名しても、無縁坂を武辺坂、とび坂を富坂と変えても、そこに残ったものは、何だかわけのわからない坂名だけである。坂名や地名というものは、原名がいちばん意味がわかっておもしろいものなのである。

(4) 港区麻布桜田町。紺屋坂ともいう。
(5) 台東区浅草山谷町。今はない。
(6) 千代田区神田駿河台四丁目。埃坂、紅梅坂、光威寺坂、光威坂とも書く。
(7) 新宿区市谷長延寺町。暗闇坂、長延寺坂とも呼ぶ。

つぎに鉄砲坂であるが、鉄砲の練習のために、坂の崖下を削って、射的場にしたことは、当時としてはなかなか頭のよい利用法であったと思う。下町とか繁華街をさけて、山の手の人通りの少ない絶好の場所を選んでいるのである。そのころは、そんなところを鉄炮稽古場（昔は鉄砲の砲は炮と書いた）、的場、角場、大筒角場、大筒稽古場などと言ったものである。

鉄砲練習場は必ずしも、坂のそばとは限らないが、今日なお鉄砲坂という名を持った坂は、つぎの五カ所である。

(1) 文京区関口三丁目と目白台三丁目の境（旧音羽五丁目）の坂。この鉄砲坂だけが、昔の施設の概要を残しているので、実にありがたい（写真参照）。今日でも射撃場の形がはっきりと残っている。他の鉄砲坂には、現在ではほとんどなにも残っていない。安政四年の江戸切絵図尾張屋版の『音羽絵図』に「的場」とあるのが、それである。現在ここは、文華女子高校の運動場になっている。

(2) 新宿区若葉二、三丁目境。稲荷坂ともいう。江戸切絵図は、この坂の下左右に「御持組」と記している。ここの御持組は御持筒組《おもちづつぐみ》のことで、戦時には将軍の鉄砲を預り、与力同心を率いて、旗本を守るという職務を持っていた。だから、ここの「テッポウサカ」の上も下も、御持組の組屋敷で、ぎっしり詰っている。その中を「七曲り」の道が、くねくねと取り巻いているのが見える。

(3) 港区南麻布五丁目（もと麻布広尾町）、北条坂ともいう。嘉永二年の江戸切絵図『麻布広尾辺絵図』（近吾堂版）には、北条坂のふもとのほうに、「井上左太夫組、御先手組《おさきてぐみ》」とある。「御先手組」というのは、戦時または将軍他行の際、先頭に立つ部隊であって、与力同心をもって組織したものであるが、その中には有力な鉄砲組が含まれていたのである。その鉄砲組が練習するところが、鉄砲坂の崖下であった。それから、井上左太夫というのは、江戸時代の世襲の御鉄砲方御用衆であった。だから、鉄砲坂付近には、この井上左太夫組の組屋敷があったのである。

(4) 港区赤坂、豊川稲荷のわき、九郎九坂のことであろう。安政四年の江戸切絵図の『赤坂絵図』（尾張屋版）には、「定火消御役屋敷、米津小太夫」とあって、「牛啼坂《うしなきざか》」という坂路をはさんで向側に「井上左太夫」の屋敷も見える。この火消屋敷の前の坂が九郎九坂である。そして、ここに鉄砲練習場があったのであろう。

そのころの『狂歌江戸名所図会』というものに、つぎのような歌が出ていた。

赤坂の鉄砲坂の定火消とんともうたぬおだやかな御代
鉄砲の並ぶ赤坂御門外祭るなまりの玉川稲荷

(5) 品川区御殿山辺、今はない坂。清水坂ともいう。昔、坂のふもとの辺に清水井の名水があって、別名ができたのである。品川歩行《かち》新宿二丁目の清水横町から御殿山へ上って行く坂であった。安政四年の江戸切絵図（尾張屋版）『芝高輪辺絵図』には、「井上左太夫、大筒稽古場」とある。

以上の外、鉄砲坂という名前は持っていないが鉄砲坂と同様な役目をしている坂、または、坂ではないが普通の崖下などを利用して鉄砲の練習所に当てているところもあった。

音羽の鉄砲坂

安政四年、江戸切絵図
『雑司ケ谷音羽絵図』（尾張屋版）

麻布の鉄砲坂

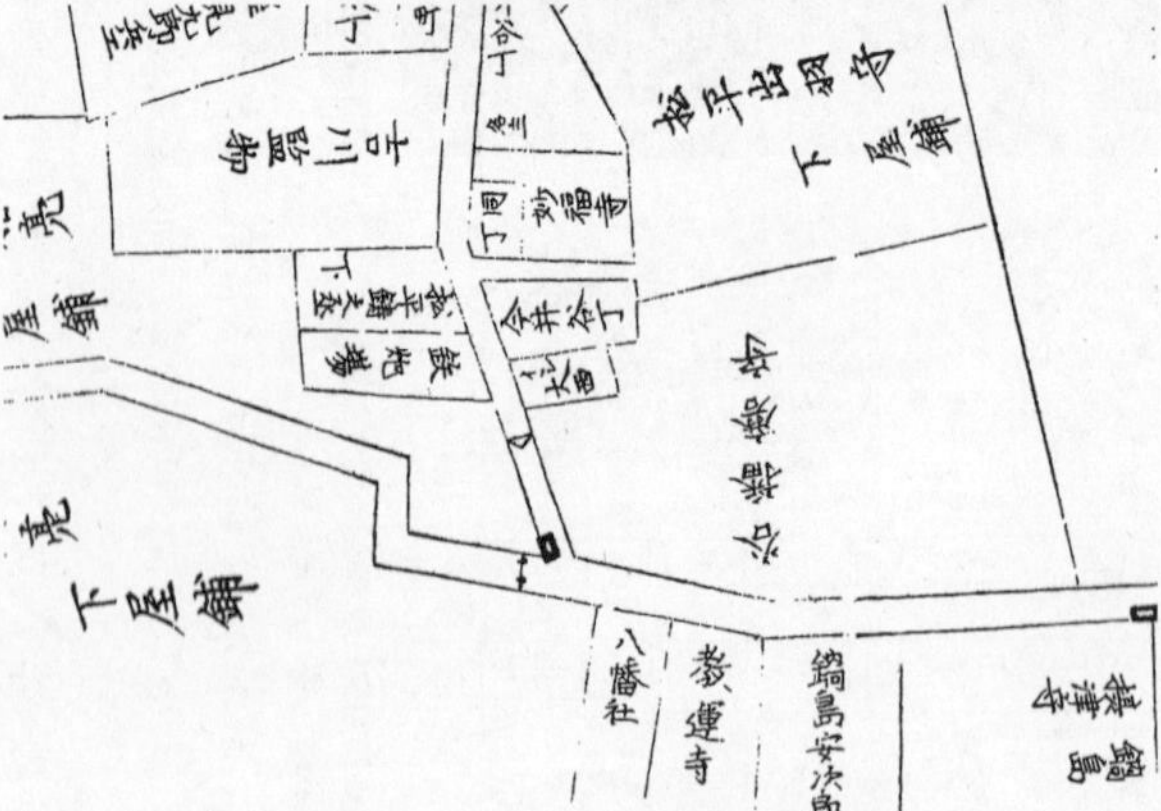

嘉永二年、江戸切絵図『麻布広尾辺絵図』(近吾堂版)

たとえば麻布の行合坂《ゆきあいざか》である。前頁の図中、教運寺、八幡宮の前から、左へ下る坂を、行合坂と言い、今日では乃木坂と呼んでいる。この坂に面して、「御鉄炮場」とあるのが、鉄砲練習場で、ちょうど今の乃木神社のある辺にあたる。この坂は鉄砲坂と呼ばれたことはないが、確かに、他の鉄砲坂と同様な条件を備えていた。

このほか、小石川のもと切支丹牢屋敷跡の「八代洲河岸定火消組鉄炮角場」も幕府の鉄砲練習所であった。

それから、ここからそう遠くない金剛寺裏手の「鶯谷」というところにも、鉄砲練習所があった。下図中、「御先手組、鉄炮角場」とあるのがそれである。ここなどは小さな谷だが、鉄砲練習所として

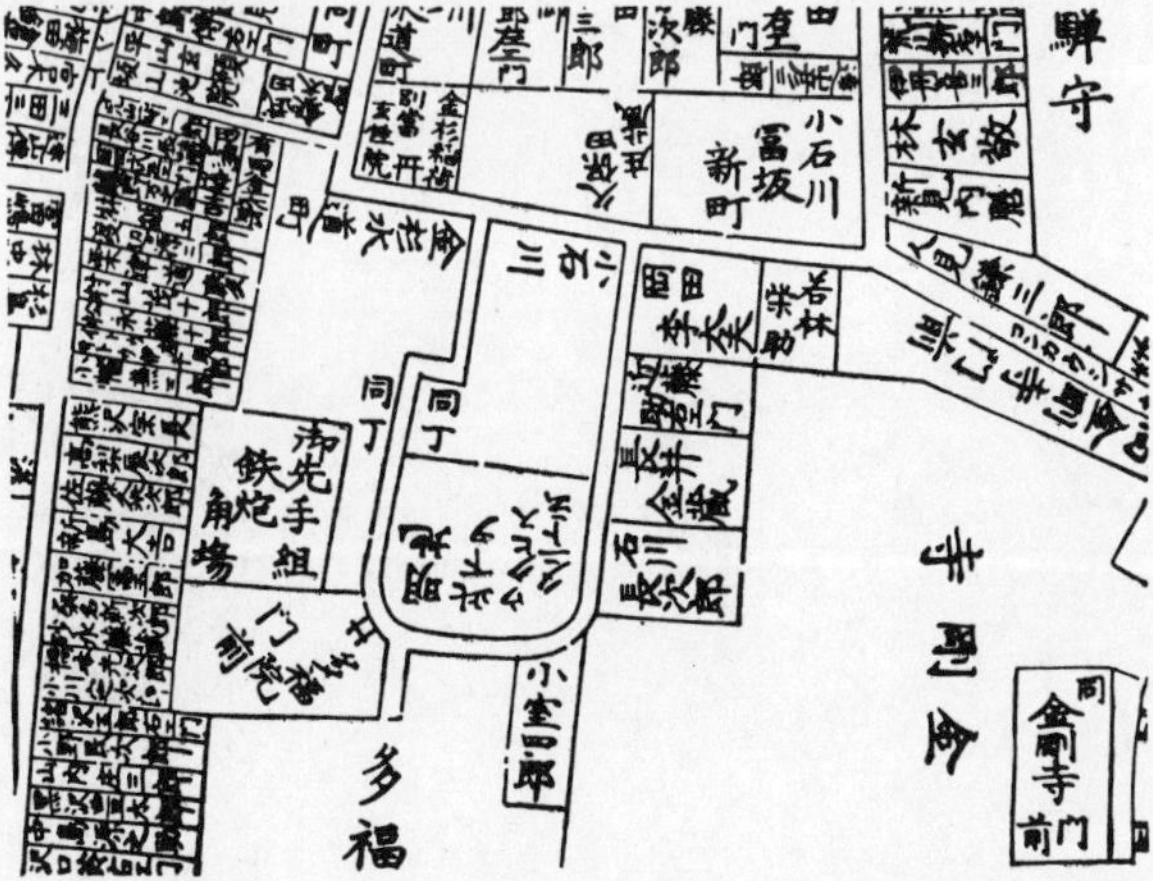

嘉永五年、江戸切絵図『小石川辺絵図』（近吾堂版）

は好適な場所であった。だれにも迷惑にはならないところである。

その他、新宿表番衆町の松平出羽守の下屋敷の入口の左右に「鉄炮場」があり、昔の青山焔焇蔵に近く、千駄が谷、佐橋小路の入口辺に、やはり「御鉄炮場」があった。この他、鉄砲練習所も、まだ二つ三つはあると思うが、これらは直接鉄砲坂には関係がないので、これで打切りにしたい。

膝折坂

池袋駅発、東上線成増駅の先に、戦前、膝折《ひざおり》という駅があった。今は朝霞《あさか》と改名されている。埼玉県北足立郡朝霞町である。『新編武蔵風土記稿』巻之百三十二を見ると、つぎのようなことが出ている。「膝折宿。此地を膝折といへるは、相伝ふ、いつの頃にや、小栗小次郎助重、賊の難を避んがために、鬼鹿毛と云荒馬にうち乗、此所にのがれ来りしが、あまりにいたく逐ひしかば、彼馬、勢やつきたりけん、膝を折て死しけるゆえ、のち、かく名づけしと。彼馬を埋し所は、今も此より西の方、大和田村の地にのこれりと云」

これによると、膝折の地名の意味は、このところで、馬が膝を折って倒れて死んだ。そこで、膝折という地名ができたというのである。

昔は、将軍などが、その寵臣に土地を与える場合、広い原野を老馬で乗り回させて、馬が倒れるまで走りつづけ、馬が膝を折って倒れて死ぬ、そこで、その走った周囲が一里とか十町四方とかの広さの土地を、その場で賜わるという話が、よくあったものである。

天正十八年八月十九日、徳川家康が青山常陸介忠成に、江戸の邸地を与えたときのこと

乃木坂

が、『御府内備考』巻之七十に出ている。それによると、「往古此辺に、御成之節、青山家に命ぜられ、老馬を以一円に乗廻すべし、其地を給はるべきのよし、命に依て青山家、即老馬に乗て一円に乗廻されしを給はるところの地なり、其馬此ところにて倒れ死する故、塚に築、上に八幡の宮を勧請有て、青山家より是を駒留八幡と称し、世俗破れ八幡といふは是なり」とある。ここで老馬が倒れたのは、膝を折ったからで、それでこのところの坂を膝折坂《ひざおりざか》と言ったのである。『江戸大名町案内』という写本には、「麻布竜土、ひざ折坂あり」と記してある。嘉永七年正月の江戸切絵図『赤坂今井辺図』(近吾堂版)には、竜土の行合坂《ゆきあいざか》の上、突き当たりに「八幡社」とある。これが竜土八幡、青山八幡、馬八幡、駒留八幡などと呼ばれた八幡社であった。したがって、ここの行合坂が、そのときの膝折坂なのである。この坂は、のちに坂下に妙福寺という寺と墓地があったので、幽霊坂とも呼ばれた。

戦前は乃木邸、乃木神社前の坂なので、乃木坂と命名されていた。

化粧坂

化《け》粧坂《わいざか》と呼ぶ坂があった。江戸に少なく地方に多い坂名である。江戸では、浅草の千束町から吉原土手に上る坂を化粧坂と言った。これ一つだけである。しかも、吉原土手がなくなったとき、同時にこの坂も消えてしまった。

化粧坂の意味は化粧《けしょう》に関係のある坂を言ったのである。化粧は仮粧とも書き、「けわい」と読む。化《け》粧《わい》は「けしょう」の古語である。紅、白粉などをつけて顔を美しくすることである。初めて白粉ができたのは、持統天皇の六年であったと伝えられているが、黛《まゆずみ》をかく程度のことなら、『古事記』の応神天皇のところに、つぎのようなことが書いてある。

「小井《いちひゐ》の　丸邇《わに》坂土《ざかに》を　初土《はつに》は　膚赤《はだあか》けみ　下土《したに》は　丹黒故《にぐろきゆゑ》　三栗《みつぐり》の　其中土《そのなかつに》を
頭衝真《かぶつくま》日《ひ》には不《あ》レ当《てず》　眉画《まよかき》　濃《こ》に画垂《かきた》れ　遇《あは》しし女《をみな》」

これは丸邇《わに》坂《ざか》の土は、上のほうは赤い色をしていて、下のほうは赤黒い。その中間の土は良い色をしているから、黛にして描《か》いている。そんな美しい少女に逢った。というような意味であるので、応神天皇のころに、こうした化粧法がすでに行われていたと見ることもできる。とにかく、女が化粧をするということは、よほど古いころから行われていたようである。

しかし、今日のように便利で最高な化粧用の鏡というものがなかったころは、女性たちはどうして化粧をしていたのであろうか。

西洋で、不完全ながらガラスの鏡ができたのは十四世紀と言われる。金属製の鏡だって、日本では平安朝から鎌倉時代までかかってようやく実用になる鏡ができたのである。だから、それ以前には、たとえ、紅や白粉があったとしても、肝心の鏡がなかったのだから、どこでどうして化粧したらよいのであろう。その時代では、家の中では全然化粧はできなかった。野外へ出て、すべすべした石の面とか、風のない日の静かな池の水面などを鏡の代りにして化粧をしたのである。

「鏡が池」が鏡の代りになるということは、水鏡《みずかがみ》ということばもあって、すぐに想像もつくが、「鏡石《かがみいし》」に顔を写すと鏡の代りになるということは、なかなか想像できない。たぶん、平らな石の面を、よくみがいて鏡のように光らしたものかとも考えられるが、なかなか水鏡のようには実用になるとは思われない。『都名所図会』は、鏡石についてつぎのように書いている。「鏡石は金閣寺の北、紙屋川《かいがわ》のうへにあり、石面水晶のごとく影を移すをもつて名とせり」。

しかし、『都名所図会』も、そのさし絵も、ともに安永九年（江戸中期）に書かれたもので、平安時代の感じは、もちろんない。ふところにいつも鏡を持っているころの女の絵で、天然の鏡など必要としないころの絵であってみれば無理もない。ただ鏡石とはこんなものという見本にはなると思う。実は、鏡石のできたのは人工ではなく、自然現象の結果にほかならない。断層の起こる際にその上盤と下盤との石面の摩擦によって、断面に鏡のようによくみがかれた部分ができるのである。鏡石とわれわれが言っているのが、この部分なのである。

さて、ここで、全国の化粧坂のうち、いくつかを採り上げて、それらを解説してみたい。

A

(1) 宮城県名取郡岩切。坂のそばに池があって、「鏡の池」と言った。この池で、いつも化粧していた若い女性が、ある日この池に身を投げて死んでしまったことから、この「鏡の池」のそばの坂を化粧坂と名づけて、その思い出としたということである。これは鏡のない時代の化粧坂であろう。野外の「鏡の池」で、化粧していたことが、その証拠である。

(2) 宮城県宮城郡利府村神谷沢

昔、坂上田村麻呂の姫君が上京のとき、ここで化粧したという伝説によって、この坂を化粧坂と呼んだというのである。坂上田村麻呂と言えば、平安朝初期の武将であった。延暦二十年ころの征夷大将軍で、西暦八〇〇年代の人である。それより前は、陸奥、出羽の按察使《あぜち》兼陸奥守鎮守府将軍であったことがあるので、奥州は、すみずみまでかかわりのある土地ばかりであったであろうから、その娘が上京の途次、宮城の神谷沢で休息して化粧していても、何も不思議ではないようだ。

(3) 毛祝坂とも書く。新潟県中頸城郡妙高高原町〔旧称名《な》香《か》山村《やまむら》字毛祝坂新田〕信越線妙高高原駅の西方にあたる旧北国街道上にある。このけわい坂の頂上辺で、新旧両北国街道が分岐しているのであるが、北方関山辺でこの両街道はふたたび合体して一本の道路となって、新井、直江津方面へ延びて行くのである。その旧街道上に、このけわい坂はちゃんと昔のままで残されている。この坂を下って行くと、坂下の左側に、昔は多分池であったろうと思われる小さな水田が見える。四方からきれいな水が、小さな滝となって何本もこの水田へ流れ落ちている。古い昔は、きっと街道上のよいいこいの場であったと思う。きっと「鏡が池」とか「化粧の池」とか呼ばれたと思われる風景であったに違いない。夏の暑い日に、大身の奥方とか、お姫さまとかが、行列を止めて、池のそばの木陰に座して休息し、飲料をとったり、お化粧をしたり、そんなところも想像したくなる。

この地の人は、この坂の頂上、関川宿に近いところに、昔、遊女屋があったので、この坂を化粧坂と言ったと話していた。鎌倉時代と江戸時代とでは、右のような二つの化粧坂の因由を考えることになる。

B

(1)　神奈川県鎌倉市扇ケ谷四丁目

仮粧坂、気生坂、形勢坂とも書く。発音はケワヒざか（気和飛坂）である。昔、ここは鎌倉の傾城町のあったところ、そして曾我の五郎時致の愛娼「仮粧坂の少将」のいたところであるという。一説には、昔、平家の大将の首級に、化粧を施して実検に供えたところであるとも言われる。もちろん、等しく化粧に関係のあることである。

坂のふもとに化粧坂の碑が立っている。しかし、この頂上に近く「仮粧坂切通」の標示杙《ぐい》があって、ローマ字でこの語を訳して、"KESHO ZAKA (Pass)" と記してある。本当の読み方を知らないのか、それとも、わざと「けわい」を「けしょう」と訳したつもりなのか、これは困る。鎌倉市青年団が建てたものと聞いているが、土地の人たちが、こんな間違いを、そのままにしておいてはいけないと思うのだ。

(2)　神奈川県大磯町

大磯の化粧坂について、『改元紀行』はつぎのように書いている。「高麗寺村に入れば、右に高麗寺山たかく聳えて、緑の色ちかし、左に山下善福寺御旧跡あり、浄土真宗の寺なるべし。まことや化粧坂といへる、名のみ事々しう聞ゆれど、つまづくばかりの蟻塚に等し、昔はこのところより半里ばかり引き入りたる所なりしを、街道の内に移せるなりと聞くにぞ、げにさもと思はる。このあたりに虎御前の屋敷跡などありといふ」

また、『道中記』には「けわい坂平地、むかしはけわい坂は半里ばかりわきにあり」と記し、道の西側に「虎がやしきあと」と見える。かつての遊女虎御前の屋敷があるというので、この近くの坂をけわい坂と呼んだのである。あるいは、虎は大磯の遊女で、母は大磯の長者の娘であったと説くものもある。この坂も、江戸吉原のけわい坂や、鎌倉の仮粧坂、越後の毛祝坂同様傾城町があったということから化粧坂の名称ができたという部類に属するものであろう。

C　**粧坂《けわいざか》**

岩手県平泉の中尊寺の八幡社跡西方の坂で、昔、正月の魔多羅神の祭日に、田楽をなす者の楽屋で化粧したところから、そこの坂を化粧坂と言ったのである。これは田楽をやる役者が化粧したことから、けわい坂と呼んだので、けわい坂はいつも、女性のみの化粧を意味していたが、男の役者が化粧する場合にも、この名を呼んだものと思われる。

D　神奈川県足柄上郡南足柄村弘西寺

けわい坂は、小田原発大雄山線終点大雄山駅から車で約五、六分西の方、弘西寺というところにある。坂の右に化粧地蔵《けわいじぞう》の小さなお堂がある。土地の人は、けわい地蔵と言わないで「白地蔵」と呼んでいる。『新編相模国風土記稿』には「祈願する者必白粉或胡粉をもて仏面を塗抹するが故此名ありと云、甲州道の側にあり、堂前の坂を化粧坂と云」と書かれている。

この化粧坂は、だれかが化粧したという場所でもなければ、この付近に遊女屋があったということでもない。ただこのお地蔵様に、何かお願いするときには、そのお顔に、おしろいを塗ってお化粧してやるという習慣があって、それでこの前の坂を化粧板と言ったのである。自分が化粧するのではない、何かに化粧してやるのである。鎌倉の仮粧坂で、平家の大将の首を実検してもらうために、その首に化粧したという伝説と同じように、だれかが何かに化粧したところの坂なのである。

平安朝のころから江戸時代まで、鏡がないころから、どこの家にも鏡があるようになるまで、時代的にいろいろの化粧坂はあったが、とにかく、大ざっぱに分けると次の三つに集約できる。

(1) 人が化粧したところの坂

(2) 人がなにかに化粧したところの坂

(3) 遊女屋のそばの坂（集団化粧）

さびれた今の葵坂

昔は有名な坂であった葵坂《あおいざか》も、今はほとんど忘れられて、さびれた裏道の坂の一つとなってしまった。享保のころの『江戸砂子』には、つぎのように記してある。

「葵坂。虎の御門の方より溜地へ上る坂也、辻番所の傍、方十間程の所を葵が岡といふ。むかし此所に年毎まかなくに葵生茂りたり、よつて此名ありとぞ、今はあをひなし」

江戸初期の溜池は、江戸水道の水源であった。赤坂御門のところから山王の崖下を、今の特許庁に近いところまでつづいていた大きな池であった。不忍池よりやや大きいようだが、蓮の花の名所としては、どちらも同じような風景を持っていた。特許局、東京クラブ前辺が、この池の南端に当たり、池尻とでも言いたいところで、ここが堰になっていたので、池の水が滝となって流れ落ちていた。この水は新橋下を通って今の東京湾に注いでいたのである。この滝口へ上るところの道路の坂が葵坂であった。そのころ、虎の門のほうから葵が岡へ行く坂みちは、この葵坂みちよりほかにはなかったのである。今日では、虎の門の文部省前辺から、アメリカ大使館のほうへ行く広い道路があるが、これは昔の溜池口のお堀を埋め立ててその上にできた道筋で、そのころは、葵が岡と滝とお堀の水であったはずである。

図は万延二年の切絵図の一部で、これを見ると、虎の門と葵坂、それからアメリカ大使館（この図の山口筑前守とあるところ）の位置と距離関係がよくわかると思う。葵坂の頂上には辻番所の印がある。また坂の下にも、堀端のところに辻番所の印が見える。そして、この番所の前には「コンピラ」（金比羅大権現）と谷主計屋敷とが見える。それから、つぎの広重画の「江戸名所之内」（金比羅宮、葵坂風景）という錦絵を、絵図と合わせて見れば、この葵坂の位置がだいたい今日のどの辺にあたるものか、さらによくわかると思う。

今の琴平神社（切絵図では「コンピラ」とあって、京極佐渡守の屋敷内にある。京極佐渡守は四国丸亀藩主で、五万一千五百石の大名）と鈴木病院（谷主計屋敷）との境界辺から、西北方へ上るゆるやかな坂路が葵坂の道筋と考えられる。坂の南側はアメリカ大使館の別館（昭和の初めころの満鉄本社のあったところ）である。錦絵の坂はかなり急坂のように見えているが、今日では平坦な小さな坂になってしまった。たぶん、坂上の葵が岡はもちろんのこと、この辺一帯の小高いところの土は、溜池埋立てのときに、すべてくずされて、その築地のために使われたと思われるので、葵坂の勾配もそのとき削られて、平になってしまったのであろう。

明治十二年ころの内務省地理局の東京実測図と、これらの資料に、さらに江戸城外堀の

広重画　江戸名所之内　金比羅宮、葵坂風景

石垣の一部

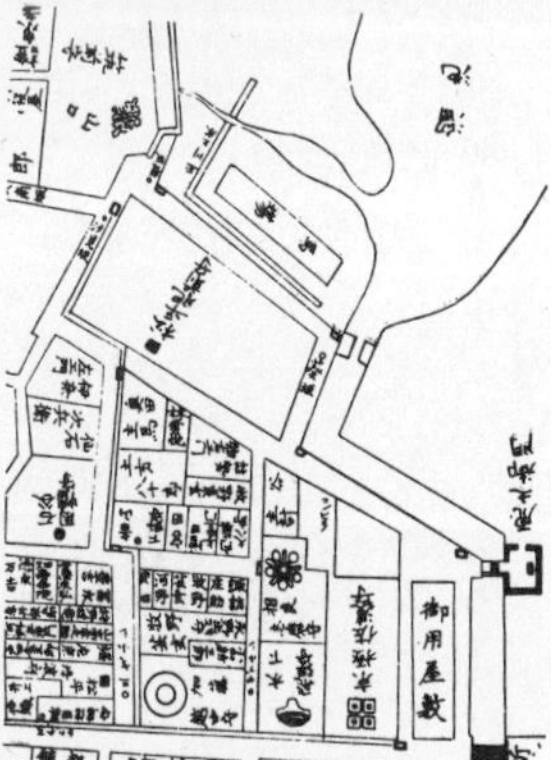

万延二年、『江戸切絵図』「芝口南西久保愛宕下之図」（尾張屋版）

西南端を示す石垣とを、じっと見つめていると、葵坂の位置も正しく受け入れることができるはずである。この石垣の一部は、昭和二十八年に、東京都によって都史跡に指定されたものであるから、これは正しい昔の姿と位置とを示しているものと思ってよいであろう。

榎坂と鎌倉街道、奥州街道

榎坂《えのきざか》と榎地名というものは、いつも街道にある。古い榎坂、古い榎地名は、古い街道に並ぶ。江戸時代の榎坂は、江戸以前の街道を示している。榎坂のそばにはかならず榎があり、または榎のあったところである。場合によると、古い鎌倉街道、奥州街道、中仙道（木曾街道）、甲州街道、日光街道、東海道などを、ひそかに知らせてくれるものと考えてよい。

江戸時代の榎坂の残っているところは、つぎの四カ所であるが、これらは他の榎地名とともに、昔の主要な街道を有効に示している。

(1) 港区赤坂一丁目、アメリカ大使館前辺（霊南坂下）から西の方（旧福吉町）へ下る小さな坂。

『江戸名所図会』の「溜池」のところに、次のような説明がある。「池の堤に榎の古木二三株あり、是を印《しるし》の榎と名づく。昔、浅野左京大夫幸長、鈞命を奉じて此所の水を築止めらる。其臣矢島長雲是を司り、堤成就の後、其功を後世に伝《つたへ》んため、印にとて栽《うゑ》けるとな

赤坂アメリカ大使館前の榎坂

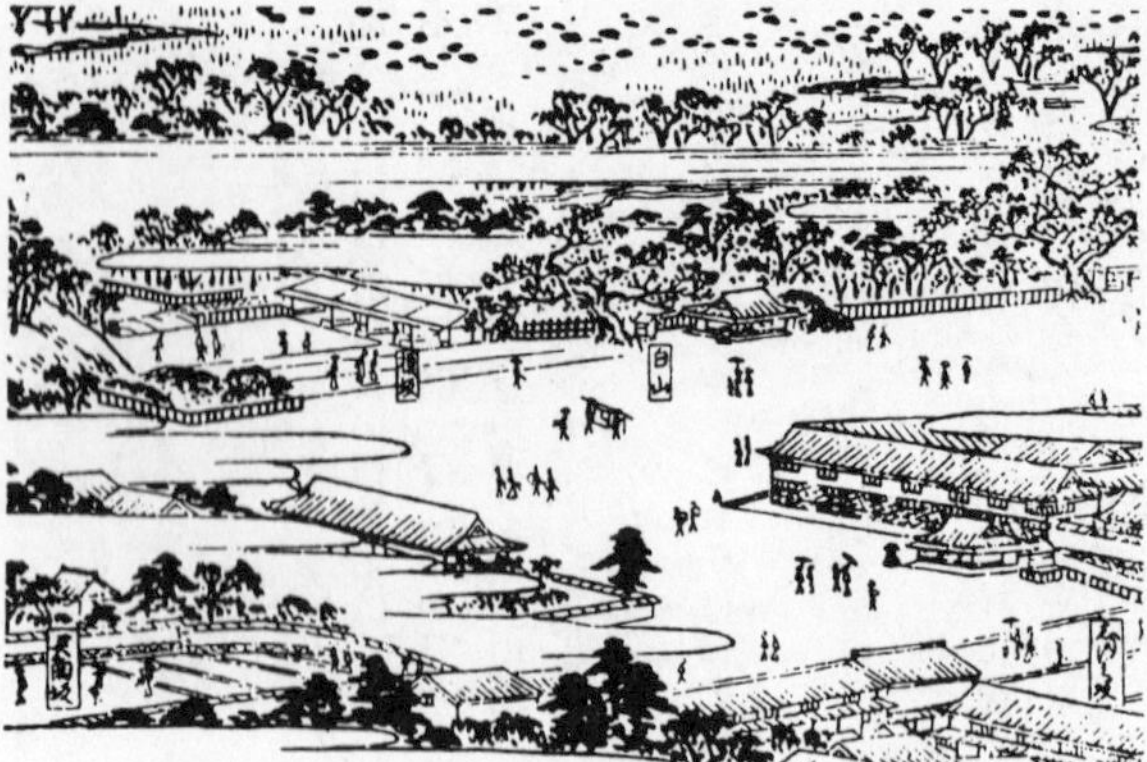

溜池の榎坂（『江戸名所図会』）

り。此堤より麻布谷町の方へ下る坂を榎坂といへるも、前に述る所の榎ある故とぞ」『名所図会』の本文よりも、長谷川雪旦の挿絵のほうが真実を描いていて貴重である。

(2) 台東区池之端（旧茅町）二丁目の「境稲荷」の前を少し行くと、東大病院の東門に出る。この門をはいって西北方へ上る坂路が昔の榎坂にあたると思う。坂上に榎の枯れ木が朽ちたままで立っている。

『十方庵遊歴雑記』を見ると、「下谷池の端松平淡路守（松平出雲守）の上やしきに、昔、奥州街道たりし節の一里塚と云物有りて壊《こほ》ちもせで古跡を残して今に存せり」とある。それから、『御府内備考』巻二十四の下谷池之端七軒町丙戌（文政九年）の書上にはつぎのように記してある。「西の方水戸様御屋敷境にて余程高く有之、其下通り町地又は武家方寺院方地堺の所、往古は往還の由、加州様御屋敷御構の内に榎坂と申処有之由、其坂往還の続にて本郷通え出候道の由申伝に御座候」

ここに一里塚があったということや、榎坂という名が残っていることは、ここが古い奥州街道であったということを裏書きしているものである。

(3) 港区麻布飯倉二丁目の「四辻」から西へ六本木のほうへ上る坂。

坂の上左側にソヴィエト大使館がある。『江戸砂子』には「榎坂かはらけ町四辻より六本木通へ上る坂也、大木の榎ありしゆへとぞ、古江戸絵図に榎町とあり」と記す。『江戸鹿子』は「此榎今は番屋のうしろに見ゆ」と書き加えている。

(4) 前の「四辻」から反対の方向、芝公園の東京タワーのほうへ上って行く坂である。『紫の一本』が、その位置を丁寧に説明してくれる。「榎坂、増上寺の裏門の左、切通しより金地院前を通り、牧野飛騨守の屋敷前より下る坂を云、此坂を下りきれば四辻也、すぐ行ば六本木へ出る、右へ行ば西の窪へ、左へ行ば土器町より芝へ出る也」

榎坂は以上のように、榎のあるところの坂であって、その榎も一里塚の榎の場合が多い。だから、江戸時代の榎坂と榎地名または、それに関係するものを東京図に記して、それらをつなぎ合わせることによって、昔の街道を浮かび上がらせることができる。その結果、図上の点と点とを結びつけた一本の長い線が、一時代昔の奥州街道や、鎌倉街道、甲州街道を、再現してくれるのである。

たとえば、鎌倉へ通じる道を「矢口の渡」から江戸に近づくとすると、池上を通って五反田へ出る。その道は二本榎へ当然結ばれねばならない。古い昔、二本榎の上行寺門前の左右には、二本の榎を植えた塚があって、一里塚と称したと伝えられている。まぎれもない街道の拠点をなすものである。

文政九年の「二本榎上行寺門前町」の書上には、つぎのように書かれている。「榎二株。右者往古より度々植継候得共、当時上行寺表門より午未之方、太さ三尺七寸廻り、高サ凡三丈程之木一本、同門より丑寅之方ニ、太サ四尺余廻り、高サ凡三丈余之木一本有之候、

尤古来之一里塚ニ而茂可有之哉ニ茂候得共、由来者相知不申候」

さて、二本榎からつぎの拠点、麻布飯倉の榎坂へ出るのであるが、それには時代的に三つの道筋が考えられる。綱坂《つなざか》を通って赤羽橋へ出るのと、伊皿子《いさらご》台《だい》から聖坂《ひじりざか》を通るものと、いちばん新しい「札の辻」を通るものとがあるが、聖坂はかつて「竹柴《たけしば》の坂」と言われたくらいの古いものなので、この道がいちばん魅力がある。

『更級日記』に竹柴の坂のことが書いてある。「今は武蔵国になりぬ。殊にをかしき所も見えず、浜も砂子白く、波もなく、こひちの様にて、紫生と聞野も、芦荻のみ高く生て馬に乗りて弓もたる末見えぬ迄、高く生茂りて、中を分け行くに、竹柴といふ寺あり。遥にいいさろうといふ所の、楼の跡礎などあり、いかなる所ぞと聞ば、是は古い竹柴といふさかなり……」

『紫の一本』は「聖坂。三田の三丁目より二本榎への道筋、光運寺と云寺の上の坂を云」と書いて、聖坂の通りは、三田三丁目より二本榎へ行く道筋であると断定しているので、逆に二本榎から来た道は、三田三丁目へ出て来なければなるまい。そして、この道は三田三丁目から赤羽橋を渡り、土器坂《かわらけざか》を上って、芝山内入口のところの榎坂へ出ることになる。

ここの二つの榎坂下を、今度は北へ向ってつぎの榎地名を求めて行くのである。「西窪」から天徳寺わきを江戸見坂下へ出て、汐見坂を上り（ホテルオークラのところ）、霊南坂のふもとから、榎坂上へたどり着く。ここは前にも「榎坂」のところで書いたように、溜池端《はた》で、白山社の大榎の前である。この榎坂を下って、赤坂の一ツ木へ出る道筋と、ここから西丸下へ出て、奥州街道をまっすぐに行く道筋とがある。

まず、ここから後のほうの奥州街道を行くことにする。

『事蹟合考』の語る奥州街道は、この道筋である。すなわち、「御入国以前、奥州街道の本往還と申は、相模国馬入川上方より、稲毛池上を通り今の西丸下へ出て本町通りにかかり旅籠町を北に折れて小伝馬町を通り、浅草観音堂の門前を通り、花川戸押揚より古三谷、古隅田といふにかかり往来せしなり」。

だいたい、こんなぐあいに行ったことになる。溜池の榎坂上から虎の門へ出て、霞が関の前を通って、外桜田（小田原口）の橋を渡り、後の「西丸下」へ出る。後の坂下御門の辺に一里塚があるので、ここへ来たことは事実である。

滝沢馬琴の『兎園小説余録』の中に、新井白石が安積覚兵衛に宛てた手紙が載っていた。

それには西丸下の一里塚のことを、ちょっとばかり書いているので、引用してみたい。

「当時も西の丸坂下御門の内に、大きなる榎の木候。もとの一里塚と申伝候」

江戸城の前の道路が（それもまだ城のできないころのことではあるが）、古い昔の奥州街道であり、鎌倉街道であったことは、おもしろいと思う。

つぎは、浅草口橋（のちの常盤橋）を渡って、本町通りに出る。大伝馬町につづき旅籠町で北に折れて小伝馬町へ行く。古くは、さらに進んで神田松枝町の「お玉が池」まで行き、ここから浅草観音の門前へ出るのである。

大伝馬町、小伝馬町という地名は、すでに街道にはつきものの名称である。この小伝馬町は、昔、六本木と呼ばれていたころは、奥州街道の宿場であったということである。この道をさらに進めて神田松枝町の「お玉が池」へと向かったわけは、つぎの物語を思い出したからである。

『江戸名所図会』に、お玉が池の古事として、つぎのような挿絵と記事とが出ている。「昔、此地は奥州への通路にて、桜樹《さくら》あまた侍《はべ》りける所にありし池なる故に、桜が池とよべりとぞ。其傍《かたわら》の桜樹のもとに、玉といへる女出居て、往来《ゆきき》の人に茶をすすむ、容色大かたならざりければ、心とがめぬ旅人さへ掛想《けそう》せぬはなかりきとなん。中頃人がらも品形もおなじさまなる男二人迄、彼女に心を通はせける。されば切なる方にと思へども、いづれおとりまさりもあらざりければ、我身のうへを思ひあつかひて、女は終に此池に身を投てむなしくなりぬ」

昔は奥州への通路であったと書いているので、小伝馬町から桜が池へ出て来たのも、無駄ではなかったと思う。

お玉が池から、とにかく浅草へ行き、花川戸、山の宿、聖天町、橋場の順に歩いて、ここで隅田川を渡るのである。以上が、ある時代の奥州街道の道筋の一つである。

ここで赤坂溜池の榎坂へもどる。そして、もう一つの奥州街道、鎌倉街道の道筋を、榎地名などから探して行きたいと思う。この道のほうは、榎坂を下って、赤坂一ツ木へ出るのである。赤坂の風呂屋町から、古い昔の「誉田坂」（紀州家の下屋敷、のちの赤坂離宮内にあった坂）を下って今の鮫河橋から権田原へ出て、つぎの榎の拠点、千駄ケ谷の「お万榎」へ行くのである。しかし、右の誉田坂について少し説明する必要があるので、あともどりをする。

『御府内備考』の巻之六十五に、つぎのようなことが記してある。「明暦之比《ころ》迄者、只今の鮫河橋向紀州様屋舗御門之内ニ誉田坂と申有之、近在より芝三田辺え之通ニ而《て》、人馬往来繁く今之四谷青山之如ニ而繁華ニ相成候」（「誉田坂と八幡」参照）

ここも、芝三田辺への通りであったと記してあるから、古い昔は、芝三田方面からは、どうしてもここを通らねばならなかったようである。

なお、この道筋が奥州街道であったことを示すものとしては、「元鮫河橋仲町」の丁亥（文政十年）の書上がある。「長禄之頃者《ハ》、山中村と申奥州海道ニ而《テ》、平川桜田大沢麻布原宿千駄ケ谷落合市谷横山右村々え跨有之候趣ニ御座候」

もう一つ、ここが山中村であることについて、『御府内備考』巻之六十五は、鮫河橋をつぎのように書いている。「鮫河橋。紀伊国坂（鮫河橋坂の古称）の下に大溝あり、その所にかかる橋なり、今はこの辺の地名となりて、すべて鮫ケ橋といへり、案に世の人鮫河橋を四ツ谷中の小字とするは誤なり、此辺古へ山中村と称せしを、御入国の後、伊賀者の知行に賜はりしより、一ツ木村と改めしよし」。さらにつづいて、「往古源義家公奥州下向之時、此所ヲ御通行、此河え御召之鮫馬入水仕、其霊主と相成候由」という記事もある。これらによって、山中村すなわち鮫河橋というところは、昔の奥州街道であったことを確証している。

二本榎から芝三田三丁目、三田から赤坂溜池榎坂、さらに誉田坂から鮫河橋に出て、それから千駄ケ谷へ行くのが順序になって来た。

権田原の大神宮の前へ出ると、その隣りが「遊女の松」で有名な寂光寺である。この寺はもと日蓮宗で麴町の貝塚にあったが、この地に移されたとき、天台宗に変わった。それは元禄のころのことであった。『江戸名所図会』によると、この道は「往古の奥州街道にして、広豁の原野なりしに、此松樹の欝蒼として栄茂し、遠く見え渡りし故に、霞《かすみ》の松と号《なづけ》しが……」とある。この大神宮と寂光寺前の道も奥州街道であって、鮫河橋からつづいた街道である。

それでは、ここからつぎの榎地名を求めて行くことにする。この辺で榎地名と言えば、千駄ケ谷八幡東北方の「榎店《えのきだな》」と、「榎坂」の「お万榎」であろう。千駄ケ谷八幡前のあたりに、小名「鎌倉道」と呼ぶところがあった。だから、ここから北へ行けば奥州街道であり、南へ行けば鎌倉街道となる。権田原の大神宮、寂光寺（のちの境妙寺）前を通って、千駄ケ谷の立法寺に出て、榎店から仙寿院わきの榎坂の「お万榎」のところへ来る。ここも立派に千駄ケ谷の榎拠点となってくれるところである。『御府内備考』巻之七十二には、「原宿町。当町、往古之儀、武州豊島郡原宿と唱候、鎌倉より奥州え之街道ニ而宿駅ニ有之候」とある。

　つぎは『南向茶話』の言うとおりに歩いて行けばよいのである。すなわち、「往古の道筋は、今の青山百人町にて西之方原宿と申処を経て、千駄ケ谷八幡の前（此地今に処の小名に鎌倉道と呼ぶ）大窪へ過ぎ高田馬場より雑司ケ谷法明寺脇通り護国寺後通り只今の中仙道の道を横切、谷村滝野川村を経て豊島村より千住の方へ古の道筋なりといへり」。

　千駄ケ谷八幡の前から、内藤新宿の内藤屋敷の東わきを四谷大木戸に出て、さらに一里塚のある大久保百人組を通る。『南向茶話』に「大久保百人組ノ木戸より西の方に大木の榎あり、古街道の一里塚なりと云」とある。つづいて、ここから尾州家の山屋敷そばを通り、高田の馬場から神田上水（江戸川）を姿見橋のところで渡るのである。そして、南蔵院わきから金乗院前へやって来る。ここの坂を宿坂という。『新編江戸志』は、「宿坂。金乗院の前の坂をいふ。往古此辺は鎌倉海道のよし、駅所なり、此所に宿坂の関としてありしよし」と書いている。

宿坂

昔の宿坂（『江戸名所図会』）

この宿坂を上がり切ると、もうすぐ雑司が谷の鬼子母神の大きな槻《つき》の木の並木が見える。鎌倉街道の並木と言われている。榎の並木と考えられていたのであろう。天野信景が言っているように、「槐樹をエノキと訓せり、按ずるに、槐はエンジュと訓し、槐音クワイ、呉音エなるか、エンはエの音便なるべしと、然らば今いふ『えの木』とはたがひて、古くは槐をいひしにや」〈『燕居雑話』に引用〉と榎《えのき》と槐《えんじゅ》とは時代的の違いであるとしている。榎は欅《けやき》とよく間違えられる。同じようにニレ科の落葉高木であるからだ。それから槻《つきのき》も榎としばしば混同されている。槻は欅の変種であるからだ。以上四つの木は江戸時代には、いつも間違えられていた。というのは、いつも、どの木も榎に見えたからである。岩の坂の縁切榎《えんきりえのき》は、実は榎ではなく欅であったということである。とにかく、鬼子母神から先へ進まねばならない。鬼子母神から音羽の護国寺裏に出て、中仙道の道を巣鴨で横切り、滝野川を経て、千住へ向かい、そこから奥州街道か日光街道へ合流すればよいのである。

以上は、榎地名を結んだ鎌倉街道、奥州街道の一例に過ぎないのであるが、この点を選ぶ人によっては、別の違う線が生まれるはずである。それは時代の違う点を結びつけた場合の線ができるからである。たとえば、鎌倉街道にしても、池上のほうから芝の二本榎を通って江戸へはいって来ると、今までたどって来たような奥州街道となって千駄ヶ谷八幡前へ出たのであるが、これが渋谷の道玄坂から宮益坂を通って青山へはいって来た場合、この鎌倉街道は、どこで奥州街道と合流すればよいのであろう。

『江戸名所図会』には、渋谷の宮益坂について、つぎのように記している。宮益坂の旧名は富士見坂であった。「富士見坂。渋谷宮益町より西へ向ひて下る坂を云《いふ》。斜《ななめ》に芙蓉の峰に対《むか》ふ故に名とす。相模《さがみ》街道の立場《たてば》にして、茶店酒亭あり、麓の小川に架せる橋をも富士見橋と名づけたり。相州街道の中、坂の数四十八ありとなり、此富士見坂は其首《はじめ》なりといへり」

相模街道は矢倉沢へ行く街道で、鎌倉へは途中から分かれて行くのである。とにかく、宮益坂を上って青山通りへ来たのである。ここから目指すは、『南向茶話』の「往古の道筋は、今の青山百人町にて西之方原宿と申処を経て、千駄ケ谷八幡の前（此地今に処の小名に鎌倉道と呼ぶ）……」とあるところである。とにかく、この青山百人町の辺から熊野権現

竜岩寺と勢揃坂

前へ出ればよいのだ。熊野権現は原宿の鎮守だからだ。『新編武蔵風土記稿』巻之十には、つぎのように記してある。「原宿町。当所は古へ相模国鎌倉より奥州筋の往還係て宿駅を置し所故此名ありと、又村内竜岩寺の伝に、往昔源義家奥州下向の時、渋谷城に滞溜し当所にて軍勢着到せし故、今に門前の小坂を勢揃坂《せいぞろいざか》と唱ふと云、当時街道なりし事証すへし、村の東青山五十人町の通衢は今も相模国矢倉沢に達する往還なり」

竜岩寺というお寺の前の坂を勢揃坂《せいぞろいざか》というのだが、俗に「源氏坂」とも言った。このお寺には天満宮があって、源義家がここで出陣の連句をやり、社前に奉納したことがあって、この天満宮は俗に句寄《くよせ》の天神とも呼んだ。ここから、今の千原橋を渡って仙寿院のそばから、榎坂の「お万榎」へ出るのである。ここが「鎌倉道」であるから、これより北へ行けば、奥州街道となり、四谷大木戸、大久保、高田馬場、雑司が谷、護国寺裏、滝野川、豊島村を経て千住へ行くのである。

榎坂だけをつなぎ合わせても、はっきりした街道は浮かんでこないが、いろいろの榎地名または街道地名を結び合わせることによって、その時代には正しい街道が浮き上がって来るものであると信じる。

最後につけ加えておきたいことは、江戸以前の江戸のある街道上に立って、前へ進めばこの道は奥州街道であり、後をふり向けば、今来た道は鎌倉街道であるという場合、言い替えると、一つの街道が前と後とで、名前が違うというような場合、それは、この街道上に「江戸」がないということであり、江戸開府以前の街道であるということなのである。ことに奥州街道、鎌倉街道に限り、こうした場合どこまで歩いても、前は奥州街道であり、背後は鎌倉街道であるということになる。これは、前にも言ったとおり、街道上に「江戸」という名がないからである。

しかし、徳川氏の江戸が始まってからは、すべての街道の上には、かならず江戸がある。「お江戸日本橋」を起点としたものが、そのほとんどすべてであると言ってよい。日本橋でなくとも、すべて江戸を起点とし、終点としていたのである。だから、街道上で北を向けば奥州街道であり、南を向けば鎌倉街道である、などということもなくなって来たのである。すべての街道がみな江戸を指して集まって来ていたからである。

× × ×

つぎの集録は、昔の街道関係の地名小字を列記したものである。

江戸の街道関係地名集録

地名	所在	備考	街(海)道

一里塚	文京区西片二丁目、昔、一里塚があった。日本橋から一里	中仙道
一里塚	板橋区志村一丁目と小豆沢二丁目	〃
一里塚	西丸下、昔の江戸城以前にあったもの（『兎園小説余録』）	奥州街道
一里塚	大久保百人組の木戸より西の方に大木の榎のある所（『南向茶話』）	奥州街道
一里塚	北区西が原二丁目、日本橋より二里	日光街道 岩槻街道
一里塚	港区、旧青山御所の西南部に旧鎌倉街道の一里塚（『東京案内』）	鎌倉街道
一里塚	麴町貝塚をいう。甲州街道の一里塚、甲斐塚とも（『江戸名所図会』）	甲州街道
一里塚	靖国神社の西裏の辺、旗本屋敷辺にあった足利時代の一里塚	
一里塚	文京区東大病院東門から南へ上る坂の上（『御府内備考』）	奥州街道
一里塚	台東区入谷、庚申堂の道筋に本念寺の一里塚があった	
一里塚	港区高輪一丁目、二本榎上行寺門前にあったもの	奥州・鎌倉街道
一里塚	大森八景坂より西南方池上へ行く道に、昔の一里塚の榎あり	鎌倉街道

一里塚	新宿区赤城下町四八、改代町境、鎮火稲荷社、社頭の鳥居際に榎の老木あり。一里塚の址という	
一里塚	千代田区永田町一丁目、三宅坂の中途辺を、古いころ妹が関と言った。そして、この土手に古い一里塚があって、甲州街道の遺跡とか	甲州街道
一里塚	新宿区新宿三丁目、昔の追分に一里塚があった	甲州街道
榎坂	港区赤坂一丁目、アメリカ大使館前の小坂	奥州街道
榎坂	文京区東大病院東門内のところの坂	〃
榎坂	港区麻布飯倉二丁目四辻から六本木のほうへ上る坂	奥州・鎌倉街道
榎坂	〃　〃　〃　芝山内へ上る坂	〃
榎坂	渋谷区千駄ケ谷二丁目、お万榎の旧跡の辺	〃
榎店《だな》	〃　〃　昔の立法寺辺	〃
榎町	新宿区牛込榎町、昔は大木の榎があった。この木は古来の鎌倉街道を示すものという（『南向茶話』追考）	鎌倉街道
縁切榎	板橋区本町三四、岩ノ坂	川越街道
追分（本郷）	文京区西片二丁目と向丘一丁目との境	日光街道 中仙道　の分岐点
追分（新宿）	新宿区新宿三丁目、右青梅街道、左甲州街道、一里塚に子	青梅街道 甲州街道の分岐点

	安稲荷があった	
逢坂	目黒区上目黒八丁目、旧大坂の別名、坂迎えの坂	相模街道
奥州橋	豊島区高田南蔵院西北にかかる橋をいう	奥州街道
大木戸	（高輪）港区芝車町、汐見坂下辺、品川のほうへ少し行く	東海道
大木戸	（四谷）新宿区四谷四丁目、旧塩町三丁目と内藤新宿の間	甲州・青梅街道
大伝馬町	中央区日本橋大伝馬町一、二丁目辺	奥州街道
小田原口	外桜田門のこと、ここから小田原へ通ずる道の意	相模街道 東海道
お万榎	渋谷区千駄ケ谷二丁目辺、今の榎稲荷から約三〇メートル離れた所	奥州・鎌倉街道
霞が関	千代田区霞が関二丁目、外務省北わきの坂、昔の関所	奥州街道
鎌倉道	渋谷区千駄ケ谷二丁目、千駄ケ谷八幡付近の小名	奥州街道 鎌倉街道
小伝馬町	中央区日本橋小伝馬町	奥州街道
宿坂の関	豊島区高田一、二丁目境、金乗院わき（『新編江戸志』）	〃
伝馬町	新宿区四谷一、二、三丁目にまたがる	青梅街道 甲州街道
二本榎	港区高輪一丁目の辺の小名、上行寺門前にあった	奥州街道
旅籠町	中央区日本橋大伝馬町三丁目辺	〃
札の辻	港区田町四丁目の三辻で、昔は高札があった	東海道

二股榎	根岸の西念寺前にあった。道路拡張のため今は道路上に立っている。古老は昔の奥州街道の土手の榎という	
見送り坂	文京区本郷三丁目から二丁目のほうへ上る坂	中仙道
見返り坂	文京区本郷四丁目、三丁目辻から東大前のほうへ上る	〃
矢口の渡	多摩川下流の渡趾、大田区矢口三丁目二十一番の川べり	鎌倉街道
六地蔵石灯籠	浅草雷神門の外、花川戸町の入口角にあり、この地は往古の奥州街道の馬次なり	奥州街道
別れの橋	文京区本郷四丁目、見返り坂のふもとの川に架かった橋	中仙道

東京の坂の数

現在の東京の坂を、私が集録したものから数えてみると、実数四三三になる。この内江戸の坂は、実数三〇四を数え、江戸の坂でないものは一二九となる。ここに江戸の坂とは、「江戸時代に江戸の民衆によって名づけられた名前を持っている坂」という意味である。しかし昔から坂には別名がいくつもあるので、名前のほうから数えると、東京の全坂名七二六となる。江戸の坂は実数三〇四に対して、別名が一一八〈二一八か〉で、坂名からは五二二となる。とくに江戸の坂には別名が多く、一つの坂に平均二つ半の別名〈平均約一つ半の名称の誤りか〉があったという計算になる。

本郷の団子坂には千駄木坂、汐見坂、七面坂の四つの名があった。三田の小山坂には、綱が手引坂、手引坂、姥坂、馬場坂の五つ、小石川の御殿坂には、そのほか、御殿表門坂、富士見坂、大坂の別名があり、小石川の牛坂は、汐見坂、鮫干坂、蠣殻坂の四つ、牛込の庾嶺坂《ゆれいざか》は、特に多く、祐玄坂、唯念坂、幽霊坂、行人坂、若宮坂、新坂の七つの名を持っていた。これは、江戸の民衆が江戸の坂にいつも自由に名前をつけていたからで、永い間には、古い名が消えて新しい名が生まれてくることは当然である。初めは、大きなお寺があって、そのそばの坂に、和尚の名をつけて大超坂と呼んだのに、このお寺が火事で丸焼けになって、どこかへ引っ越してしまった。そして、その坂のそばには、妻恋稲荷という珍しい名の稲荷社が引っ越してきた。そこでこんどは、その坂を妻恋坂と呼ぶようになる。だいたいこんなぐあいで、一時代ごとに名前の変わった坂もあったようである。

坂の実数はふえないとしても、名前だけは年ごとに多くなっていったはずなのに、記録のない呼び名はいつの間にか消えてしまうものが多く、実際は、もっともっとたくさんの坂名があったはずだと考えたい。里俗名というものは、その名が残るものよりも、消えてしまうほうが多いのではないだろうか。幕府の公の地誌などにも小字名をはぶき、里俗名を略す、とわざわざ断わっているものもあるくらいである。だから坂名のほうは、まだまだその数がふえると思う。それでも、よくこんなにたくさんの坂名が残されたものであると思う。地形的に小山と谷の多い江戸の町の中を、たぶん、軍事的、経済的の必要からであったろうが、起伏の多い大小の道路が、東西南北を走っているのが、その因由ではないだろうか。

江戸の坂をまとめて書いているもので、比較的古いものとしては、天和二年（一六八二）に戸田茂睡という人の『紫の一本』という本がある。これには三十一の坂の名が並べてあり、一つ一つに解説が加えられている。

その坂は、つぎのようなものである。

すなわち、長坂（永坂のこと）、狸穴の坂、聖坂、榎坂（増上寺裏門）、榎坂（赤坂溜池）、行人坂（目黒）、女夫坂（四谷伝馬町）、不動坂（目白坂のこと）、金剛寺坂、とび坂（本郷、小石川の両方の坂）、菊坂、なしの木坂（本郷）、無縁坂、車坂、屛風坂、小坂、逢坂（牛込大坂）、浄瑠璃坂、左内坂、梅林坂（城内）、法眼坂、南部坂（赤坂）、紀伊国坂（旧名赤坂）、紀の国坂（竹橋）、道玄坂（渋谷）、もちの木坂、江戸見坂、塩見坂（城内）、神楽坂、清水坂（谷中）。以上計三十一を数える。

つぎに、年代順に坂名数とその出典のいくつかを表記してみたい。

書名	西暦	年号	坂名数	編著者
紫の一本	一六八二	天和二年	三一	戸田茂睡
江戸惣鹿子〈名所大全〉	一六九〇	元禄三年	三九	藤田理兵衛
江府名勝志	一七三三	享保十八年	七四	藤原之廉
続江戸砂子	一七三五	享保二十年	四八	菊岡沾涼
万世江戸町鑑	一七五三	宝暦三年	一三一	野路昌蔵、坂本清右ヱ門
御府内備考	一八二九	文政十二年	一九一	三島政行ほか

江戸名所図会	一八三六	天保七年	五九	斎藤幸雄、幸孝、幸成
東京地理沿革誌	一八九〇	明治二十三年	二〇五	村田峰次郎
東京案内	一九〇七	明治四十年	一九三	東京市役所
江戸の坂　東京の坂	一九六九	昭和四十四年	四三三	横関英一

しかし、この四三三の坂の中には、もうなくなってしまった江戸の坂も含まれている。たとえば、吉原土手の衣紋坂、化粧坂、禿坂、上野の信濃坂、屏風坂、小石川の浅利坂、市ケ谷の尾州邸内の五段坂、清水坂、覚鑁坂、富士見坂、赤坂の紀州邸内の誉田坂などがその主なるものである。

あとがき

この本を書くにあたって心配したことは、坂の所在地をどう書いてよいか迷ったことである。実は「江戸の坂」などの所在を示すには、なるべく古い地名や里俗名を使って書くのが、いちばん簡単で、らくなやり方であった。第一新町名地番でこれを書くと、読む人が直感的にその内容を知ることができないと思ったからである。でも、それもあと四、五年たてば心配なくなるかもしれない。新町名の地番では、春木町、金助町が本郷三丁目になったのはまだよい。小石川の西丸町、西原町が、千石四丁目となって、突然新町名として出現したのでは、だれだって、この千石が中野方面か杉並方面かの新町名ではないかと思いちがいしたことだろう。春日二丁目という新町名は、旧春日町の付近か、本郷のどこかにあるのかと思ったところ、伝通院前よりも、もっと大塚寄りの旧小石川同心町、金富町、第六天町を含んだところだということがのちにわかったのであるが、それにしても、春日がこんなところまで延びて来ようとは思わなかった。研究上、古い江戸時代の町名、坂名、里俗名を調べている人びとにとって、いまに無駄な神経や努力を、消耗せねばならなくなることであろう。

もとは、霊南坂の大使館といえば、すぐアメリカ大使館を思い出すことができた。今日では、アメリカ大使館の東側の坂は、霊南坂と言うのだと、逆に説明せねばならなくなってしまった。

江戸時代には、坂は唯一の江戸市街地の目標であった。ことに、大火においては、この坂を目標にして大火の位置や様子を説明したものである。たとえば目黒の行人坂から出火して、本郷菊坂から千駄木の団子坂辺を焼きつくし、谷中本村りうあん坂にいたって、ようよう鎮火したというように、江戸市中が大火になるとその焼け跡にくっきりと、遠くからでも見えるものは、道路上においては、火事には焼けない坂みちだけであった。

とにかく、新旧町名の過渡期において、地理的な説明をする場合、旧町名で押しとおすわけにもゆかず、新町名が決定したからには、これに従わなければならない。新町名地番で、正しくその位置を説明しても、読む人が最新の地図を拡げて見ていてくれるわけではないので、なんとなく不安な気持ちがあとに残る。だから場合によっては、新町名地番と旧町名番地とを併記せざるを得なくなる。新町名にもいろいろ妙なものがあるが、すでに決定してしまったのだから、それが再度変改されるまでは、ゆううつだが、それを使ってゆかねばなるまい。大田区、港区、清洲橋、黒亀橋、恵比寿、自由ケ丘、国立などという先例もあることだし、がまんできないこともない。

最後に、この本の出版までに、多くのかたがたの励ましと御援助とをいただいたことについて、いちいちお名前はあげられないが、ただ心から感謝していることをここにお伝えしておきたい。

昭和四十四年十月

横関英一

続　江戸の坂　東京の坂

坂と江戸絵図

江戸絵図に出てくるいちばん古い坂は、私の知っているかぎりでは、九段の坂である。慶長七年(一六〇二)の江戸古図には、「登り坂四ツ谷道」と記してあるところの「登り坂」というのが、のちの九段坂の道筋である。もちろん、そこには坂の名は書いてない。(吉田東伍博士は、この坂を固有名詞と考えて、「のぼり坂」とし、のちの飯田坂としている。これが、のちに九段坂と呼ばれた坂である)

また、寛永七、八年ころの江戸古図を見ると、右と同じところの道路の中に、段々が書いてある。それは次のような坂の印《しるし》であった。 これだけで、坂の名前は書いてない。

坂というものは、道路の斜面であって、それを示すには、道路上になんらかの、斜面の形を現わさなければならない。そこで道路上に段々の形を書いて、それで坂の意味をもたせたのである。

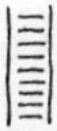 これが、道路上の段々を示し、そして坂道を示しているのである。私は、昔の

人は、なかなか味のあることを考え出したものだと感心している。その後の江戸絵図には、この印が坂を示す唯一のものとして、かなり重宝に使われたものであった。

昔の主要な道路の急な坂は、みな段々になっていた、段々は土留めなのである。人びとが、つねに往来する道路の坂ならば、当然上りやすく、急度も減じた坂にしなければならない。だから交通ひんぱんな道路の坂が、上りやすい、便利で安全な、土留めのある坂になっていたことは事実である。これらの段々の坂に、土留めがない場合は、雨の降るころは、ときどき坂の上から坂の下までも、すべったりころんだりして、落ちるようなこともありうるのである。

九段坂だの、五段坂だのといっても、これらはみな段々の数なのである。しかし、のちには、その段々に従って屋敷長屋が九段または五段に造られていたので、九段坂だとか五段坂だとか解釈されたこともあった。とはいっても、初めは、単に坂の段々の数から呼ばれた名前であったことには間違いはない。『江戸名所図会』の坂の挿絵（長谷川雪旦画）を見ると、それがよく理解できると思う。

小石川伝通院前（文京区）の安藤坂は、水戸光圀公の詩の中には、「九級坂」とあるが、九級とは九段という意味であるから、安藤坂も古くは九段になっていたことがわかる。それから、牛込（新宿区）の浄瑠璃坂も、そのころの江戸浄瑠璃の五段や六段から出たものであろうから、五段か六段の坂という意味であることには間違いはない。すなわち浄瑠璃

麹町谷町付近
（嘉永二年近吾堂版切絵図御江戸番町絵図より）

麹町谷町付近
（嘉永三年尾張屋版切絵図番町大絵図より）

坂とは段坂であるということを言ったのである。

絵図上の坂が、無名で 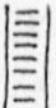 のごとく、単に坂であることを示された時代の次には、この坂の印の中に、名前も記されるようになったのである。すなわち 

などと。それが江戸末期の切絵図になると、絵図の道路の中に、次のような三角を入れて、坂の印とするようにもなった。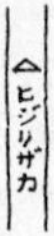

△印だけで、もちろん名前の記してないものもたくさんあった。しかし坂の名はなくとも、三角の印のある道路は坂道なのである。三角のとがったほう、頂角の向いているほうが、坂の頂上を示し、三角形の底辺のほうが、坂の麓を示していたのである。だから、絵図の道路上に、△または▽がある場合、

は、南から北へ向っての上り坂で、

は、北から南へ向っての上り坂を示しているのである。同一の道路上に、すこし離れて  の印がある場合は、△と▽との中間は、地形上谷であるということを示しているのである。薬研坂などは、絵図上には 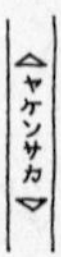

のように記されるのである。

しかし、切絵図の中には 

のような間違いをしたものがままある。ただ△さえ付ければ、上り坂であろうが下り坂であろうが、そんなことはかまわないというように。しかし、この場合、二つの上り坂がつづいているという表示であって、その中間に谷などありうるはずはないからである。

下　牛込神楽坂（『江戸名所図会』）

左　安政四年尾張屋版切絵図

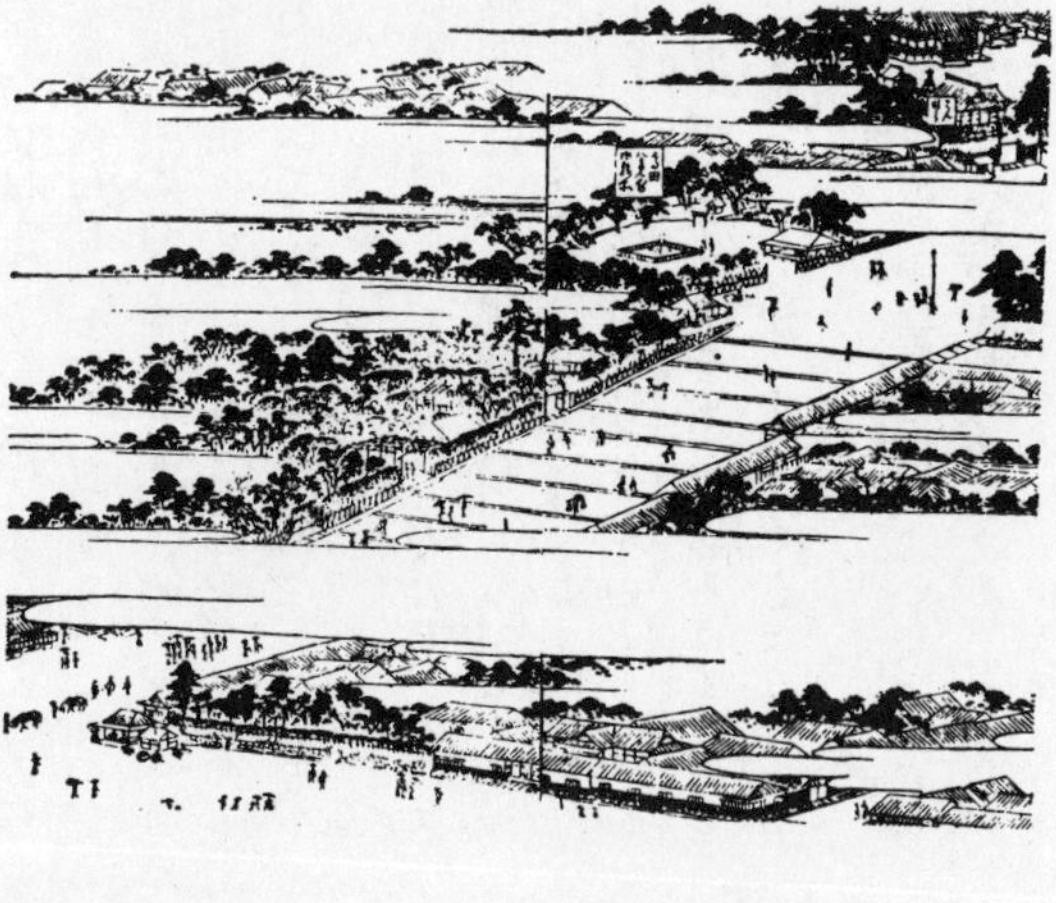

切絵図では尾張屋版に、この誤りが多く、近吾堂版には、こうした誤りがほとんどみられない。近吾堂版では、△の坂の印を、なかなかたくみに使っているのである。△印の、とがったほうが坂の頂上を示し、底辺のほうが、坂の麓のほうを示すという原則をよく守っている。道路上にこれがあるかぎり、坂の上と坂の下とが、はっきりと理解できるのである。これが間違っていては、それこそ無茶苦茶になってしまう。谷に上って行ったり、山へ下って行ったりすることになるからである。

絵図上の坂の名前は、坂の頂上を頭として、坂の麓を尾として書くべきもので、その反対に書いたら間違いである。坂の名がひっくり返しになってしまうからである。とくに、△印をつけたまま名前が書かれていて、山から川または谷の方へ上って行くように見えるのは、本当に困る。それから、△印は書いてなくとも、坂の印の中に、坂の名が記してあれば、名前の上のほうが坂上で、名前の下の方が坂下を示しているはずである。ところが、これをよく守らない絵図もときどき見うける。せっかくよい印やきまりがあるのに、いつかそれを忘れているのである。

番太郎版といわれた近吾堂版切絵図は、いろいろの点で尾張屋版に優れていたが、坂の印一つを採ってみても、近吾堂版のほうがまじめで、したがって地味でもある。だからたよりになる絵図だといえる。

尾張屋版のほうの欠点は、いままでいろいろと示したが、見方によると、尾張屋版のほうからも、よいところがたくさん出てくる。

第一に、江戸土産としては、江戸錦絵とともに最高のもので、どんなにこれが田舎住いの女子供を喜ばせたことか。一見して、神社仏閣、大名旗本御家人町人の住居するところが、色分けしてあるので、すぐにわかること。とくに大名の本邸には大きな家紋がついているし、中屋敷には■印、下屋敷には●印がついているので、すぐにそれがわかる。道路が黄色で水が青、草木が緑で、町人の住むところが鼠色、神社は真っ赤に塗りつぶしてあって、江戸土産としては、とても満足される便利なものであったらしい。

関東大震災につづいて、戦災に出会ったので、東京が灰燼に帰してしまったため、こうした江戸の貴重な絵図が全部焼けてしまって、心配していたが、それでも日本の隅々から、大切に家蔵されていた江戸の切絵図が、ぞくぞく東京へ集まってきたものである。つづいて、その複写技術も発達して、今日においては、老いも若きも、思ったよりその方面は安泰に暮らしている。

坂の下り口、上り口

江戸の地誌などを見ると、坂の「下《お》り口《ぐち》」「上《あが》り口《ぐち》」という言葉が、よく目につく。簡単な言葉ではあるが、その意味がなかなかわからない。上り口、下り口とは、坂の頂上をいうのか、坂の麓をいうのか、その記述が本により、また時代によって違うような気がする。普通に考えると、下り口というのは、坂の頂上から坂を下り始めるところをいうのかと思う。それから、上り口というのは、坂の麓から上り始めるところをいうのかとも思う。

『江戸町づくし』の坂の部を見ると、次のようないくつかの例を見ることができる。

「行合坂、今井村より上り口」。これは今井村から行合坂（乃木坂の旧名、港区）を見て書いたもので、上り口というのは、この場合、坂下である。坂下が「上り口」なのである。

「稲荷坂（港区赤坂七丁目）、青山御掃除町より今井町へ下り口」。これは、坂上が下り口になっている。

「榎坂（港区）、飯くら六丁目四辻へ下り口」。これも坂上が下り口になっている。

「御殿坂（国電日暮里駅のところから西へ上る坂）、同所（谷中）より北へ下り口」。これも坂上が下り口になっている。

『江戸町鑑』という本には、「坂、芝田町九丁目より伊皿子町え上り口、伊皿子坂共云」とある。この場合、上り口というのは坂下である。坂下が上り口なのである。

このころでは、坂上が下り口になったり、上り口になったり、また坂下が下り口になったり、上り口になったりしている。

江戸時代においては、坂を見ている位置によって、すなわち、坂の上から見ているか、坂の下から見ているかによって、上り口、下り口という言葉がきまるのである。坂の上からこの坂を説明する場合は、坂の上からどこどこへの下り口である。坂の下からその坂の説明をする場合、坂の上のどこどこへの上り口となるのである。しかるに『御府内備考』には、切支丹坂について次のような説明をしている。

「切支丹坂、本名は庚申坂なり、坂のおり口に古来の榎二株ありて、享保の頃までは庚申の碑ありしゆへの名なり」

これだけでは、坂の下り口が、坂の上をいうのか坂の下をいうのかわからない。昔からの二本の榎と庚申の碑があったというのだが、これも切支丹坂の頂上にあったのか、それとも坂の下にあったのか、はっきりしない。下り口の不明な書き方である。

その後、明治二十三年ころの『東京地理沿革誌』には、次のような記事が見える。

「庚申坂……昔坂下に庚申の碑ありしと」とある。してみると、この下り口というのは、坂下であることがわかる。「昔坂下に庚申の碑ありし」ということと、前の切支丹坂の記述とから、下り口は坂下であるということになる。右の場合は、下り口は坂下であって、この坂下に二本の古い榎と庚申の碑があったということになるのである。

しかし、庚申の碑と、二本の古い榎が、坂下にあったと明記したものは、江戸時代の本には見あたらない。明治の『東京地理沿革誌』と『東京案内』だけが、これを「坂下」と書いているのである。

宝暦のころの人、近藤義休の著『新編江戸志』には、次のように記してある。

「（庚申）坂の右の下り口古来の榎二株ありて、享保比までは庚申の石碑有し故の名なり、今は此石碑なければ庚申坂の名をしる人まれ也……再校江戸砂子は、此坂道けはしくて道なめらかにして、とり分雨後はすべりてころぶと云より切したん坂といひならはせしと、此説甚の妄説也、予此所に住するその祖より百年に近し、終に此説を不聞」

近藤義休は、その祖父の代から、この切支丹坂上の東側（いまの茗台中学校のところ）に百年近く住んでいる地誌の作者であるので、その記述は正確であると思ってよい。古い榎と庚申の碑が、坂の下り口にあったとは書いているが、坂下であるとは書いていない。たぶん坂の下り口ということから、明治の人びとは、単純に坂の下と思ってしまったのではないだろうか。しかし、そう簡単に下り口を坂下と考えてしまったのではないと思いたい。坂下に榎の大木が明治になっても残っていたのではないだろうか。それなら坂上にも榎の

切支丹坂（庚申坂ともいう）

大木が残っていただろうことは、考えられる。その事実がはっきりすれば、なんでもないことなのだが。

しかし、一里塚に関係ある街道の古い榎二本といい、庚申の碑といい、切支丹坂下のあの谷間の狭い道路の上り口に、二本の古い榎と、庚申の碑があったようにはどうしても考えられない。これが坂上の下り口というのならピッタリの条件がそろっている。坂の上は、今日の春日通りである。伝通院前から大塚へ行く主要な道路である。その「坂の右の下り口」で、そこに、「古来の榎二株」「庚申の石碑」があったと考えたらどうであろう。そしてそのころの言いぐさのように、この坂上から切支丹屋敷の方へ行く、坂の右の下り口なのである。私は、この古い榎と庚申の碑は、どうしても切支丹坂の坂上にあったとしか考えられないのである。すなわち、この「下り口」は坂上であると考えたいのである。次のことは、江戸から明治に移るころの、右と同じような坂下の問題であるが、ここの「上り口」は坂下である。『江戸名所図会』の愛宕山の図の男坂女坂の下に、「男坂上り口」「女坂上り口」と記してあるが、これらは「男坂への上り口」「女坂への上り口」と説明があるので、これでよいと思う。しかし明治三十年ころの『新撰東京名所図会』の「芝愛宕山頭眺望の図」には、これら二つの坂の下り口のところに、「男坂上り口」「女坂上り口」と書いてある。ここは愛宕の山上で見ているのであるから、これは間違いである。「男坂下り口」「女坂下り口」でなければならない。明治に描かれた絵であるが、こうした説明の記し方は間違いだと思う。

　前に説明したように、江戸末期の地誌『江戸名所図会』の愛宕山の坂下の絵では、「男坂上り口」「女坂上り口」とあるのに、明治の『新撰東京名所図会』の同じ場所の山上の図では、坂の下り口のところに、同じ文句で「男坂上り口」「女坂上り口」とあるのだ。とにかく坂の上でも、坂の下でも、両方とも「上り口」だというのは理解できない。

　しかし、この二枚の絵には、時代的に大きな間隔がある。『江戸名所図会』の愛宕下の「男坂上り口」「女坂上り口」の図につづいて、山上から見た図において、『江戸名所図会』であったら、何とつけたであろうか。もちろん「男坂下り口」「女坂下り口」とつけたと思う。同様にして『新撰東京名所図会』の山上の図の「男坂上り口」「女坂上り口」

とは別に、坂下の図を同じ人が描いたとすると、それぞれの坂に、「男坂下り口」「女坂下り口」と記したかもしれない。してみると、江戸と東京では、上り口、下り口が反対になっているということになる。われわれも、こうした場合、坂下の坂口は「上り口」であり、坂上の坂口は「下り口」と言うはずである。

現代になると、駅の階段の「昇り口」「降り口」というのは、階段の上と下に、この二つの口があって、階段上の降り口は、下でも「降り口」であり、階段の下の「昇り口」は、階段上においても「昇り口」である。昇り口も降り口も、おのおの上も下も同じ名が記されている。だから、階段を下りる場合は、「降り口」だけを利用するきまりになっている。反対に、階段下から昇る場合には、「昇り口」だけを利用するきまりで、「降り口」を上ってはいけないのである。無理に「降り口」を上って行くと、上から降りて来る人と突き当ってしまうのである。

坂の上と坂の下

それは、台地と谷間という意味である。江戸では坂の上は狭いながら、台地になっていたし、坂の下はたいがい谷間であった。

江戸時代には、坂下の谷底のようなところを、よくジク谷とか地獄谷、転じて樹木谷などと呼んだものである。そのとおり不健康地には違いないが、江戸の庶民はこんなところにも、ごじゃごじゃとひしめき合って生活していたのであるが、反対に坂上の開豁な、空気の澄んだ、しかも見晴らしのよい健康地には、いつも大名旗本などが、大きな邸宅内にのびのびと気楽に生活していたものである。

江戸の番町というところも、ほとんど大名旗本御家人、学者、武芸者などの邸宅でいっぱいで、江戸庶民の住むところではなかったのである。だが、ただ一、二個所、昔の五番町から麹町谷町というところへ下る坂下に、仕舞屋《しもたや》ではなく、商売をする町人だけが住んでいたところがあった（1「坂と江戸絵図」の嘉永二年図、三年図を参照＝二二七頁）。それについては、番太郎版といわれる近吾堂版江戸切絵図の『御江戸番町絵図』を見るとすぐにわかる。△と▽の間の三丁目谷のところに、「麴町谷町」「同谷町」と記したところがある。それが町人が住むところであった（色付きの屋張屋版江戸切絵図の「番町大絵図」のほうでは、ねずみ色で塗りつぶしたところに、やはり「麴町谷町」「谷町」と記してあるからすぐわかる）。永井坂と袖摺坂の麓の谷のところから、南法眼坂下のところまでの、ごく狭い範囲もその一つである。南法眼坂の坂下には、大きな八百屋の店があったとみえて、この南法眼坂の別名を、八百屋坂《やおやざか》と呼んでいた。

江戸末期のころ、この谷町には、武蔵屋という塩魚屋、福島屋という仕立屋、屋張屋新助という菓子屋、油屋嘉兵衛、伊助ソバ、髪結床、その他玉川という小さな料理屋、居酒屋などがあった。それも、この谷町に限られていたのである。そして、そのお得意先は、大名旗本のお勝手またはお長屋の台所、道場、御家人の御用をきいて商《あきな》いをしていたのであろう。居酒屋は映画やテレビで見るように、町人、浪人、岡っ引、中間《ちゆうげん》折助、小者たちをよいお客としていたのであろう。

谷町というのは、こうしたところで、いつも坂下の谷間のことである。しかし、谷であっても江戸庶民の住む町である。町である以上、庶民の商売をするところであるので、かえってごたごたとにぎやかであった。こんな谷間の住民であっても、江戸ッ子は、いつもくさってばかりはいなかった。

だが、こんな谷底からひとたび坂を上って行くと、この坂上には別な世界があった。どこの谷間からでも坂を上って行く場合、いつも同じようなことではあったが、そこから見えるものはまず美しい風景であった。町人にとって、それはびっくりして自分の目を疑うくらいの美しさとうれしさであった。広大な江戸の街の見える風景、西の方には美しい富士山が見える。それから南の方には袖が浦の海までも見える。こうした美しい景色の見える坂に、江戸ッ子はとっさに、江戸見坂だの、富士見坂だの、汐見坂だのという、たいして珍しくもない人真似の名前をつけて喜んだものである。

江戸ッ子が坂に名をつける場合に、こんなにも喜んでつけたのを感じたことがない。心によろこびのあるときにつけた名前のようである。大概、かれらはお墓のそばの坂を幽霊坂と呼んだり昼でもうす暗い坂みちを暗闇坂《くらやみざか》と言ったり、坂の下に芥捨場のあるところの坂を芥坂と名付けたりする。これらは、あまり楽しいときにつけた名前ではなさそうである。しかし、江戸庶民の、あこがれの坂であった九段坂や江戸見坂の上からは、江戸の市街の大半を見渡すことができたものである。それが五月の節句ともなれば、あっちにもこっちにも、江戸中の屋根の上に、黒や赤の大きな鯉のぼりと吹き流しが大空を泳ぎ、キラキラ光る矢車のカラカラ鳴る音が、ここまでも聞こえてくるようである。川柳に、「江戸見坂みんな世界は男の子」というのがあるが、ほんとに楽しい風景である。

江戸見坂は、古い昔の、江戸の範囲の限界を示す地点だといわれていた。この坂の上から見おろす市街が江戸で、この坂を上り切ると、そこからは江戸の外へ歩き出すことになる。江戸の範囲の限界点なので、江戸見坂なのである。江戸初期の絵図を見ると、そんな気もする。

この江戸見坂と霊南坂（アメリカ大使館とホテルオークラの間の坂）とは、お互いにその頂上で結ばれている。そして、この二つの坂にはさまった区域は松平大和守の屋敷であった。今日では、ホテルオークラのあるところにあたる。そして明治から大正、昭和の初めにかけて、ここは豪商大倉喜八郎の屋敷であり、大倉集古館もあり、大倉商業学校などもここにあった。江戸見坂の名は、この坂のそばにあった大倉商業学校の卒業生にとっても、なつかしく忘れられない坂の名の一つであろう。

江戸見坂

次に、千代田区富士見町一丁目の暁星学園中学および同小学校の間を、北へ下って行く坂に、二《に》合半《ごうはん》坂というのがある。別名を日光坂とも呼んでいる。

昔、この坂の上から日光の山が半分見えたというのである。昔から富士山は、麓から頂上までを一合目から十合目までの十に分けて呼んでいたが、日光山や磐梯山などは富士山より小さいので、これを五合として数えていた。一合目から五合目まであって、五合目が頂上である。だから日光山が半分見えたとすると、見えた部分は五合の半分であるから二合半である。そこで、この坂の名を二合半坂と呼んだのであるという。

こう順序立てて考えてみると、なかなか理屈っぽいように思われるが、実はそうではないのだ。実に簡単なことで、五合の半分が二合半だというだけのことなのである。これなら江戸ッ子のつけそうな名になってくる。

ところが、二合半坂に「こなから」と仮名を振って、こなから坂と読ませたがる人もいる。なるほど二合半は二合半酒《こなからざけ》などと言って、ちょっとおもしろいような気もする。だが、二合半坂を「こなからざか」と呼んでいたという古い記録を見たことがない。近頃新しい大衆小説の中で「こなからざか」と書いていたのを見たような気がするが、それはあくまでも小説であって、実証にはならないものである。それに、「こなから坂」などという坂の名を、江戸ッ子がつけたかどうか。

それよりも、この坂の上からはたして日光の山が遠望し得たであろうか。江戸から見える富士山の高さは三千七百メートル、筑波山は八百七十、そして日光山は二千四百であるから、昔ならよく見えたと思う。だが、今日ではもう、とてもとても、日光の山などもちろんのこと、この坂からは牛天神の森さえ見ることはできなくなってしまった。昔は、この坂上からは、もちの木坂、九段坂上に通じていたのであるから、わずかに標高二十四メ

九段坂上より海上の白帆を望む

現代の九段坂上（同所同方向）の眺望（ただし海は見えない）

ートルくらいのものであっても、九段坂上の展望におとらないものをもっていたのである。前方の湯島台、駿河台の右手に開けた神田・日本橋方面では、海に浮かぶ白帆までも見えたものである。

次は、富士見坂のことであるが、これも名前をつけるときの美しい富士の威容を見て、びっくりしている江戸ッ子の罪のない顔が目に浮かぶ。昔から富士を愛し、富士を誇りにした人びとのなかでは、江戸ッ子がその第一人者であろう。江戸の絵画、小説、川柳などに描かれたかれらの言動をみても、いかに富士を愛し、富士にあこがれ、富士を誇りにしていたかがうかがわれるのである。

半分は江戸のものなり不尽《ふじ》の雪

富士山は江戸の眼《まなこ》で見える所《とこ》

人にうらみっこいもなく不二は見せ

それというのも、この江戸からは、特に富士見坂の上からは、その距離と方向との関係から、日本中でいちばん美しい富士をいつも見ることができたからであろう。司馬江漢という人も、二十里三十里を離れた遠望の富士が、最も美しい富士であるといっていた。

もう一つ、江戸庶民の喜んだ坂に、汐見坂がある。深川や築地、芝浜などに住む者を除いては、ふだん海を見ることなどできない山の手の、谷間に生活する庶民にとっては、汐見坂上から見る海のかがやきは、うれしいものであった。こんなことから、汐見坂という坂の名も、いくつも残っている。しかし、今日では富士見坂同様に、どの坂の上からも海を見ることができなくなってしまった。海岸に林立する高層ビルと、青空を隠すスモッグのために、坂の上の遠望がきかなくなってしまったからである。かつて江戸の庶民が、あれほど喜んだ江戸見坂、富士見坂、汐見坂の上から見えた美しい風景も、今日の東京においては、どの坂も変わらない近景のビルの外壁に対面しているようで、昔の人の夢を再現させてやることもできない。

土州橋と出羽坂

東京には、土州《としゅう》橋といういかにも古めかしい名前の橋と、それと同じように、江戸時代を思わせるような、出羽《でわ》坂という名前の坂があった。多くの人びとも、それらの古めかしい名前の響きから、江戸の橋であり、江戸の坂であると信じていたようである。

ところが、それは間違いで、いずれもが新しい橋であり、新しい坂なのである。江戸時代の人なら、こんな新しい橋や坂は、すぐに「新し橋」とか「新坂」とか呼んでしまうはずである。事実、土州橋も出羽坂も、明治もかなりおそくなってから、わざと古めかしい名前で呼ばれたのであった。ただ、その付近に、そうした江戸らしい名前をつけたくなるような何かがあったので、そうした名前ができたのであろう。

土州橋の土州とは、土佐の国の略称である。明治になってからではあるが、土佐高知の藩主であった山内氏（松平土佐守、もと二十四万二千石）の屋敷が、土州橋の東方の地にあったからである。江戸時代には、延享（一七四四―四八）のころからずっと、ここは田安家の別邸であったが、明治元年（一八六八）十二月に上地となり、明治五年（一八七二）三月、この地は箱崎町四丁目となった。その後、明治十年（一八七七）前後に、山内家の屋敷となったのである。だから嘉永の切絵図には、ここは「田安殿」であり、明治十七年（一八八四）測量の東京日本橋図には、「山内邸」となっている。

しかし、両図ともに、そこには土州橋はまだなかったのである。土州橋は明治四十一年（一九〇八）ころに箱崎川に創架されたもので、決して江戸の橋ではなかったのである。たまたま付近にあった大きなお屋敷が、山内高知藩知事の中屋敷で、旧松平土佐守であったことから、この新しい橋を土州橋と名付けたまでのことである。それなのに、おもしろいことには、ある大衆小説の江戸の情景を描いたなかに、土州橋という名の橋が、あたかも昔からここにあったかのように書いているのを思い出す。もちろんそれは、うっかりして書いてしまったのであろうが、それは間違いである。この橋は、明治四十一年から、昭和四十六年（一九七二）まで、わずかに六十三年間であったが、東京の人びとから土州橋として親しまれていた橋も、その下の箱崎川が埋め立てられることになったので、それと同時に、土州橋もこつぜんと姿を消してしまったのである。小説では、江戸時代の橋と誤って書かれたこともあったのに、とうとうなくなってしまったかと思うと、ちょっぴり寂しい気持ちにもなる。

以上と同じようなことを、出羽坂においても考えなければならないのかもしれない。二、三年前のある雑誌に、東京の坂について連載されたことがあった。その一つに、出羽坂というのがあった。「出羽坂。新宿区南元町の、住友銀行会館と東医健保会館の間を東に下る。坂下は国鉄線路に沿って左にカーブし、二葉保育園の南わきに通って昔の鮫河橋谷に至っている」ここまではよいのだが、次に「江戸時代とは坂の形がかなり変わったが、この坂の上、現在の松平ホテルのあたりに森川出羽守の屋敷があったので出羽坂と呼ばれていた。寛文および延宝の江戸図には森川出羽守と永井市正の屋敷が並んでいる」と記してある。

右の中に、「江戸時代とは坂の形がかなり変わった」とあるが、昔の坂を見ていないので、坂そのものの形のことについては、われわれは何も言えないのではないか。むしろこれは、坂路が変わっているということなのであろうが、その昔の地図（寛文図と延宝図）を、なんのために引用したのかわからない。それに「現在の松平ホテルのあたりに森川出羽守の屋敷があった」とあるが、これが全く間違いである。

森川出羽守の屋敷の北端には「長安寺」というお寺があった（寛文図にも延宝図にもそれははっきりと記してある）。この寺は、いまなお左門町と信濃町との境辺、もとの平長町（現在は信濃町二番地）に、厳然と残っているのである。森川出羽守の屋敷の北隣には、古くから長安寺という寺がくっついていた。ということは、かりに、現在の松平ホテル付近が昔の森川出羽守の屋敷であったとすれば、当然「長安寺」というお寺も、そこになければならないはずなのである。

ところが、長安寺というお寺が、現在の信濃町二番地に、しかも昔のままの位置に残っていて、いまだかつて出羽坂辺へ移転したこともないのである。もちろん、ここの森川邸も、のちの信濃町からたとえ一日たりとも、他へ移ったことはないのである。この森川屋敷が、現在の松平ホテルのところにあった、などという乱暴な想像をしたのが、そもそもの誤りでなければならないのである。したがって出羽坂と呼ばれた理由に、遠く離れた森川屋敷をここに持ってくるなんて、考えられないことである。

　要するに、これを書いた人は、わざわざ寛文図や延宝図を引合いに出しているが、これらの地図の方位に注意を怠っていたので、ついついこんな結果になってしまったのであろう。たまたまその付近に、森川出羽守の屋敷があったために、その出羽守に誘惑されて、松平ホテルと森川邸、出羽坂と出羽守とを、うっかり重ねてしまったのであろう。それは、ほんの当座の思いつきで、ついうっかりと、そう考えてしまったのであろうけれども、こうした誘惑には、充分注意しなければならないことである。

　出羽坂は、信濃町駅から東の方へ約〇・六キロある。次に信濃町駅から北の方にあった森川出羽守の屋敷の最北端、すなわち長安寺というお寺の手前のところまでで約〇・五キロ弱ある。だいたい距離は同じくらいであるが、方向が全然違っている。出羽坂は東の方に、そして森川邸は北の方にあったので、この道をどんどん進んで行くと、一方は鮫が橋のほうへ、そしてもう一方は左門町から四ツ谷通りへ出てしまう。しかも森川邸と出羽坂とは、お互いに〇・六キロも離れたところにある。こんなに離れたところの森川出羽守の名が、この坂にその名を付けられるはずもない。大概は、その屋敷の名は、その屋敷のそばの坂に名付けられたものである。もしくは、もと出羽坂辺に、その屋敷があったのでなければ、その名は付けられないものである。

地図の上からいえば、出羽坂と森川出羽守の屋敷との距離の差は、「鮫が橋」と「長安寺」の位置ほど違うのであるから、どうやってみても、森川屋敷と出羽坂とを一致させることは不可能である。たとえば両者は、東と北とに分かれているので、決して重なるはずはないからである。もっと困ったことには、寛文・延宝のころには、この坂路はまだなかったのである。たぶん永井家の屋敷地内になっていたと思う。

現在の松平ホテルのあったところは、昔の永井家（幕末には永井信濃守）の屋敷であって、かつて森川出羽守の屋敷がここにあったという記録も絵図も、なんにもないのである。明治維新後、幕末の永井信濃守の屋敷あとは、三井家の屋敷となり、それを買収して引っ越して来たのは、牛込神楽坂の松平氏で、これが徳川時代の松平出羽守であったのである。この松平氏が明治になって、ここへ移って来たというわけなのである。土地の人びとは、このお屋敷を出羽様のお屋敷と呼び、その後、そこに新しくできた坂みちを切通しと呼んでいたのを、そのころから出羽坂と呼ぶようになったのであろう。そのことは、いまから二、三十年前、私がこの坂を実踏したときに、土地の古老の口から確かにきいた話である。

松平出羽守といえば、出雲の松江藩主で、十八万六千石の大名であった。明治に生活した人なら、赤坂見附の閑院宮邸が、江戸時代の松平出羽守の上屋敷であったことは、だれでも知っていた。現在の衆議院議長公邸のあるところがそれである。

ここ赤坂御門内の屋敷も、明治二年六月十七日の版籍奉還とともに、やがて、なくなってしまったのである。同時に「出羽様のお屋敷」は、神楽坂辺へ引き移ったのである。『東京案内』には、「維新後、神楽町三丁目の西部は、華族松平氏の邸となる」と明確に書いてある。そして、参謀本部陸軍部測量局の「東京北西部」五千分の一の「牛込及小日向」図（明治十六年測量、明治十九年製版）を見ると、確かに神楽町三丁目の西部に「松平邸」と、右から横書きに印刷してある。神楽町三丁目の西半分くらいの広大な屋敷であった。

この神楽坂の松平邸が、四谷鮫が橋の、徳川時代の永井信濃守の屋敷跡へ引き移ったのである。そして、それはいつごろのことであったかよくわからないが、神楽坂に「松平邸」と出ている地図は明治十九年（一八八六）の図であった。

重ねていえば、出羽坂の出羽は、まさしく松平出羽守の出羽であって、断じて森川出羽守の出羽ではないのである。

しかも、江戸時代の松平出羽守屋敷のそばの坂ではなくて、明治になってからの松平屋敷を、その町の人びとは出羽様と呼び、そのそばの坂なので、出羽坂と呼んだまでのことである。

松平出羽守邸と出羽坂との関係は、ちょうど土州橋と山内土佐守の邸との関係とよく似ている。ともに明治も遅くなってから命令された橋の名であり、坂の名であった。

こんなことをくどくどと書きつらねたのも、間違ったままで見すごしておくことができなかったからで、もちろん他意はない。たとえ小さなことでも、違ったままで放っておいてはいけないと思ったからである。

こうしたことは、そのまま放っておくと、いつのまにかさびついてしまうものである。そして間違ったまま、うやむやにいつまでもつづく。それが恐ろしいので、少しでも定着しないうちに根こそぎ取り去ってしまうことがいちばんよい方法だと自分勝手に思ったから、こんなことを、くどくどと書きつづけている。

松平出羽守様といい、山内土佐守様といい、よほど偉い殿様であったと思われる。昔の人も今の人も、偉大な人物ならばだれでも崇拝する。それが地名や小名やあざなになるのは無理もないことである。しかし、あんまり度が過ぎると、間違いも大きくなってくる。それでもあざなは生れる。ここまで言ってはいけないと思うが、三田小山の渡辺綱に関する地名やあざなも、まさかまさかといいながら、渡辺坂や綱坂、綱が手引坂、綱が産湯《うぶゆ》の井戸、綱塚、綱が駒つなぎの松、綱生山当光寺などと、次から次へと名前ができてきて、

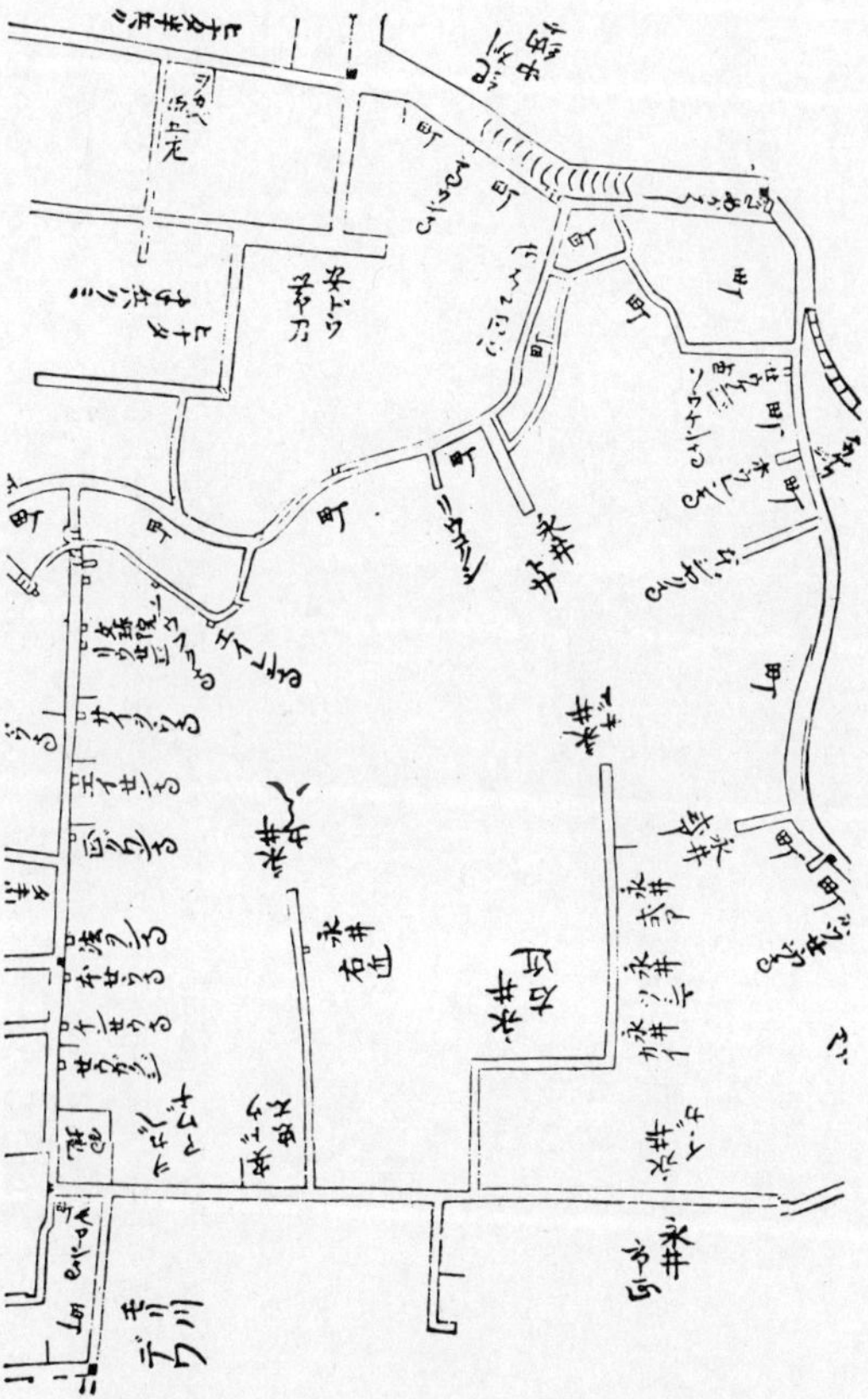

寛文図の四谷信濃町鮫ヶ橋辺の図（図の中央やや右に
「永井トサ」とあるのが、後の松平ホテルおよび出羽坂の位置）

物語は鵞峯文集の「箕田園の記」から、ますますことらしくふくらんできて、びくともしなくなってしまった。時が経てば経つほど、確実な証明もないかぎり、どうにもならない名所になってしまった。ちょうど京都の数々の古い名所のように。しかし、いままでの古いものはさておき、これからは当然の誤りやくだらない名所は、あまり作らないほうが望ましい。ことに、嘘や間違いを重ねるようなことは、絶対に慎しみたいものである。

同じ名の坂と橋

江戸の坂の名と橋の名には、全く同じ文字と同じ意味とを持ったものが多い。それは、江戸の坂であり、江戸の橋であるので、その命名法が同じであるためであろうか。たとえば、江戸時代には、大きな坂は単純に大坂と呼び、大きな橋も同じように大橋と呼んだ。そばに稲荷があれば、稲荷坂や稲荷橋という名ができる。同様に、遊郭の入口ということから、衣紋坂や衣紋橋（ただし、橋は京都の島原遊郭の例である）ができた。化け物が出たという坂を禿坂と呼び、同様に化け物の出た橋を禿橋と呼んだ。富士見坂と富士見橋、汐見坂と汐見橋、紀伊国坂と紀伊国橋、新坂と新し橋、比丘尼坂と比丘尼橋、袖摺《そですり》坂と袖摺橋（昔、三崎町辺、旧小川町にあった橋）、夫婦坂と夫婦橋、中坂と中橋など挙げてくると、きりがないようである。これらの同じ文字の名前でも、坂と橋とで意味が全然同一だというわけにもいかない。

たとえば、八《や》景《けい》坂と八《や》つ見《み》橋、転坂《ころびざか》とこおろぎ橋とは、字も違っているから、内容も違っているかというと、そうでもない。八景坂は、この坂の上から八つも勝景が見えるとい

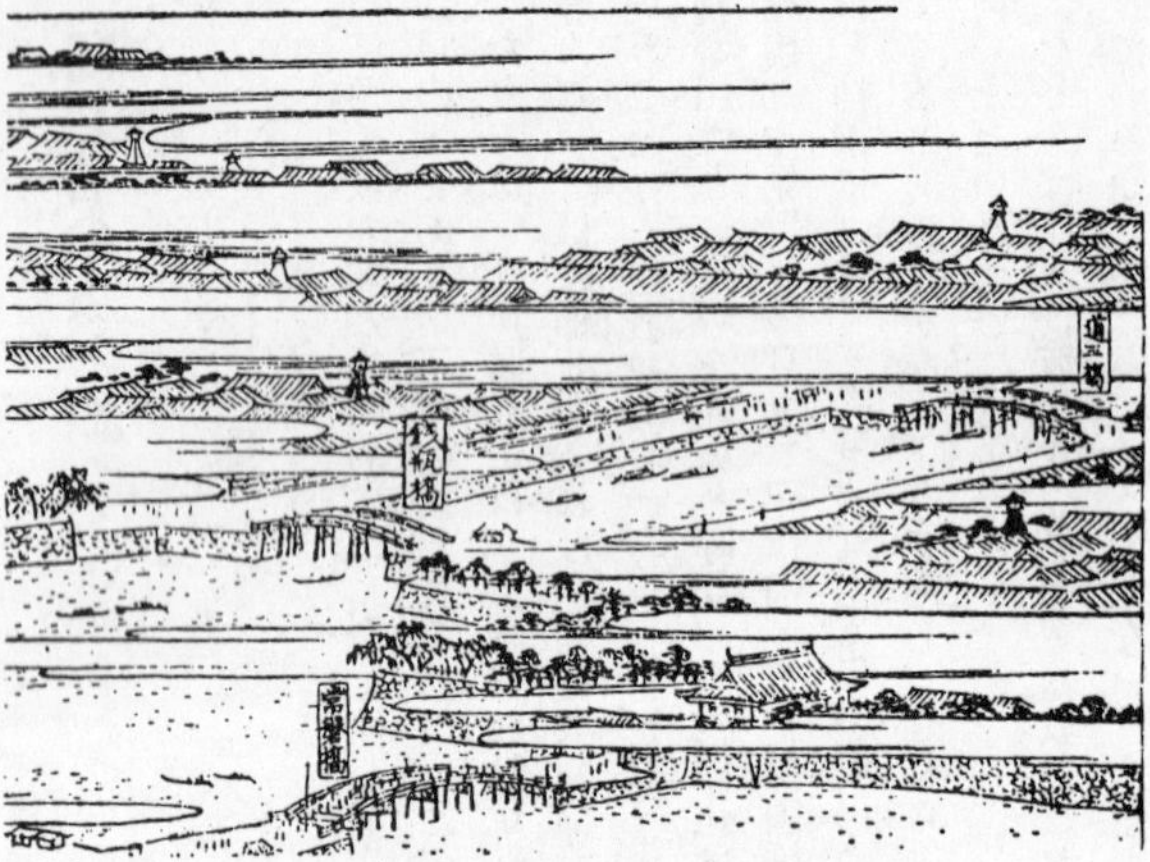

う意味で、坂の見晴らしがよいということであるが、八つ見橋のほうは、景色が好いというよりも、この橋の上から八つの橋が見えるということに重点が置かれている。

八《や》景《けい》坂はご存じの大森の八景《はっけい》坂のことであり、八つ見橋は、いまの日本銀行わきの一石《いっこく》橋の別名である。

この一石橋のほうには、いろいろと説明が必要になる。一石橋という名の起りは、この橋の南たもとに呉服後藤の家があり、北のたもとには金吹後藤（金座）があった。二つの後藤（五斗）を加えると一石になるので、一石橋と呼んだのであるという。別名八つ見橋というのは、この一石橋の上から八つの橋が見えるので、八つ見橋といった

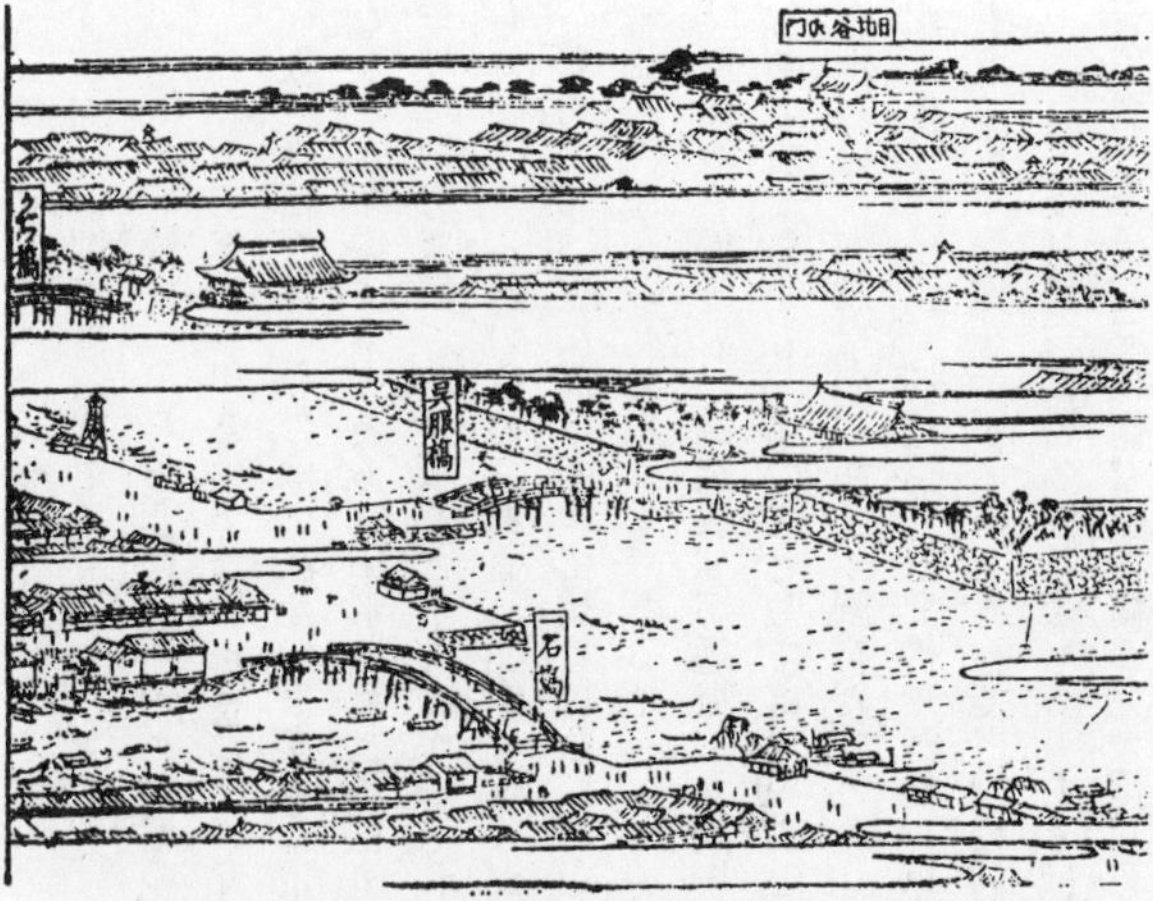

八つ見橋のうち六橋（あとは日本橋と江戸橋）

のである。すなわち、1銭瓶《ぜにがめ》橋、2道《とう》三《さん》橋、3呉服橋、4鍛冶橋、5日本橋、6江戸橋、7常磐《ときわ》橋、8一石橋。（『江戸名所図会』には、「一石橋を加へて八つ見はしとは云也」とある）

次の転坂《ころびざか》というのは、三年坂や袖きり坂などと同じように、ここで転ぶと三年のうちに死ぬという言伝えがくっついている不吉な坂の名である。こおろぎ橋も、蟋蟀という虫の名がつけてあるが、実は全国のこおろぎ橋同様に、転び橋の転化したもので、同じ「意味」と「伝説」とを持っているのである。例を挙げてみると、

(1) 転び橋（三重県一志郡天白村にある石の橋）

(2) こおろぎ橋（石川県山中温泉）

(3)　こおろぎ橋（奈良県柳本村）

(4)　香炉《こうろ》木《ぎ》橋（秋田市）

(5)　蟋蟀《こおろぎ》橋（東京都元飯田町の東の入堀の石橋）

(6)　三年橋（和歌山市新町、東京都江西寺前の橋）

坂では転坂というのは、江戸では赤坂氷川神社東方にある一つだけであるが、地方にはなかなか多いようである。山形県最上郡稲舟村鳥越には転坂がある。坂にはこのほか、三年坂、袖もぎ坂、花折坂などがあるが、それらはみな、これらの坂や橋で転ぶと三年のうちに頓死するというのである。文字は違うが、意味はみんな同じである。

もちろん、坂にだけあって橋にはないという名、または橋にだけあって坂には全然ない名前というものもあるはずである。

雁木《がんぎ》坂、梯子《はしご》坂、胸突坂、切通坂、九段坂、七曲《ななまがり》坂、洞《ほら》坂、車坂、薬《や》研《げん》坂などは、坂独特の名前であって、橋の名としては見たこともない。意味が坂だけに属するからである。雁木だの、九段だの、梯子、胸突だのというのは、橋に結びつかないからである。九段橋、雁木橋、梯子橋、切通橋、七曲橋、洞橋、車橋、薬研橋など全然意味を成さない。いずれも坂の形や態様を示す名前であって、橋の名にはならないのである。

これと反対に、橋の名独特のものもあるはずである。太鼓橋、湊橋、海賊橋、汐留橋、大川橋、土橋、三枚橋、俎板《まないた》橋、丸太橋。しかし、たまたま同じ名であっても、その含む意味が全然違うという場合もある。太鼓橋と太鼓坂である。太鼓坂という名の坂は、実際あるが、その意味が違う。太鼓橋は、その橋の形を意味するのであるが、太鼓坂は坂の形ではなくて、太鼓にまつわる伝説を含んだものが多いようである。次の湊橋は湊坂となると変だ。海賊坂も汐留坂もおかしい。大川坂、土坂、三枚坂、俎板坂、丸太坂……これらはみんな坂の名になっていない。橋だけの持つ意味である。

赤坂の転坂

坂でも橋でも地名でも、同じ名が多くできるということは、その時代の人びとが、集団的にその名を好んでいたということと、意味が簡単でまねしやすいということ、だれにでもわかるユーモアがあるということであろうか。

江戸時代に最も愛好された名前の一つに、「富士見」がある。これは何にでも付けて呼ばれたようである。富士見坂、富士見橋、富士見台、富士見櫓《やぐら》、富士見町、富士見が岡、富士見馬場、富士見茶屋、富士見の渡。

これらは、富士見を別なものに付けたものであるが、同名一種の場合が多いというのがふつうの場合である。たとえば、江戸内に、そのころ富士見坂が各所にあったという事実も、その一例であろう。別名であっても、とにかく富士見坂という名を持った坂が、今日の東京都内には二十いくつかある。富士見坂の次は新坂、つづいて暗闇《くらやみ》坂、幽霊坂、中坂、男坂、女坂、清水《しみず》坂、稲荷坂、禿《かむろ》坂、芥《ごみ》坂など、いずれも坂だけで、都内に八つ以上あるものを挙げてみたのである。

最後に、都内における古今の坂名、橋名の同じものを一括して掲げると、次のようになる。

左記は五十音順で、（ ）の内は簡略した所在地である。

相生坂（本郷聖堂前）
相生橋（神田川）

飯田坂（九段）
飯田橋（神田川）

稲荷坂（上野・四谷・赤坂台町）
稲荷橋（八丁堀）

衣《え》紋《もん》坂（吉原遊郭入口）
衣紋橋（京都島原遊郭入口）

大坂（牛込・王子・駿河台）
大橋（大手門橋・常磐橋・両国橋・目黒）

男坂（愛宕神社・西久保八幡）
男橋（中洲）

御薬園坂（麻布・小石川）
御薬園橋（麻布四之橋）

鍛冶坂（牛込市谷本村町）
鍛冶橋（鍛冶橋御門の橋）

葵《あおい》坂（溜池）
葵橋（溜池）

石坂（湯島天神・神田明神）
石橋（海賊橋・将監橋の旧称）

芋洗坂（麻布六本木・駿河台）
芋洗橋（神田川）

閻魔坂（麻布六本木）
閻魔堂橋（深川門前仲町）

御茶水坂（本郷御茶の水）
御茶水橋（本郷―神田）

御成坂（麹町日枝神社の女坂）
御成橋（幸橋御門の橋）

女坂（愛宕神社・湯島天神・西久保八幡）
女橋（中洲）

合《かっ》羽《ぱ》坂（市谷本村町）
合羽橋（浅草新堀川）

金杉坂（伝通院前）
金杉橋（芝金杉）
軽《かる》子《こ》坂（牛込神楽坂そば）
軽子橋（築地川）
紀《き》伊《の》国《くに》坂（赤坂・麴町）
紀伊国橋（日本橋三十間堀川）
笄《こうがい》坂（麻布）
笄橋（麻布新堀川）
紺《こん》屋《や》坂（麻布）
紺屋橋（京橋紺屋町）
汐見坂（高輪・三田台）
汐見橋（日本橋橘町・深川入船町）
昌平坂（本郷聖堂前）
昌平橋（神田川）
仙台坂（麻布・大井）
仙台橋（築地・小石川）

禿《かむろ》坂（麻布・浅草・小石川・西五反田）
禿橋（麻布土器町熊野社付近）
観音坂（四谷・千駄ヶ谷）
観音橋（千駄ヶ谷）
外《げ》記《き》殿《どの》坂（本郷）
外記殿橋（深川大島川）
庚申坂（小石川切支丹屋敷前）
庚申橋（切支丹屋敷前）
桜坂（赤坂・品川）
桜橋（八丁堀）
地蔵坂（牛込・王子・志村・向島）
地蔵橋（築地川）
新坂（小石川・赤坂・本郷）
新橋（京橋・日本橋・目黒）
袖摺坂（牛込岩戸町・番町谷町）
袖摺橋（旧称小川町の三崎町）

太鼓坂（目黒）
太鼓橋（目黒・亀戸）

天神坂（芝高輪松久寺前・目黒）
天神橋（本所亀戸・横十間川）

豊《と》島《しま》坂（牛込喜久井町、夏目坂とも）
豊島橋（深川永代町）

中坂（九段・白山・湯島・平河町）
中橋（京橋）

八幡坂（高田八幡わき・音羽・久世山）
八幡橋（深川黒江町）

聖《ひじり》坂（芝三田功運寺前）
聖橋（御茶の水）

日吉坂（芝白金台）
日吉橋（溜池山王下）

弁天坂（牛込簞笥町）
弁天橋（洲崎弁天町）

弾生坂（赤坂豊川稲荷わき）
弾生橋（八丁堀三ツ橋の一つ）

天王坂（四谷須賀神社前）
天王橋（浅草鳥越橋の別名、いま須賀橋）

豊《とよ》坂（目白台）
豊橋（豊坂下）

猫《ねこ》股《また》坂（小石川林町、いま千石三丁目）
猫股橋（猫股坂下）

比丘尼《びくに》坂（市谷本村町）
比丘尼橋（京橋川）

日向《ひゅうが》坂（三田小山）
日向橋（日向坂下）

富士見坂（赤坂見附・渋谷・大塚）
富士見橋（渋谷宮益橋）

万年坂（九段のもちの木坂のこと）
万年橋（京橋采女が原・深川小名木川）

宮益坂（渋谷・富士見坂とも）
宮益橋（宮益坂下）

紅葉《もみじ》坂（谷中・池上）
紅葉橋（本所横川）

幽《ゆう》霊《れい》坂（赤坂乃木坂・牛込庾嶺坂・目白台）
幽霊橋（小石川切支丹屋敷前・日本橋亀井町）

夫婦《めおと》坂（四谷）
夫婦橋（蒲田・川崎）

大和坂（ホテルオークラわき、汐見坂のこと）
大和橋（深川木場・道三橋・日本橋浜町川）

変貌する坂、消えてゆく坂

それは、いまから四十年くらいも前であったから、たぶん昭和八年ころであったと思う。私は、いつものように実踏をかねて、駒込辺を一日中ぶらぶらしていたことがあった。動坂のところで、ちょうど、その坂路を改修している工事にぶつかった。そのとき、坂の変貌していくありさまを、立ったままいつまでもじっと見つめていたことを思い出す。坂路の改修は、道路の中央から左右に分けてやっていた。半分はいままでどおりの通行を許し、もう半分を通行止めにして、道路工事に専念していたのである。半分削りとられた坂路は、かなり勾配を失った、ちょうど今日の動坂の傾斜度どおりのものであった。そして、自動車のゆっくり上ったり下ったりできる緩勾配《こうばい》の道路になりかかっていた。そして、残った半分は、昔のままでかなりの勾配を持った、坂らしい坂の形を見せていた。私はここに立っていた。一カ月の後には、昔の動坂の形態を失った、ただ平坦なアスファルト道路に変わってしまうのであろう。

それから、九段坂の改修のときも、前後二度ばかり、こんな気持ちになったことがあっ

動 坂

九 段 坂

西富坂頂上に近い回り角（ここは砲兵工科学校の入口、
古くはここで曲らずにまっすぐの坂路になっていた）

た。一度は堀端下を通っていた電車が、かなり勾配を失った坂みちの上をらくらくと走るようになったときと、その後、さらに坂みちを削り取って勾配をもう一層なくして、今日の道路に改修されたときと、二回であった。そのときの削り残しの一片が、いまの日本住宅公団（昔の九段にあった偕行社のところ）や全国都市会館の前に、一見歩道に似た形で、残っているのを見ることができる。これは、昔の九段坂の坂みちの勾配やら、高さやらを示すものであって、こうしたことが何回かくり返されて、今日の道路は完成されたのである。動坂のときも、九段坂のときも、思ったことであるが、この記憶もやがて消えてしまうと、もう昔の九段坂や動坂を思い出すこともできなくなるし、その変化していくありさまを語ることも、なくなってしまうのである。とにかく、何でもよいから、写真にだけはしておかなければならないと思ったものである。

小石川の西富坂の旧坂路の一部が、戦前までは多少残っていたようである。当時の陸軍砲兵工科学校の正門をはいって、左へ抜けると、砲兵工廠の方へ出る坂みちが見えていた。このみちは、工廠の中を通って、旧東富坂のふもと辺の稲荷門へ抜けるのである。この稲荷門の内には小さな稲荷の祠があったように記憶する。これが古いころの西富坂から東富坂へ出る道筋であった。いまの富坂は、この北側の、もと電車（都電）の通った富坂で、むしろこれは新富坂とでも称すべきものであろう。いまとなっては、この古い富坂の坂跡も、全くわからなくなってしまったようである。陸軍砲兵工科学校の正門と、それからもとの富坂の下り口の写真だけとっておけば、現在の道路の曲がり工合からでも、その昔の坂跡をたどることはできると思う。この坂の下り口は、長いこと戦災者のバラックが建っていたところで、その後、いつまでもごみごみしていた。

江戸川端の芭蕉庵と水神社とのあいだから、関口台町へ登る土はだの胸突坂が、いつの間にか長いコンクリートの段々の坂になり、それがこわれてふたたびコンクリートの階段坂になったことは、そのときどきの実踏で知っていた。

それから赤坂の霊南坂町から谷町へ下る雁木坂が、江戸の匂いのこびりついているような古めかしい坂であったのに、その苔むした石段もきれいに清掃されて、コンクリートの補強を施されているのを見てから、私はそれ以前の古びた雁木坂を偲ぶようになった。

それからもう一つ、本郷菊坂町の、当時の聯隊区司令部わきの鐙《あぶみ》坂が、わずかのあいだにすっかりその形をくずされてしまったのを見たときほど、悔やまれたことはなかった。

鐙坂の名称の起因については、その説が二つある。一つは、『江戸往古図説』の説くもので、昔ここに武蔵鐙《むさしあぶみ》を作る者の子孫が住んでいたので、それが坂の名になったというの

目白の胸突坂

本郷の鐙坂

である。も一つは、酒井忠昌の説く形態説である。私は昭和の初めころ、この坂を訪れたとき、その形がたしかに鐙に似ていると思った。そして武蔵鐙の説をむしろ否定していたのである。ところが、その後六、七年たってから、前と同じような気持ちで、この坂を尋ねたとき、その変りように驚いてしまったのである。わずかのあいだに、すっかりその付近の様子も変わり、坂下のごみごみした裏長屋の感じもなくなって、木の香の新しい家屋がぎっしり並んでいた。いつもじめじめしていた細い路地のような道が、すっかりコンクリートで舗装されていた。もちろん、こうなった坂からは、鐙に似た形は、どこからも感じられなかった。鐙の形態説はあっさりと否定されてしまって、こじつけとしか思われなかった武蔵鐙の説のほうが、正しいものと認められてしまうのではないかと思って、そのとき私はさびしく感じたのである。

時世と地形の変化のために正反転倒した例は、このほかにもいくつも数えることができる。単に坂の名称のみならず、いろいろの場合において、こうした寂しい経験を持った人も、世の中にはさぞ多いことであろう。こんなとき、いつも最初のときからの写真があったらと痛感させられたものである。

東京には、まだこのほかに、鐙坂という名を持った坂が二つある。一つは馬込の鐙坂、もう一つは四谷の戒行寺坂の別名である。その他、神奈川県菊名の鐙坂、新潟県中魚沼郡古町辺の鐙坂など、さらに鐙島、鐙田、鐙畑、鐙堤、鐙塚、鐙摺、鐙が淵などという地名も各地にあるけれども、その形からきた名前ではなくて、ほとんどが伝説に限られているようである。鐙坂の形態説は、江戸の本郷の鐙坂だけのようである。

　鐙坂に関するかぎりは、もうどうすることもできないが、他の坂、ことにその形態から名付けられた坂、雁木坂、梯子坂、胸突坂、鍋割坂、薬研坂など、これらの坂だけは、いまからでも、その記録を完全なものにしておきたいと思う。その後は、いつもカメラをぶらさげて東京中を歩きまわっていた。間に合ってよかったと感じたときよりも、もうすこし早かったならと思ったときのほうが多かった。西片町の胸突坂は、その勾配がなくなってしまったので、反対にその名前のほうが変わってしまった。急坂が平坦な坂になってしまったのであるから、胸突坂でもあるまい。とうとう峯月《みねつき》坂と改名されてしまったのである。

　裏町の石段の坂が、コンクリートで半分ばかり包帯されたような改修は、見ていてみじめである。いつも好んで江戸の昔をしのぶよすがとした音羽のねずみ坂が、いつのまにか幅の広い殺風景な階段の坂に変貌さ

音羽のねずみ坂

れていたのである。それから、行人坂の裏通りであったはずの目黒の権之助坂が、戦後大きな坂に改造されて、こんどは行人坂通りのほうが、事実上の裏通りになってしまった。

このように、しばらく見に行かないうちに、いつの間にかその形が変わってしまっていた、という場合はまだよい。ほんのわずかの間に、変わったどころではない、全然その姿を消してしまった坂もある。

その一つは、切支丹屋敷のそばのアサリ坂である。このアサリ坂は浅利坂、または蜊《あさり》坂などと書いて、古い時代の海に近いころの坂の名だとか、または近いころの浅利氏の住居のそばの坂だとかと説明されているが、どっちが本当か、まだはっきりはわかっていない。

私が浅利坂を訪ねたのは、昭和十二年の六月三日午後三時ころのことであった。その辺が東山農事株式会社の分譲地となっていたころであった。今日の土地売りの先駆のころである。

カメラを持って、東山農事の管理人に、切支丹屋敷内の「八兵衛石」と「浅利坂」を調査したいので、門内へ入れてくれるように頼んだ。初めは絶対に許可しないような口振りであったが、いろいろと頼んでようやく許してもらった。管理人の中年の奥さんであった。

「あなたはまだ若いようですが、奥さんや子供さんはあるのですか」ときかれた。両方ともあると答えたら、「たたりがあるといけないから、写真をうつすことだけはおよしなさい」と注意された。八兵衛石が夜中に悲しい声で泣くのが聞こえるとか、それをきいた者

八兵衛石　（左）昭和36年　（右）明治23年

には不幸がふりかかってくるとか、八兵衛石に触れると、かならず身内に病人ができるとか、八兵衛石に声をかけると、石が動くとか……そんなことはよくいままでに耳にしたことであったが、私は別に気にもとめなかった。

とにかく草深いところに、楓《かえで》や楠《くすのき》のような大きな木の枝や葉が、頭上におおいかぶさっていて、昼でもうす暗い感じの、まるで暗闇坂とでも言いたいような坂みちを、ぴょんぴょん下りて行った。それは石ころ畳の坂みちで、何ともいえない、いい坂であった。思わずカメラのシャッターを切った。そのとき、八兵衛石も塀の隅のところで二、三枚とった。現像の結果は、ピンボケの三角の石が写っているのと、木の枝の下で、ハレーションを起して、うすくらい坂みちが部分的に、何となく見えるというぐあいで、人さまに見せられるようなものではなかった。八兵衛石のたたりかなと苦笑した。

まもなく、浅利坂は東山農事株式会社の分譲地の内にはいっていて、そのころ永久にその姿を消してしまったのである。

それからずっとのちになって、川村恒喜氏の『史蹟切支丹屋敷研究』の中に、浅利坂の写真が出ているということを知って、その本をあちこち探し回ったが、なかなか手にはいらなかった。近ごろになって、頼んでおいた人から本が見つかったと言ってとどけてくれた。私が脳裏に描いていた坂の感じよりも明るいものであったが、坂みちが自然石の段々になっており、左右に大きな木が茂っているような様子で、なつかしかった。これで、もうなくなってしまった坂の一つが突然出現したようなうれしい気持ちになった。この本の著者川村恒喜氏も、

「浅利坂は、現在も東山農事株式会社所有地内に将に湮滅に瀕しつゝ、辛うじて跡を止めてゐる。恐らく近き将来には、其位置を推定する事すら困難な状態になりはしないかを私は窃に恐れてゐる」

と、いまから四十三年も前に、このことあるを知って心配されていたのである。しかし、この浅利坂の写真をりっぱに残しておいてくれたことを、私は心から感謝したい。

名前だけは残っていながら、いまはもうなくなってしまった坂、またはどこにあるのかわからない坂の名などが、いくつも手元にある。

そうした坂も何とか早く探したいものである。たとえば、目白の学習院大学内の「富士見坂」の坂跡、もと赤坂離宮内の「誉田坂」、尾州邸（いまの市ヶ谷自衛隊のあるところ）の五段坂、清水坂、富士見坂、覚鑁《かくばん》坂、根来《ねごろ》坂などの坂跡、品川御殿山の鉄砲坂、巣鴨の牡丹《ぼたん》坂、谷中のりゅうあん坂、三田の獏《ばく》坂など。

変りゆく坂、消えてゆく坂を、何とか食い止める工作、食い止めたと同じ結果の研究はもちろんだが、これと同時に、まだ見つからない坂も、何とか探し出すことも大切なことである。

市ヶ谷尾張屋敷に囲い込まれた六つの坂

長い江戸時代には、もと町の坂であったものが、のちに、ある大名屋敷の拡張とともに、古くからの歴史と思い出とを、たっぷり身につけたまま、その屋敷内に囲い込まれてしまったということも、たびたびあった。屋敷の中に囲い込まれてしまった坂の代りに、拡げられた屋敷の塀の外に、新しい坂がつくられるのである。思い出の坂が消えて、その代りに新しく邸外に坂がつくられるのである。邸外で切断された道路が、いままでそこにあった道路に接続されたということなのである。そして、この道路はいままでの道路と邸の向こう側の出口でも、切断されているところの道路へ、遠回りをして接続されるのである。だからつくられるといっても、いままであった坂道に新しい名前がついたといったほうが、あたっているのかもしれない。

赤坂の紀州邸の場合を例にとってみると、その頃、奥州街道の一地点であった誉田坂が、紀州邸内に消えて、新しく鮫河橋坂ができたことである。ここはもと、大坂といった坂であった。この坂が拡張された新屋敷の外囲を迂回して、お堀端の紀伊国坂に接続するのである。要するに、屋敷の中を通っていた街道が、屋敷の中に囲い込まれてしまったので、新屋敷の外を一めぐりして、もとの道につながれたということなのである。(「誉田坂と八幡」参照)

ここでは、次の市ヶ谷尾張屋敷内に囲い込まれてしまった古い坂のかずかずを考えてみたいと思う。江戸末期のころに、尾張藩上屋敷のあったところは、今日の新宿区市ヶ谷本村町の陸上自衛隊のあるところ一帯の地である。それは、北の台地から低い谷のようなところに向って、だんだんになだらかになっている南向きのゆるい傾斜地であった。そして八百年前この原野には草庵が一つあっただけで、ほかにはお寺もお宮も、まだ何もなかったようである。『事蹟合考』は、この地はむかし平地の芝原であったと書いている。この唯一の草庵というのは、藤原氏の時代で、紀州の一乗山伝法院根来寺の開山興教大師すなわち覚鑁《かくばん》上人が、関東下向のとき、宿舎代りに、ここ市ヶ谷の地に仮りに建てたもので、覚鑁寺と呼ばれたのである。そしてその前の坂みちを覚鑁坂と名づけたのであった。

『続府内備考』は、次のように記している。

> 根来山東光院報恩寺。起立之儀は、紀伊国一乗山伝法院根来寺開山興教大師覚鑁上人関東下向之節、今之尾張様市ヶ谷御殿囲中に、大師御庵室有之、寺号を覚鑁寺と唱へ、坂を覚鑁坂と称し候御旧跡在之、今におゐて伝承り候

覚鑁は新義真言宗の祖で、肥前に生れ、大治元年(一一二六)伝法院根来寺の工を起し、

天承元年（一一三一）大伝法院を建立したのであった。そして康治二年（一一四三）、四十九歳でなくなったということである。

天正二年（一五七四）になると、ここの覚鑁寺とは別のところ——そのころ富士見坂と呼んでいた坂の西脇の辺に、清光山林泉院安養寺というお寺が建立された。これは左内坂町の丁亥（文政十年）の書上を見ると、

左内（名主）儀は往古より当国豊島郡市谷領布田新田郷士にて罷在、天正二戌年持地の内、富士見坂と申所に安養寺を開基仕、又々其頃に候哉、同寺開山源誉上人夢の告有之由にて、左内持地の内え稲荷建立致度段、有上人相願候に付、地所寄附仕候由申伝

と書いてある。ここの富士見坂も、安養寺の山号院号の意味をとって清《し》水《みず》坂と改称されたということである。

それから寛永三年（一六二六）になると、ここの覚鑁坂も、根《ね》来《ごろ》坂と改称された。覚鑁上人の名前を恐れ多しと考えたのか、上人の起立した紀州の根来寺から、その名をとって、根来坂と改称されたものであろう。そのころになると、この辺に多少寺院もできてきたものとみえて、「文政寺社書上」の中に、次のような一文が目についた。

市谷山、真宗、西本願寺末、長玄寺。当寺起立寛永五辰年、市ヶ谷根来坂ニ而御座候処、御用地ニ相成候哉、其後神田紺屋町引移……

たしかに、そのころ根来坂という坂があって、その根来坂に長玄寺という寺があったということを教えているのである。その長玄寺もいまは麻布宮村町二九に移って、そのまま今日までもつづいているのである。それから、も一つ、日蓮宗の本松寺という寺が「市ヶ谷尾張殿五段長屋辺」にあって、天和三年（一六八三）ころ、ここから他へ移転したという記録もある。

さて、根来坂の覚鑁寺のほうは、寛永十九年（一六四二）になると、牛込の根来組屋敷の地へ移って、根来山東光院報恩寺と改称された。この場所は安政四年の尾張屋版切絵図に、根来百人組屋敷に接して、「報恩寺」とあるのがそれであろう。いまの新宿区原町一丁目緑雲寺に近いところである。

根来坂の覚鑁寺が、同名の根来百人組屋敷の地へ移ったことは、ちょっと奇妙に感じられるかもしれないが、この関係には不思議はないのである。そもそもこの根来百人組というのは、その昔は紀州根来山法恩寺の衆徒で、徳川家康の三河御陣のときは、たびたび軍功をあらわしたのであった。家康が当国へ凱陣のときも、途中を警固したものであった。それからは特別に中の御門の勤番を命ぜられていたのである。根来組の同心は、丸坊主にしていたのでは人目につくというので、みな惣髪にしていた。それから同心はみな法恩寺開基覚鑁上人の画像か、または直筆の一軸を懐《ふところ》中にしていたということである。

一方、安養寺のほうも、明暦二年（一六五六）になると、早々にこの地を引き払って、市ヶ谷町の現在地に移転したのである。移転先は現在の新宿区住吉町七四番にあたる。明暦二年の八月には、いよいよ尾張殿の屋敷が、ここに引き移って来ることになっていたからである。しかし、五段長屋のある五段坂および大隅町までは、そのときは含まれていなかったのである。

大田南畝は『一話一言』のなかに、こう書いている。「原富五郎（後改武太夫）、市谷大隅町（後尾州御やしき囲込になる五段坂辺也）にすみて御先手与力をつとめし人、其比三絃の名人也」。それから、喜多村信節は、「原富は牛込清水坂の辺に住めり（此地後尾州御屋敷へ御添地となりて入たりといふ）」と記している。両人とも、原富が住んでいた五段坂の大隅町辺が、まだ尾張邸内へ囲い込まれていないころのことを書いているので、ちょうど、このころは、原富五郎が尾張の若い当主をそそのかして、吉原通いを繰り返していたころであったから、たぶん享保の終りころであったろうか。それから、尾張殿の蟄居されたのが、元文四年（一七三九）であり、原富もそのころは七十歳以上の老人でもあったので、しばらく尾張屋敷のことは、音さたなしであった。

しかし、明和のころになると、五段長屋、五段坂、大隅町一帯の地が、尾張屋敷の中に完全に囲い込まれてしまったのである。『半日閑話』には、次のように、その年月日を詳しく書いている。「明和五年（一七六八）五月二十五日、尾州侯五段長屋御囲ひ出来る。五段坂大隅町辺皆御館の内に入る」。そして、この五段坂とその西のほうの合羽坂との中間

正保元年『江戸絵図』(板倉周防下ヤシキの南隣に安養寺が見える)

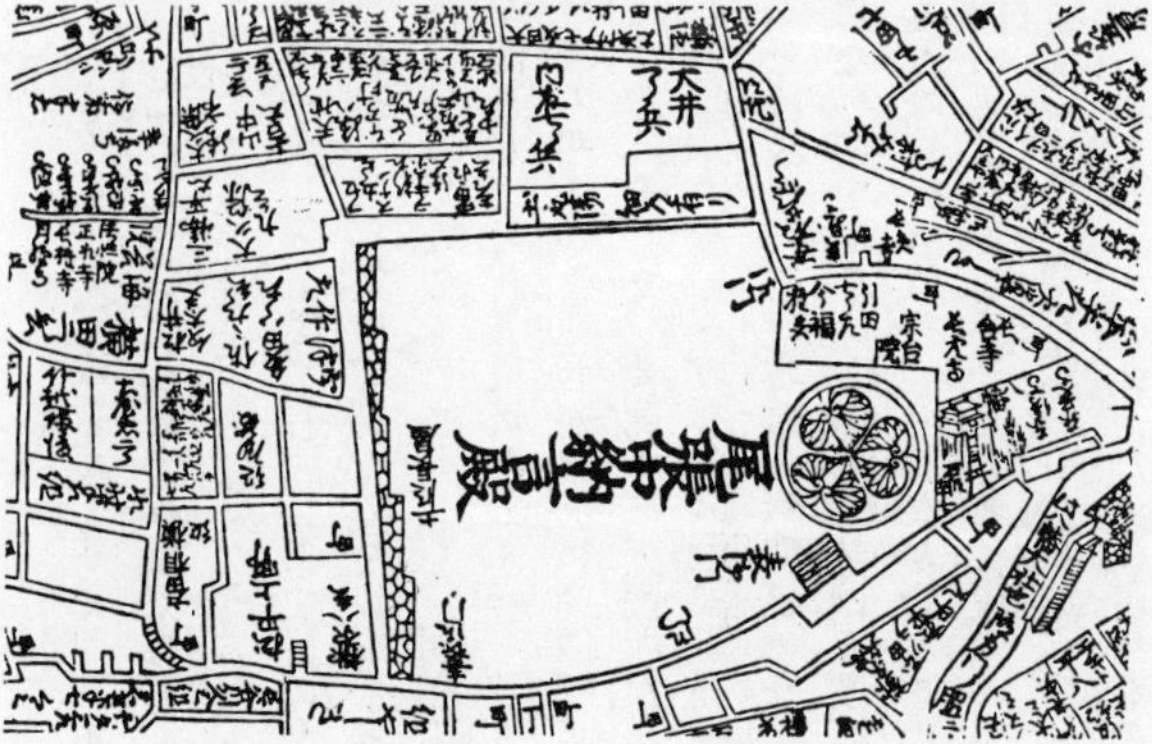

市ヶ谷尾張中納言屋敷(元禄三年『江戸御大絵図』)

に、新たに平行してできた坂が、新五段坂であった。

この新五段坂について、『東京地理沿革誌』のように、新五段坂が、四谷の荒木町にあったのではないかという異説があるようなので、これについて少しく解明しておく必要があると思う。『東京地理沿革誌』の四谷荒木町のところを見ると、

此町と坂町の間を市谷片町の方へ下る坂を小栗坂と云ふ、往古小栗主計の邸内に路を開きし故にかく名づく、然るに西の方は総べて松平摂津守邸なるを以て、通常は摂《つ》津守《のかみ》坂と称す。又新五段坂あり、昔時此所に五段坂なるものありしを、明和火災の後、尾張家の邸内に囲入れ、邸外に新道の坂を開きしより新五段坂と云ふ。

とあるが、よく読んでみると、新五段坂と五段坂の関係がよくわからない。四谷荒木町に津の守坂の外に新五段坂という坂があることになる。そして、昔此所に五段坂があったが、明和中に尾州邸内に囲い込まれてしまって、その邸外に新しく坂を開いて、新五段坂というのだと書いているのだが、どうして、この新五段坂が、五段坂に全然関係のない四谷荒木町のところに書いてあるのか、それがわからないのである。しかし、昔は五段坂一帯の地は、四谷荒木町に属していたのだと仮定でもしないかぎり、つじつまが合わない。昔此所に五段坂があって、この坂が尾張屋敷内に囲い込まれてしまったので、屋敷の外に新道の坂を開いて、その坂を新五段坂と呼んだのであるというのであるから、この「昔時此所」という「此所」が、果たして荒木町であるのか、五段坂のあった大隅町辺なのか、そ

れとも市ヶ谷片町なのか、そのどこかに間違いがあるとしか考えられない。そうなると、いよいよ何のために新五段坂を荒木町のところで書いているのか、とききたくなる。

まず、新五段坂は、五段坂が尾州邸内に囲い込まれてしまったので、その代りに新たにできた坂なのであるから、その目的、方向などが、五段坂の代りになるような坂でなければならないのである。四谷方面から、もとの大隅町、旧加賀屋敷方面へ行くのに、便利で近道の坂でなければならないのである。と言えば、尾張邸邸外の最も塀に近いところの、しかも南北に通ずる道路でなければならない。それは、一つは新しくできた新五段坂の道か、も一つは、合羽坂の道しかない。そこでいちばん近い道といえば新五段坂の道である。『御府内備考』の巻之五十八、市谷之一のところに、次のようなはっきりした説明が出ている。

新五段坂。片町の西境横町の坂なり、此坂を新五段坂と呼べるものは、昔尾張屋舗辺に、五段坂と唱へし坂あり、又五段長屋とも称せしよし、江戸志等にも載たり、然るに明和年中、その辺多く尾張屋敷の囲込と成り、当所に新坂を開かれしゆへ、五段の古名を襲へ、新五段坂と唱へ始めしとなり、

それからもう一つ、『御府内備考』の別のところに、「合羽坂は新五段坂の西の方にあり」と書いている。五段坂と新五段坂と合羽坂とは、三つとも平行した、南から北へ登る坂みちであったとしか考えられない。それから、も一つ、片町の書上を見ると、新五段坂

のところに、次のようなことも書いてある。

右一ヶ所は当町上町西境横町に有レ之、登り凡三十間程、巾三間程有レ之、新五段坂と唱申候、尤先年町内東の方、当時尾張様御屋舗辺に、五段坂と唱候坂有レ之候由、然る処明和年中迄唯今の新五段坂並右坂上当時明地の辺に、市ヶ谷大隅町松平淡路守様御屋舗並外武家屋舗有レ之候処、御用地に被二召上一、右跡明地尾張様御屋舗御囲込に相成当時の坂新規出来仕候に付、新五段坂と里俗に相唱候旨申伝候。壱ヶ所は、右坂下通西の方え登り十五間程巾二間程有レ之、合羽坂と唱申候。

ここで特に注意することは、合羽坂の説明で、「右坂下通西の方え登り」とあることで、右坂とは新五段坂のことであり、この坂下通りを西のほうへ登るのが合羽坂であるというのである。右の引用文は、五段坂の西に新五段坂があり、さらにその西に合羽坂があるということなのである。みな市ヶ谷片町のところであって、四谷荒木町と思われるにおいは少しもない。

そもそも、この大きな誤りの原因は何であるかというと、『東京地理沿革誌』と『東京案内』が、五段坂と新五段坂・荒木坂を、四谷荒木町のところで説明していたからである。すなわち、「(四谷荒木町) 新五段坂あり、昔時此所に五段坂なるものありしを、明和火災の後、尾州家の邸内に囲入れ、邸外に新道を開きしより新五段坂と云ふ」と書いている。この「四谷荒木町」を削って、ここへ「市谷片町」と入れると、すべてここはのちの尾張屋敷内の記述となってしまって、何の障害も起らないですむのである。ところが、『東京案内』のほうは、「四谷荒木町、西北に荒木坂一に新五反坂と云ふあり」と書いてしまったので、新五反坂は荒木坂の別名であって、四谷荒木町の坂であるとりっぱに言い切っているのである。それなら五段坂は四谷荒木町の坂なのか、どうなのであろうか。

『東京府志料』の書くところも、これと同じである。「新五段坂、長三十七間、幅二間半、此所に昔五段坂と唱へし坂あり、明和年間尾張家の邸内に囲入れ、邸外に新道を開きて新五段坂と唱ふ」

ここに明和年間というのは、詳しくは明和五年（一七六八）五月二十四日である。それから、ここで邸外というのは、拡張された尾張邸の西側と合羽坂との間を意味している。のちに火除明地や鉄砲角場になったところである。とにかく新五段坂の位置は、合羽坂と五段坂の間にあって、両坂に平行したものでなければならないと私は考えている。

右新五段坂の発生から消滅までのことを考えてみると、新五段坂ができたのは、尾張家の第二回目の拡張のときであったから、五段坂の消えたときでもある。五段坂が消えたのは、詳しく書けば、明和五年の五月二十五日であった。同時に新五段坂ができた年でもある。それから、尾州家の第三回の拡張のときには、新五段坂が邸内へ囲い込みになってしまったのであるから、新五段坂の消滅を意味する。その年が寛政七年（一七九五）であったから、新五段坂は、わずか二十七年間の短い生命であったということになる。世間の人が、新五段坂のことを、あまりよく知らないのも、もっともだと思う。

新五段坂が消えてしまうと、合羽坂との間に、百人組鉄砲角場と、片町のところの町屋を残して、その他はすべて尾張屋敷になってしまった。尾張屋敷が合羽坂を外囲とするところまで拡大されたのは、文政十一年（一八二八）以後のことであった。

そこで、この尾張邸内に囲い込まれた坂の名は、覚鑁坂、根来坂、富士見坂、清水坂、五段坂、新五段坂のつごう六つを数えることができる。それぞれに、歴史や物語をたくさん持った、ほんとになつかしい坂であった。

再考　浄瑠璃坂

新宿区砂土原町一、二丁目境を、西北方、払方町のほうへ上る坂を、浄瑠璃《じょうるり》坂という。その坂名起因について、今日まで、次の四つが挙げられていた。

1　昔この坂の上に、操り浄瑠璃の芝居があったとするもの。（『紫の一本』）

2　この坂の近くに、天台宗の光円寺というお寺があって、その本尊は薬師瑠璃光如来で、須弥山の東方浄瑠璃国の教主であるということから、この坂を浄瑠璃坂と名づけたとするもの。（『江戸砂子』）

3　水野土佐守の長屋が六段になっていたので、浄瑠璃になぞらえて、この坂を浄瑠璃坂と呼んだとするもの。（『江戸鹿子』）

4　水野の屋敷が六段になっていたので、浄瑠璃坂と名づけたのだというが、水野家の屋敷がこの坂にできる前からこの名はあったのだ。水野家の屋敷がないころは、六段の長屋もないのであるから、この六段の長屋によって、坂の名前ができたという説は疑わしいとするもの。（『新編江戸志』）

右のうち、1・2の説は証拠がないので、おもしろい資料ではあるが、信じ切れない。この坂の付近に、操り浄瑠璃の芝居があったという記録は、どこにも見あたらない。それから、ここに天台宗光円寺があったということも、はっきりしない。文政十年丁亥、田町上二丁目の書上によると、「坂、登凡壱丁程幅三間程。右町内より西の方、水野対馬守様、水野長右ヱ門様御屋舗の間より牛込払方町の方え登り候坂にて、里俗浄瑠璃坂と相唱申候得共、何之訳にて唱来候哉相知不申……」と記してある。文政十年（一八二七）のころでも、浄瑠璃坂の名称の起因については、全然何にも知られてはいなかったようである。右書上に、水野対馬守様、水野長右ヱ門様とあるのは、浄瑠璃坂をはさんで、西側に水野対馬守の屋敷があり、坂の東側ふもとに近く、水野長右ヱ門の屋敷があったからである。水野対馬守は紀州新宮藩三万五千石の城持の大名であり、紀州亜相の御付家老でもあった。水野長右ヱ門は九百石どりの旗本であった。

この浄瑠璃坂上に、操り浄瑠璃の芝居があったということや、近所に薬師瑠璃光如来を本尊とする天台宗の光円寺というお寺が、元和の初めころ、平川の梅林坂からこの牛込へ移ってきたということを書いたものはあるが、果たしてそれが、牛込のどの辺であるのか、さっぱりわからない。この坂の西の方に、万昌山長延寺と呼ぶ曹洞宗のお寺はあったが、この長延寺は天台宗ではない。

そこで、問題の光円寺というお寺を探すと、薬竜山正蔵院光円寺という寺が、最近まで

浄瑠璃坂

牛込にあった。いまでもあると思う。天台宗で正蔵院といったほうが有名で、本尊は草刈薬師である。しかも長禄年間千代田村に創建し、いまの地に移ってきたのは元和元年であったという。いまの地というのは、牛込は牛込だが、もとの牛込通寺町で、今日の新宿区神楽坂六丁目の正蔵院ということになるので、通寺町では距離からいっても、浄瑠璃坂からはあまりにも離れすぎている。この坂に近い長延寺を、光円寺とまちがえたとすると、それもありうることかもしれないが、浄瑠璃坂の坂名の起因としては心細いかぎりである。とにかく、1・2は単なる推量にすぎないもののようである。

それでは、次の3はどうかというと、これはまず解答に近いのではないかと思う。六段という数字を出したことは、浄瑠璃の段から

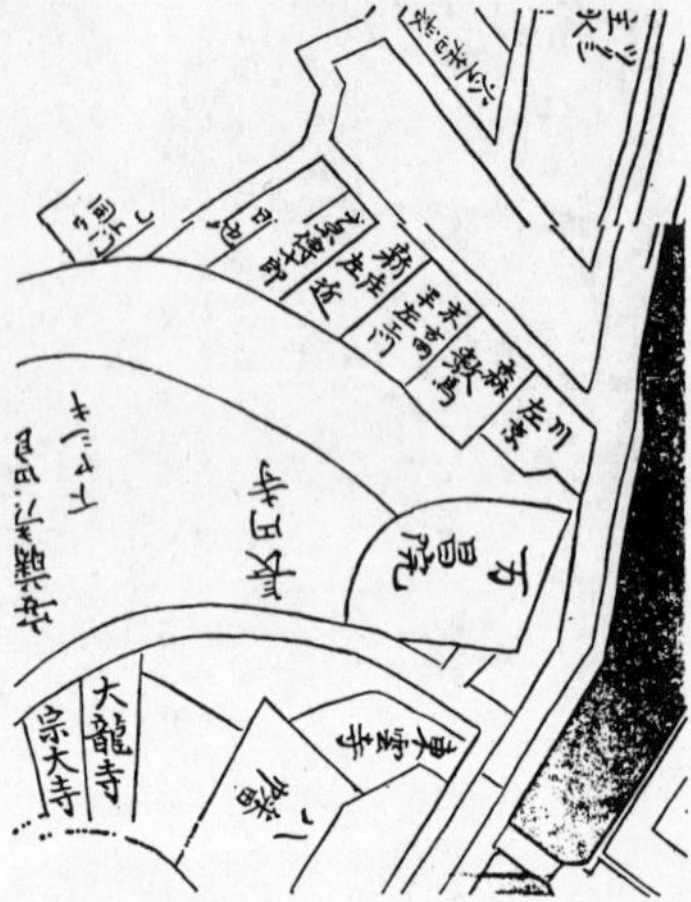

正保元年『江戸絵図』
浄瑠璃坂の西南側の森数馬、川左京とある辺が、のちの水野屋敷であろう

六段としたのか、それとも水野の屋敷が、実際に六段になっていたので六段としたのであろうか。この屋敷が六段になっていたということは、たぶん本当のことだと思う。この六段の坂のために、浄瑠璃坂という名前ができたとすると、たいへん便利であるが、次の4のような反対が、どうしても出てくることになるので、3の結論もこわれてしまうわけである。

水野の屋敷ができたのは、天和二年（一六八二）から十八年くらい前からのことであったらしいから、たぶん寛文五年（一六六五）ころからであろう。だから寛文十二年（一六七二）の寛文図には、坂の西側に、「水ノツシマ」とあり、たしかに水野の屋敷のあったことを示している。しかし、正保元年（一六四四）の江戸絵図には、そこに水野家の屋敷は見られない。正保元年といえば、寛文五年（すなわち水野屋敷が、この坂の西側に初めてできた年）より二十年もさかのぼっているので、当然水野家が、ここにあるはずはない。

水野家の屋敷が、まだここにできていないころ（寛文五年以前）でも、ここには浄瑠璃坂という名前の坂があったのだというのである。

この4の説はいちばん正しいと思う。この坂の名は、水野屋敷が六段になっていたので、その六段から浄瑠璃坂の名ができたのではなく、水野屋敷がここにできる前から、浄瑠璃坂という名はあったのだというのである。してみると、六段は水野屋敷が六段になっていたということではなくて、坂そのものが六段になっていたのだということになるが、それは大事なことである。

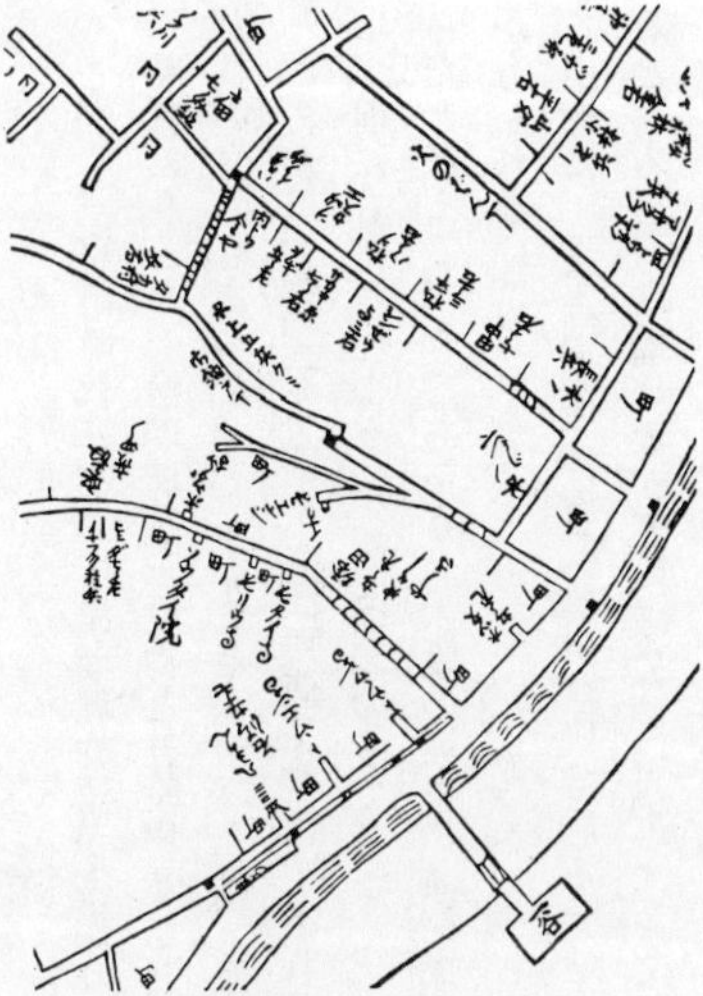

寛文図（寛文十二年）
坂の西側に「水ノツシマ」とある

九段坂だの五段坂だのという坂の名は、決して坂のそばの屋敷の造りの段数によって、唱えられたものではない。少なくとも、初めは段坂そのものの段数によったものであって、それが坂の名になったのである。浄瑠璃坂の名前も、段坂の数によって、六段坂と呼ぶべきを、浄瑠璃坂としゃれたのではないだろうか。

しかし、室町時代に初めて浄瑠璃物語が書かれたときは、十二段であった。それが、江戸時代になると、浄瑠璃は三段物と五段物とが断然多く、もちろん十一段物、十三段物など長いものもあった。そんなことから、私は、浄瑠璃坂は五段であったものと考えていた。ところが、『紫の一本』や『江戸鹿子』は、それぞれ浄瑠璃坂を六段と書いている。これは、前にも言ったように、浄瑠璃の段ではなくて、実際に、この坂が六段になっていたからだと考えるべきであろう。六段の坂を、浄瑠璃の段になぞらえて、浄瑠璃坂と呼んだのかもしれない。

川柳に、「浄瑠璃坂は五段につづいて居る」（天明八年）という句があるが、この句が語るところは、浄瑠璃坂が五段坂につづいているという意味で、「つづいている」は、道筋と数字との両方を意味していると思いたい。

五段坂と六段坂、それから尾州邸西わき大隅町の五段坂は、火之番町の浄瑠璃坂と道筋がつづいていて近い。そう考えてくると、川柳の句意もよくわかるような気がする。

三田の馬場坂

港区三田一丁目（旧小山町）の簡易保険局、都立三田高校前を、東へ三田警察署前まで下る坂は、いまは小山坂というのであるが、昔は綱《つな》が手《て》引《びき》坂（手引坂とも）、姥《うば》坂、馬場坂などと呼ばれたものである。

小山坂というのは、この坂の頂上、いま簡易保険局のあるところ一帯の地は、かつて三田小山と汎称されたところで、自然に小山坂と呼ばれたのである。小山坂というのは、この辺ではいちばん新しい坂名である。

それから、綱が手引坂と姥坂は、この三田小山の地が渡辺綱の出生地としての伝説——綱が産湯《うぶゆ》の井戸、綱が駒繋《こまつなぎ》の松、綱坂（一名渡辺坂）などを思うと、綱の子供時代、姥が手を引いて上ったり下ったりした坂の意味で、綱が手引坂と呼び、姥坂とも言ったのであろう。

あぶなしと付そふ姥に幼子《をさなご》も手をとられたる三田の綱坂（『狂歌江戸砂子集』）

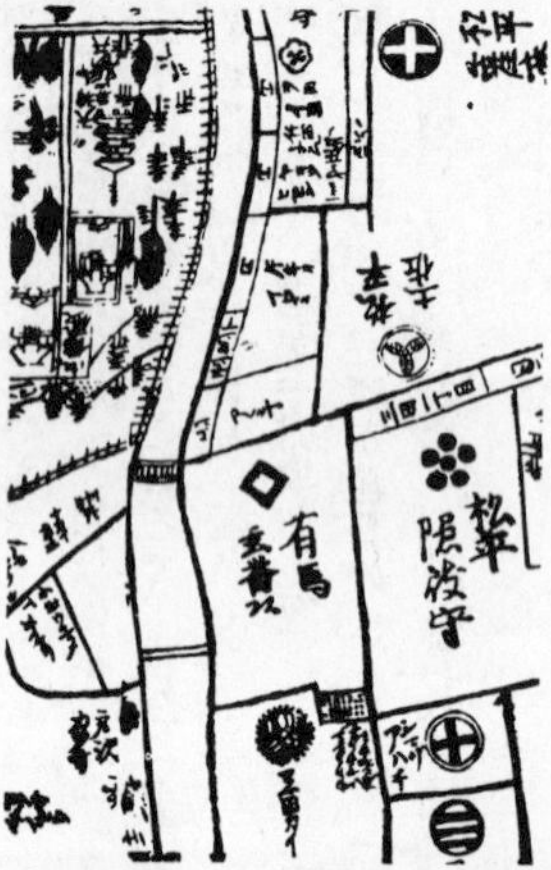

享保十年『分間江戸大絵図』
三田一丁目、松平土佐守、御ババ

馬場坂（小山坂）

次に、馬場坂というのは、綱に関係のない、ごくふつうの名のつけかたであって、この坂のふもとに馬場があったので、そう呼んだまでのことである。馬場坂下に、馬場があったということは、江戸絵図やいろいろの地誌にも、そのことははっきりと記してある。

宝暦三年（一七五三）の『江戸町鑑』には、次のように書いてある。「馬場坂、有馬中務殿屋敷脇より三田一丁目へ下り口」これは『江戸図解集覧』の馬場坂の説明と全く同じである。文政六年（一八二三）の『江戸大名町案内』（写本）には、芝新馬場について、次のように記したものもある。

『赤羽橋
角、有馬玄番頭
芝新馬場
中屋敷、松平土佐守
トナリ、大久保播摩守』

この松平土佐守の中屋敷は、ちょうど馬場坂の下り口、三田一丁目向いで、馬場坂のふもとの辺一帯の地域を占めていた。だから馬場坂の下が、当時、芝新馬場と俗称されていた所なのであろう。馬場は、のちの四国町辺であり、現在の「芝三丁目」の西部にあたるところである。

それから、宝暦七年（一七五七）の『分間宝暦江戸大絵図』を見ると、松平土佐守屋敷の付近に、「シンバヾ」と記してある。もう一つ、最近三田図書館で出した『近代沿革図集』によると、里俗名「新馬場」は、のちの芝三田四国町の一部であり、現在の「芝二丁目」「芝四丁目」であると記してある。それから馬喰《ばくろう》たちの住んでいた「馬町」も、いまの「芝三丁目」や、もとの松本町辺であるように記している。

以上の資料によって、馬場坂はいまの小山坂であって、昔の有馬邸南わきの坂と確定されたことになる。

なぜ、この馬場の位置をくどくどしく書き立てるのかというと、三田小山の馬場坂を昔

神明坂

の有馬邸の裏道の坂、すなわち神明坂がそれであると、近頃記したものが一、二、目についたからである。それは、竜原寺と簡易保険局との間を北へ下る小さな神明坂を指しているからである。しかし、これは馬場坂ではない。この坂下には、そのころ馬場はなかった。しかも、馬場坂が有馬邸の裏（西わき）にあると書いたものもなかったように思う。

『港区史』では『東京府志料』に「無名坂、三田小山町と赤羽町との間を北へ新堀川中ノ橋の方へ下る坂」とあるので、この無名坂を、馬場坂と考えて、「芝赤羽町の西側、貯金局の横を馬場坂といった」と断定してしまったのである。しかも、坂名に関係のある馬場の所在を示さないままで。したがって、この無名坂の取扱いには根拠がない。なぜに、この無名坂が馬場坂でなければならないのか。

馬場坂は有馬邸わきから三田一丁目へ下り口と、はっきり当時の『江戸町鑑』に書いてあるのに、あたかも三田一丁目の所在を知らないかのように、馬場坂を他に求めているとしか考えられない。

馬場坂のことは、有馬邸わきから三田一丁目への下り口ということと、この坂下の松平土佐守の中屋敷のあるところを「芝新馬場」と呼んでいたことだけで、すでに充分なのではあるまいか。しかも、坂下にかつて新馬場があった事実を考えるならば、なんにも疑う余地はないと思う。無名坂には、もちろん馬場坂をすてて、当然神明坂をあてなければならないのである。

実は、こうした誤った考えを持つにいたった原因が一つある。

それは、この馬場坂（小山坂）下を、かつて新馬場と呼んでいたことである。この新馬場と呼んでいた馬場が、享保十四年（一七二九）に、麻布十番へ移転することになった。しかものちに「十番馬場」と呼ばれたところへ移ったからである。ここへ移っても、移りたては、どこの馬場でも初めは「新馬場」と呼んだ。ことに、新馬場と呼ばれていた馬場が移ったのであるから、なおのこと、これを新馬場と呼ばないはずはない。そこで早合点した人びとは、神明坂下に近い十番新馬場を、この馬場とみて、坂を馬場坂と考えたのかもしれない。

江戸の民衆は、坂下に見えもしない馬場を想像して、特に馬場坂などと呼ぶわけはない。この神明坂の頂上から、左右どっちを見ても、麻布十番の景色なぞ見えたはずはないと思う。ましてや坂下の中ノ橋さえ見えないのに、左の方遥か先の十番新馬場など見えるはずもなければ、そのころ、芝三田一丁目の坂下の「新馬場」という地名を、頭の中にこびりつけている江戸ッ子が、なんで坂から見えもしない十番馬場を、この坂とともに感じて、特に馬場坂と呼んだであろうか。

今日でこそ、芝三田一丁目であるが、そのころは赤羽であったところで、芝の三田ではなかった。

芝新馬場移転について、『東京市史稿』の享保十四年のくだりには、次のように出ている。

「享保十四年九月二十六日、芝新馬場ヲ麻布十番ニ移ス、十番馬場是也」

丹後坂と三人の丹後守

港区赤坂四丁目二番と五番との境界の坂を、丹後坂という。旧丹後町と赤坂一ツ木町の境の、石段坂である（三〇一頁写真右は原形に近い昔の段坂の形を残しているが、左のほうは、石とコンクリートの石段の坂に改造されてしまっている）。昔は坂上を丹後台、坂下を黒鍬《くろくわ》谷と呼んだ。

丹後坂という坂名の起りには、次の三つがある。

1　「丹後坂。皂角《さいかち》坂の南の方にあり、昔、西尾丹後守忠永の屋敷、坂の辺に在しより呼名となれり」（『御府内備考』、『江戸図解集覧』）

2　「丹後町。もと竹腰《たけのこし》丹後守の邸ありて其側の坂を丹後坂と云ふによる」（『東京市町名起原考』）

3　米倉丹後守の屋敷前の坂なので、丹後坂と呼んだ。（『御府内沿革図書』）

1は西尾丹後守忠永の屋敷が、のちの丹後坂のそばにあったので、その坂の呼名になったのだというのである。

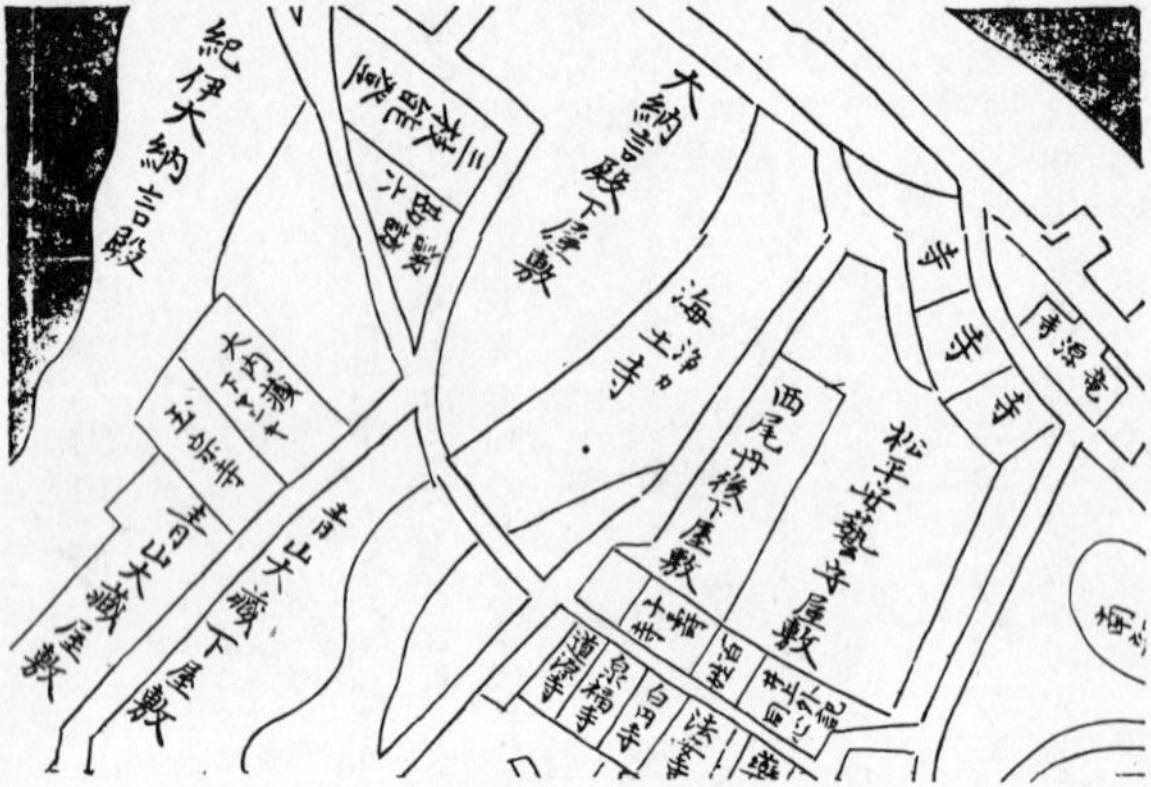

正保年間『江戸絵図』

西尾丹後守忠永は、遠州横須賀藩三万五千石の藩主である。父、西尾隠岐守が徳川幕府に仕えてからの二代目で、この家の最初の丹後守であった。その子忠照も丹後守であったが、その後はみな隠岐守である。この二代つづく丹後守の時代には、まだのちの丹後坂の道はできていなかったのである。だから『御府内備考』や『江戸図解集覧』のいうように、「西尾丹後守忠永の屋敷、坂の辺に在しより呼名となれり」ということは、ありえないことになるので、この説は信じられない。

しかし、江戸絵図の上において、三人の丹後守のうち、いちばん古く現われたのは、この西尾丹後守の名前であって、その図は正保元年（一六四四）の『正保年間江戸絵図』である。

残念なことには、実際に丹後坂の道式《みちしき》がこ

丹後坂（左は昭和35年10月2日、右は同11年10月8日）

こにできたのは元禄十二年（一六九九）のことであったから、その時代の西尾家の当主は、西尾隠岐守忠尚《ただなお》であった。この忠尚は元禄二年から宝暦十年までの人で、初めは播磨守であったが、のち隠岐守と改めた。すると、曾祖父西尾忠永は丹後守、祖父忠照も丹後守、父忠成は隠岐守、そして当主も初めは播磨守であったが、のち隠岐守となった。だから西尾家の丹後守は、元禄十二年からは、ずっとずっと二代も前のことであった。

次は、2の竹腰丹後守であるが、この人の家柄は、美濃今尾藩二万石の城持ち大名であった。そして、成瀬隼人正とともに、代々尾州家の御付家老でもあった。この丹後坂の道式ができて、そこの坂を丹後坂と呼ばれたころ、ここにあった屋敷は、竹腰近江守であった。

『東京市町名起原考』には、丹後町の町名解説のところで、「もと竹腰丹後守の邸ありて、其側の坂を丹後坂と云ふによる」と書いているが、元禄十二年に丹後坂通りの坂ができたときの屋敷の主は、竹腰近江守であって、竹腰丹後守ではなかった。だから、この坂に名前のできたころの竹腰家の当主は、当時の地図や記録等を調べてみると、次のようにたくさんある。山城守、筑後守、近江守、美濃守、信濃守、壱岐守等であったが、丹後守は一人もなかった。

しかし、丹後坂の道ができた元禄十二年前後の七、八年の短い期間に、六つの名が書き出されているということも不思議なことである。しかし、ここに美濃守と信濃守の二つが増えていることは、すぐに、そのわけが判明した。元禄十一年三月十八日、五代将軍綱吉公が、尾張邸へお成りになったときの御付家老の竹腰は、美濃守と記録されている。それから三年後の元禄十四年十一月二十六日、将軍が柳沢出羽守の邸へお成りのとき、柳沢に松平姓とお名吉の一字を賜わったとき、松平美濃守吉保となったのである。

それ以来、いままで美濃守を称していた者が七人あったが、それぞれ美濃守を改めたのであって、竹腰美濃守もそのとき、信濃守と改めたのである。

しかし、この多い名前の中にも丹後守はなかった。あったとしたら、元禄よりもずっとずっと前の人であったのかもしれない。しかし、丹後坂という名前は、元禄十二年以後に

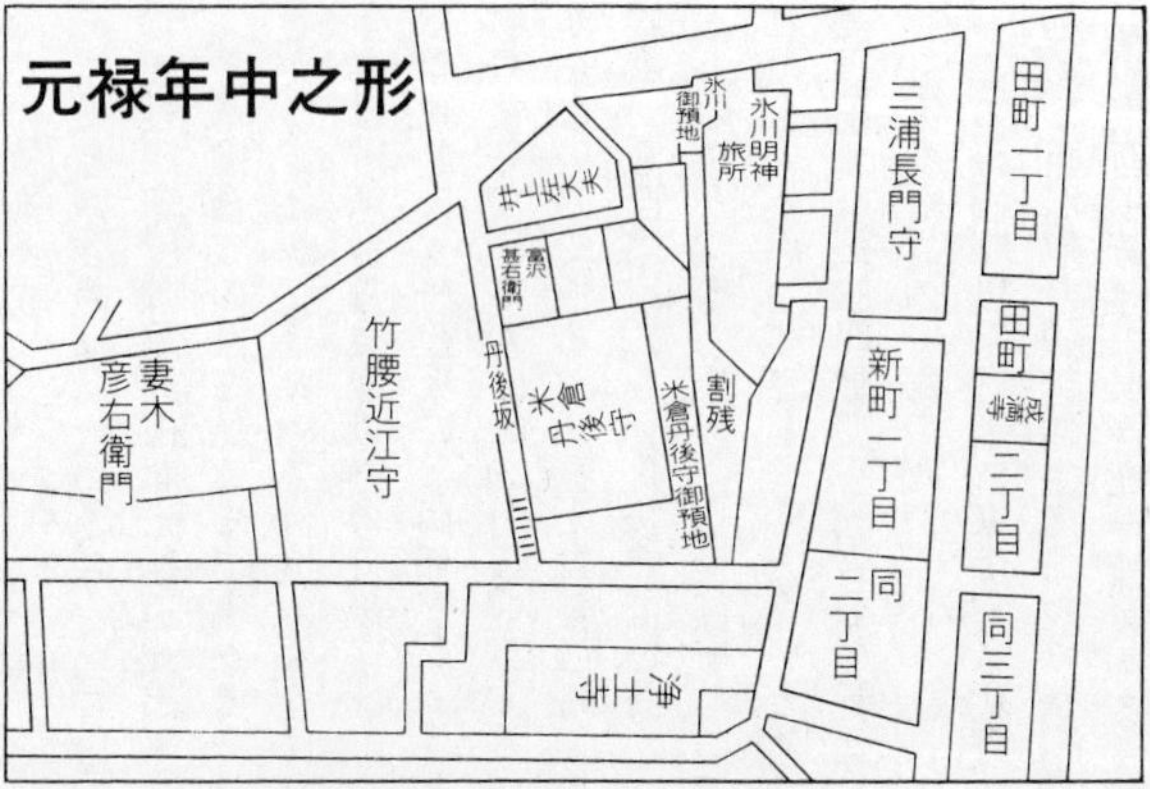

元禄年中之形（『御府内沿革図書』）

できたのであるから、竹腰丹後守も、あるとすれば、この時代になければならないのである。それが、ないのである。だから竹腰の丹後守も、この坂の名称には全く関係がなさそうである。

いよいよ最後の3にかかるのだが、ここで、まず米倉丹後守の赤坂屋敷の出ている絵図を、とっくりと見ていただきたい。

これは『御府内沿革図書』の「元禄年中之形」の図である。米倉丹後守の屋敷の門前に丹後坂があり、竹腰近江守の屋敷の東わきが丹後坂通りになっている。この『沿革図書』の絵図を見ていると、この丹後坂の名称の起因は、この米倉丹後守の屋敷前の坂なので、丹後坂と呼ばれたものであると、だんだんそう思うようになってくる。ことに『沿革図書』の本文を見ると、さらに、そう思いたくなるのである。

本文というのは、次のような二行ばかりの記録である。すなわち、「元禄十二年卯年、竹腰近江守屋敷脇通南北え新道式《しんみちしき》出来（当時丹後坂通ト唱）」。『沿革図書』の図を見るまでもなく、丹後坂の名称の起因は、米倉丹後守の丹後であると考えることが、きわめて自然のように思われる。この丹後坂通りができたとき、元禄十二年には、米倉丹後守以外の丹後守は、この坂の周辺にはなかったからである。西尾丹後守は年代的に、丹後坂には関係がないことは、すでに前に述べたとおりである。それから竹腰丹後守であるが、この丹後守は、一体、元禄年間に実在していたものかどうかさえ、わからないのである。元禄十二年の丹後坂の道ができたころには、米倉丹後守以外には、竹腰家にも西尾家にも、丹後守はいなかったはずである。米倉丹後守は、元禄十二年はもちろんのこと、その前後にも丹後守なので、ます、丹後坂の丹後は、米倉丹後守から呼名されたものと思ってさしつかえないと考える。特に、元禄時代の米倉丹後守昌尹《まさただ》という人は、美男子で、頭脳明晰《めいせき》で、綱吉公の覚えめでたく、とんとん拍子に出世して、当時世間の評判も大変なものであった。

この丹後守以来、米倉家は、各代丹後守を名のって明治維新までつづいた。米倉昌尹は、初め千百石取りの御側衆《おそばしゅう》であったが、将軍綱吉公に、ことのほか殊遇されていたので、中野の東西十万坪の二百九十棟もある大規模な御用屋敷（お犬小屋）の普請総奉行をつとめて、時間と予算の困難を克服して、これを完成させたことがあった。御側衆の職から、いちやく若年寄に抜擢されたのも、このときであった。それから元禄十年六月には、下屋敷までも賜わったのである。

中野の御用屋敷につづいて、次は上野の根元中堂の御普請奉行を命ぜられた。これも、とんとんと無事にすんで、褒賞として将軍手ずから左文字弘行の脇差と金五十枚とを下されたということである。しかしその直後、この根元中堂の供養と落成の式典とを、大々的にやるということになって、京都の御所、公卿衆、比叡山、大仏、大原などと打合せのため、江戸を立って京都へ向っていたのである。その出発の日は元禄十年八月二日であり、供養の日は、翌十一年九月三日の予定であった。

その元禄十一年九月三日の上野中堂供養について、こんなことを書いたものもある。

「今日之儀、無二一事違乱一、公私大慶、難レ盡二短筆一」と、いかにも国をあげての大事な式典が無事にすんで、心から喜んでいるような書きぶりである。

そこで、上位の者から順次に褒賞を受け、いつも相棒であった秋元但馬守喬知は、元禄十二年十月六日に老中となり、米倉丹後守昌尹は、御加増によって一万石の領主となり、大名に取り立てられたのである。大名をつぶすことばかり考えていた幕府が、一万石の小大名ではあるが、これを許したということは、当時の米倉丹後守という人の偉さもうなずかれることではある。とにもかくにも、一万石ではあったが、大名に取り立てられたのである。すなわち、武州久良岐郡金沢藩一万二千石の領主となったのである。

そのころ、ここ赤坂の台地には、尾州家徳川光友侯の夫人、三代将軍家光公の御女、千代姫様（霊仙院）の広大な屋形があった。千代姫様が亡くなってから、その屋敷地が分割賜地されて、この地の絵図に名前が浮き出してきたのは、尾州家の御付家老であった竹腰近江守と米倉丹後守の屋敷であったことは、前の『沿革図書』の図で充分おわかりになったことと思う。

米倉丹後守が丹後坂の名称由因になったのは、当時の民衆の声の大きさであろう。とにかく元禄時代の米倉丹後守昌尹という人は、江戸ッ子のあこがれのようなものであったのかもしれない。とにかく一般の人気のあった人であることはまぎれもない事実であった。

丹後守の他の二人についても、それだけの理由はあったものと思う。西尾丹後守は、古いこの地の絵図に、初めて丹後守という名を記していて、しかものちの丹後坂の坂下にあたるところに、その下屋敷があったということが由因であろう。竹腰丹後守のほうは、その丹後守という名はちっとも知られていないが、尾張家の御付家老であり、城持ち大名でもあったし、この坂ができる前から、ここに住んでいて、明治の初めころまでただ一人、竹腰の名を地図に残していたからであろう。

そのころは、米倉丹後守も、西尾隠岐守も、この地には居なかったのである。したがって、地図にもその名は載っていなかった。

このように、それぞれの理由から、後世丹後坂の名は、西尾・竹腰・米倉の三家の丹後守によって、坂の名ができたものと考えられたのであるが、以上の理由から、丹後坂の名称の起りは、米倉丹後守の丹後でなければならないと思うのである。

虎の門の淡路坂

東京には淡路坂と呼ぶ坂が現在二個所ある。一つは、駿河台の神田川べりを、聖橋《ひじりばし》のところから東へ下る坂で、もと一口坂《いもあらいざか》と言った坂の別名である。昔、坂の頂上の南わきに、鈴木淡路という人の屋敷があったからだ。一口坂という名は、一口稲荷から出ている。いま、駿河台一丁目の主婦の友社の裏のほうに、太田姫神社というのがあるが、これはもと一口稲荷といったのである。いまの聖橋のたもと、一口坂の頂上の神田川べりにあった疱瘡《ほうそう》の神様であった。

もう一つの淡路坂は、霞が関の三年坂の別

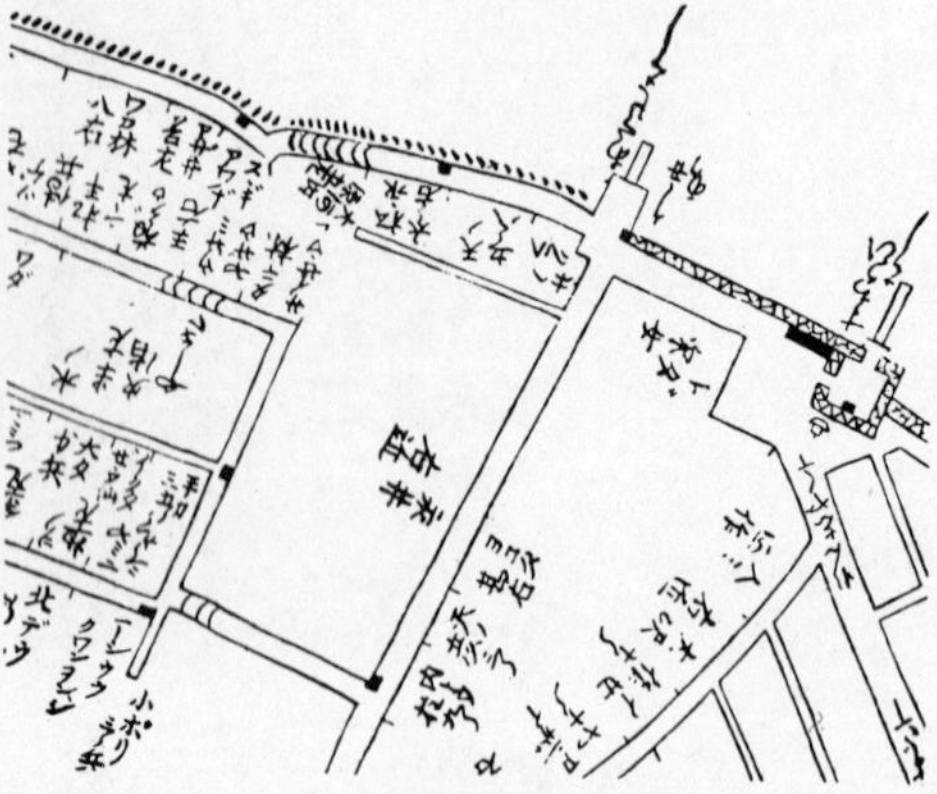

駿河台淡路坂上（スヾキアワヂ）

名である。いまの文部省東わきの坂で、坂の東側は大蔵省である。三年坂というのは、この辺に寺院のあったところの名称で、ここで転ぶと三年のうちに死ぬという俚諺から呼ばれた名前であった（「三年坂にまつわる俗信」の項参照）。

淡路坂のほうは、駿河台の淡路坂同様に、だれかの屋敷がこの坂のどこかにあったのだと思う。江戸の地誌では、その詳しいことを書いたものが見あたらない。

淡路坂（文部省と大蔵省の間の坂）

享保十八年（一七三三）出版の『江府名勝志』（藤原之廉著）に、「淡路坂　虎御門内、松平周防守、内藤備後守屋敷の間の坂也。陶山が関とも云と也」とある。しかし、そのわけは書いてない。享保十八年以前から淡路坂と呼んでいたとすれば、そのころの屋敷といえば、この辺では松平周防守、内藤備後守、高木主水正の三家だけである。高木主水正と内藤備後守には、享保十八年以前も以後も、淡路守と名乗る人は一人もいない。ただ、松平周防守もほとんど各代周防守であるが、外桜田門内の屋敷から、ここへ初めて移って来たときの当主は、松平淡路守康映《やすてる》という人であった。この人は、石州浜田藩六万四百石の城主であった。康映は初め淡路守であったが、のち周防守をついだ。その淡路守のころ、ここへ初めて引っ越して来たのであろう。それは寛永二十一年（一六四四）九月十一日のことであった。

ここの淡路坂の坂名の起りについて、くわしく書いたものを見ないが、おそらくは、松平淡路守庚映の淡路守からとって呼ばれた坂名だと思う。とにかく、私はそう考えている。

今日、ここの淡路坂が、だんだんに人びとから忘れられてゆくのは、その坂名起因がはっきりしないからである。根拠のはっきりしないものは、だんだんに忘れられていき、ついに消えてしまうものである。

目黒不動の男坂・女坂

江戸時代、高台の神社へ登って行く坂に、男坂または女坂というのがあった。男坂は石の階段の坂で、けわしいほうの坂である。そして女坂は、とにかくなだらかな坂であった。川柳などにも、男坂・女坂についていろいろと詠まれている。

男坂えこぢに道はつけぬなり
振袖へ後見のつく男坂
是見よと御礼参りに男坂
男坂おりかけて見てよしにする
おとなしい人程廻る女坂
病上り女に坂をかりる也
男ざかりの女坂ゆく

江戸の昔から今日までも、男坂・女坂のそろっているところは、湯島天神、神田明神、日枝神社（麴町山王社）、愛宕神社、西久保八幡、須賀神社（四谷、天王社）、市谷八幡、高田八幡（穴八幡）、そして目黒不動である。

ここに挙げた例によると、九つのうち八つが神社であって、残る一つは天台宗の不動堂である。目黒不動は特別の場合であって、男坂・女坂は、ほとんど神社へ行く坂にのみ名づけられたものと思ってさしつかえない。

岡の上のお寺へ行く坂には、石段のけわしい階段がどこにでもあるが、これらを男坂・女坂といったりした例をみない。お寺の石段坂を石坂とはいうが、男坂とはいわない。川柳でも、「石坂は仏の道に急度過ぎ」などという句もある。ふつうお寺の坂に男坂・女坂などと呼ぶことはないというのに、何故に目黒不動だけに、この名が神社と同じように正面の急な石段坂を男坂といい、それに並んでいるゆるやかな坂を女坂とよんだのであろうか。

実は不動そのものは仏であるはずであるが、この目黒不動は、昔から日本武尊《やまとたけるのみこと》を祭ったものであると伝えられている。土地の人は荒人神《あらひとがみ》といって尊崇していたのである。内陣にかざった日本武尊の像は、焼津で尊が土人に火をかけられて苦戦したときの様子をかたどったものであるという。左手には縄を持ち、右手には草薙《くさなぎ》の剣をかまえ、ちょうど不動明王の像にそっくりの形相であるというので、それを御神体としたものであるという。

それから目黒不動の入口には、仏には珍しく鳥居があることもその証拠である。今日では、この鳥居は見えないが、『江戸名所図会』の長谷川雪旦の絵には、それがはっきりと

目黒不動の男坂・女坂

鳥居と狛犬のある目黒不動堂（『江戸名所図会』）

目黒不動二王門

写し出されている。

それから神社にはどこにでもあるが、ここの不動堂には珍しく、狛犬《こまいぬ》が四組も存置してある。狛犬というものは、古くインドに始まり、中国、朝鮮を経てわが国に渡来したもので、高麗《こま》犬とも書く。元来日本で創作されたものではない。神社または寺院などの前に存置する、というのが本当かもしれないが、もとはどうであれ、日本にきてからは、ほとんど神社の場合が多いといってもよいくらい、お寺にはあまり狛犬はみえないようである。それなのに、この目黒不動には、鳥居と一緒に狛犬が四組もある。別の「目黒不動堂境内図」を見ると、二王門前に二組、男坂上に一組、それから堂前に一組、それでつごう四組も数えることができる。

とにかく、（一）目黒不動は、本尊が日本武尊の像であるということ、（二）入口に鳥居があること、（三）狛犬が四対もあることの三つのことから、広く民衆からは神社として認められていたことは事実である。

それで、不動堂へ上って行く二つの坂を、おのおの男坂、女坂とよんだのであろう。

ちなみに、目黒不動堂の別当は、天台宗の泰叡山滝泉寺であった。

阿衡坂と保科肥後守

文政五年、金丸彦五郎図工、須原屋茂兵衛蔵版「『分間江戸大絵図』」の、麻布白金御殿跡の辺に、「アカウサカ」という坂の名が見える。これは、奴坂という坂につづいて西の方へ上る坂である。遍正寺と称念寺のあいだの道筋である。今日でいえば、南麻布三丁目五番六番の境を、西に上る坂ということになる。この坂みちの北側には「亀井大隅守」の下屋敷があり、南側には小屋敷が一廓になって、たくさん並んでいる。この辺は、昔の白金御殿の一部であって、かつての保科肥後守の下屋敷があったところである。

元禄六年の江戸絵図には、この坂の南側に、「ホシナヒコ」とあり、この坂を挟んでその北側には、「カメイノト（亀井能登守）」の下屋敷がある。保科肥後の西隣りの屋敷は、「本多越前」である。この保科肥後と亀井能登のあいだの坂が、「アカウサカ」なのである。「アカウサカ」とは、阿衡坂と書いたものと思われる。阿衡《あこう》とは、天子の輔佐たる摂政または宰相の異称である。ここではもちろん、徳川将軍の輔佐役という意味であろう。そして、ここの保科肥後守が、その阿衡なのである。

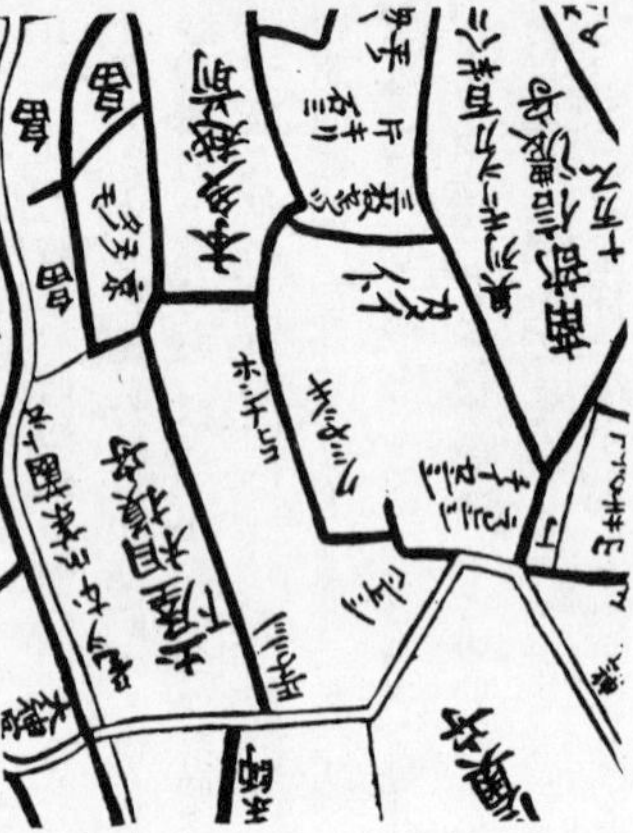

『江戸図正方鑑』（元禄六年）

保科肥後守は、もちろん保科肥後守正之《まさゆき》のことである。正之は、徳川二代将軍秀忠の三男であったが、「故あって御子の数になされず」と、ぼかして系譜に記されている。事実三代将軍家光の実弟でありながら、表面的には、将軍の子としての取扱いはなされなかったのである。母は神尾氏で、世にお静の方といわれ、将軍秀忠の最愛のひとであったということである。だから、正室浅井氏（崇源院）の嫉妬がはげしく、生まれた子の幼名は、幸松麿といったが、七歳のとき、高遠藩主保科肥後守正光の養子として、高遠城主となり、肥後守正光に養育されたのであった。これが、寛永末期の名高い保科肥後守正之である。

二代将軍秀忠は、臣下の取扱いをせねばならなかった正之を、たいへん不憫におぼしめされて、死に臨んで、正之の兄である三代将軍家光に対し、正之のことを、くれぐれも頼んで死んでいったということである。

正之は、幼くして性利発、しかも謙譲、人となり気品高く、生涯、同僚の高官たちに敬愛されたものである。正之は二十四歳のときには侍従となり、二十六歳には高遠を去って山形城二十万石の城主となっていた。寛永十六年、正之二十九歳のときには、すでに国家の大政に参画し、兄家光からも、意見あらば遠慮なく述べるようにと、つねづね命を受けていたものである。「献替の言を奉ることあまたたび」などという記録も残っている。その後、中将に任じ、慶安二年十一月十七日には、重ねて従三位の位記を下されたが、これを固辞して、正四位下に叙せられたのであった。

慶安四年四月、家光の病篤く、すでに臨終におよび、正之をおそば近く呼びよせ、御口ずから後事を託し、四代将軍となるべき家綱を傅育《ふいく》するように遺言されたものである。この日から正之は毎日お城に伺候して、政務に尽瘁したということである。そのころ、保科肥後守正之は、二十三万石の会津城主であったが、その上屋敷は、西丸下にあった。これも将軍よりの仰せにて、常にお城近くに居住するようにとのご希望によって、内桜田の屋敷に移ったのである。

明暦の大火のとき、江戸城のお天守が焼け落ちて、その再興について、老職間に議論があったが、正之はただいままでは、天守は軍用に益なく、人力と金銭の消費が多いばかりなので、天守の再造は中止すべきであると、強力に主張したものである。そして、とうとうその後いちどもお天守の再興の話は出なかったのである。それから、明暦大火後、江戸絵図の必要を力説し、ついに日本で初めての印刷江戸図、すなわち寛文五枚図を世に出すに

阿衡坂

いたったのも、彼の主張によるものであったということである。

承応三年のころであったか、朝鮮国からわが国へ使者が来るので、都合を問い合わせて来たことがあった。その年は、ちょうどわが国では、西方の国々が洪水その後の天災のため、国内が荒廃して、異国人には見せたくない状態であったので、老中たちがはかって、しばらく延期したいということになった。このとき、正之は「天災のない国などは、世界のどこにもありようはずがない。天災のために、異国より万里の波濤をしのぎて、両国の修好を求めて来ることは、むしろわが国の喜ぶところである。少しばかりの天災によってそうした国家的の修好を遅らせてはいけない」と力説したので、「衆議一決して遂に明年早々に来てもらう」ということを返事したということもあった。

その他、正之は『会津風土記』を編纂せしめ、これを幕府に献上した。それから山鹿素行を妖言者として、断固罰したのも彼であった。

彼の死後、保科肥後守を継いだのは、六男正容《まさかた》であった。正容も侍従に任じ、左近衛少将になり、元禄九年十二月十日以後、松平の姓に復り、葵の紋も許され、その日から松平肥後守正容と称した。だから保科肥後守というのは、正之の養父正光と、それを継承した正之と、その子正容が元禄九年十二月九日、すなわち、正容が保科肥後守を継いだ十三歳のときから二十八歳の十二月九日までの十六年間の、右三人だけが、保科肥後守を名のったことがあるといえるのである。

要するに、保科肥後守正之は、二代将軍秀忠の実子で、三代家光につかえ、四代家綱の摂政の仕事をつとめた。保科肥後守正容は、二代将軍秀忠の孫で、五代綱吉、六代家宣、七代家継につかえた。正之は肥後守、侍従、左中将、正四位下であったが、正容も父と全く同じであった。正之は家光に信頼されて、四代家綱を傅育補佐した。正容は五代綱吉に信頼されて、六代家宣、七代家継につかえたのである。

保科肥後守は、父子共に侍従となり、将軍のおそば近くにあって、まことにりっぱな阿衡であったというべきである。松平楽翁公は、四君子十善人を選んで、保科肥後守正之を、その十善人中の一人として挙げている。港区南麻布三丁目の「アカウサカ」は、保科肥後守の下屋敷わきの坂なので、その名を、阿衡坂と呼んだのであろう。

この場合、阿衡というのは、とにかく保科肥後守正之を指していったことは事実である。かりにも松平楽翁公が言ったように、肥後守正之という人は、十善人の一人であったことはまちがいないと思う。身は二代将軍秀忠の実子として生れながら、諸人に接する態度が実に謙虚誠実そのものであったということは、その日常の静かな行動に現われていた。

江戸の念仏坂二つ

念仏坂という坂が、江戸時代からある。新宿区住吉町から市谷仲之町へ上る石段の急坂である。ずっと昔は石段の坂ではなくて、土どめされた急峻な土坂であったと思う。

念仏坂の坂名起因としては、次の三つの場合が考えられる。

1　坂のそばに老僧が居住して、昼夜念仏を唱えていた。

2　坂は谷に臨み、屈曲して急峻のため、往来の人が念仏を唱えつつ、坂を上り下りした。

3　坂の付近に安養寺という浄土宗の寺があった。

しかし、現在の念仏坂は、東京にある唯一の実在する念仏坂であるので、右三つの理由は、この念仏坂に限る説明であって、他の念仏坂に利用できるかどうか、疑わしい。江戸の念仏坂の説明は、右三つになるが、もし江戸以外に念仏坂があれば、ぜひそれらについても調べてみる必要がある。私の知っている念仏坂といえば、近いところで、神奈川県に一つ、それから昔の江戸の麴町に一つあったということだけである。

『新編相模国風土記稿』の神奈川県足柄下郡石橋村のところに、次のようなことが書いてある。

「念仏坂　熱海道にあり、登一町半許、与一塚の辺なり」「佐奈田与一義忠墳、村南熱海道の側より石階四十二級を登り、丘上に老椙樹あり、是を与一塚と呼ぶ」「念仏坂の下に、手附石と呼るあり、こは景久掌の痕とて、石面に残れり、義忠は岡崎四郎義実の長子なり、石橋山の役に、頼朝の先陣承り、岡部弥次郎を討取、軈て俣野五郎景久と戦ひ、景久を組敷しに、長尾新六定景、落合て義忠を討取。弟忠時に年二十五」

念仏坂

『大日本地名辞書』は、それにつづいて、次のように記している。

建久元年正月、頼朝伊豆権現へ参詣の路次、此墳を一覧ありて、懐古の情落涙数行に及ばる。

と。なお、

毎歳八月二十三日、群詣の輩多く、禱賽には松炬を点じて墳前に手向るを例とす。

とある。

こんなことから考えて、ここの念仏坂の坂名起因は、ただ念仏が主となっているようである。

次に、天保元年ころの『江戸独案内』の坂の部のところを見ると、麹町に念仏坂があったということを、教えている。

かうじ丁
かい坂
紀尾井坂
念仏坂
清水坂

今日実在する坂名は、右のうち、貝坂、紀尾井坂、清水坂の三つで、清水坂はのちの紀尾井坂の古名であるとするもので、それは同一の坂であるということになる（『江戸名勝志』）。

それから清水坂は、それとは別な坂であるとしているものもある（『麹街《きくがい》略誌稿』）。すなわち「清水坂、九丁目尾州公表門前より清水谷へ下る坂を云ふ。江戸名所図会に、尾州と井伊家の間の坂とあるは誤れり」また「紀尾井坂、清水谷より十丁目続と喰違へ登る坂也」と『麹街略誌稿』は書いている。

だから、尾州家と井伊家とのあいだの坂は、清水坂ではなくて、紀尾井坂であるというのである。そして、清水坂は、九丁目の尾州公の表門前から清水谷へ下る坂というのであるから、今日の紀尾井町と麹町五丁目境の坂路、すなわち清水谷から、上智大学の東側の坂を、新宿通りへ出る道筋をいうことになる。この坂は、今日でもかなり急なところがあって、昔は険しい坂であったようである。それから、尾州家の表門は、江戸末期には、紀尾井坂に面していたようであるが、元禄以前には四谷見附の方が表門であったことは事実である。

そこで、前述の『江戸独案内』において、紀尾井坂と清水坂との二つの坂に挟まって記されている念仏坂は、どんな意味を持つのであろうか。これら三つの坂は独立した三つの坂なのであろうか。

紀尾井坂が元禄のころにできた坂名であるとすれば（『大日本地名辞書』）、清水坂は元禄以前に、この坂に名づけられたものと考えられる。そして念仏坂は、そのまた別名であったとも考えられないこともない。

いま、この念仏坂について考えてみると、この坂の上は、古い昔の光明寺（のちの増上寺）のあったところで、「喰違」がその旧跡地と考えられている。浄土宗の光明寺へ上る坂が念仏坂と唱えられたとしても、無理ではない。しかも急峻な坂であったと考えられる坂でもある。念仏坂の三の条件にも当てはまるようである。それから、九丁目の尾州家表門から清水谷へ出る坂を、独立した清水坂としている『麹街略誌稿』の説も捨ててはならない。この独立した清水坂の別名が念仏坂であるということも充分考慮せねばならない。坂の上に、心法寺という浄土宗の寺があり、坂路はかなりの急坂であったと想像できるか

清水坂（上智大学裏門前より）

らである。ここの清水坂も、念仏坂の条件にかなっているように思われる。

以上のほかでは、赤坂御門の坂、すなわち富士見坂の別名かとも考えられないこともないが、この坂には、きわめて急坂という条件以外に、何もないようである。念仏坂という別名を、この坂について聞いたこともない。

その次は、この赤坂御門を通らずに、見附の桝形の北側を、いまの弁慶橋（そのころはなかった）のほうへ下る無名の急坂があったはずで、これが念仏坂ではなかったかと想像できないこともない。この坂も急坂であるということのほかには、富士見坂同様に、この坂の名さえきいたことがない。ただ念仏坂としては恰好な坂であると考えただけである。

地名としては、日本のいたるところに、念仏池だの、念仏橋、念仏岳、念仏寺、念仏石などというのがあるが、その命名の由因はすべて念仏そのものである。

たとえば、念仏池と念仏橋について、菊岡沾涼が『諸国里人談』に書いているのを引用すると、

> 美濃国谷汲と坂下との間に小き池あり。渡せる橋を念仏橋といふ。池の中に石塔あり。誰人の立たるといふをしらず。往来の人、橋のうへにして石塔にむかひ念仏すればしづかに泡立、責念仏を申せば声に応じてその泡多く立なり。よつて念仏池といふなり。

とある。

念仏を唱えると、池の水が泡立ちさわぐというだけで、別に念仏の効果や意味がはっきりしない。しかし、念仏岳、念仏石もたぶんそんな程度のことだと思う。念仏坂のように、念仏を唱えると、その坂の危険を脱却することができるというような考えは、江戸の念仏坂にかぎるのかもしれない。いかにも江戸ッ子らしい名前のつけかたである。危険な坂の上で、わが身を守ってもらうために念仏を唱えたというのは、坂名の起因としては、しっくりしていておもしろいと思う。『江戸志』がいうように、念仏坂は、「甚危くして上り下る老人、念仏を唱ふ坂の名なり」というのが本当らしく『東京地理沿革誌』のように、「これは往昔此処に仏庵ありて、二六時中常念仏を唱へたる僧侶の住せしより遂に坂名となりぬ」というほうが、むしろ不自然で、真実性にとぼしい。

そんなことで、麹町の念仏坂というのは、古い坂のようであり、しかもよほど急峻な坂であったように思われる。これがはっきりすると、江戸の念仏坂は二つあったということになる。

こんなはっきりしないことまで書いて、多くの人に語るのも、ひょっとして、この地の老人とか、その他俳人の中に、ことによるとここの念仏坂のことを知っている方がないともかぎらないと思ったからである。こんなときの苦境を救ってくれたある老婆のことを思い出したからである。それは単に、その坂のことを、「子供のときに、かむろ坂といっていた」ということだけであったのだが、とてもうれしかった。

それから、川柳に「浄瑠璃坂を念仏で行く」というのがあるが、浄瑠璃坂というのは、昔は六段の坂になっていて、とても急な坂であった。江戸の念仏坂の念仏は、この念仏でなければならないと思った。

日本最古の坂—黄泉比良坂

日本史上いちばん最初に出てくる坂の名は、「黄泉《よもつ》比《ひ》良《ら》坂《さか》」という坂である。これは、書紀、古事記に出ている重要な地名の一つである。

伊弉冉命《いざなみのみこと》がお隠れになってから、その夫たる伊弉諾命《いざなぎのみこと》が、黄泉《よみ》の国の妻に逢いに行くところがある。いざなぎの命は、面会のときに堅く約束したばかりの誓いを破って、決して見てはいけないと言われたいざなみの命の部屋を覗き見してしまった。そのとき、そこに見たものは、腐乱して蛆虫《うじ》のわいている醜い妻の死体であった。驚いたいざなぎの命は、夢中でそこから逃げ出してしまったのである。それを知ったいざなみの命は、黄泉の醜女《しこめ》という悪女四、五人に、これを追わせた。いざなぎの命は醜女たちにつかまりそうになると、持っていた櫛や葡萄、筍、桃などを、何回となく投げ与えて、これらを食い止め、とうとう黄泉の国を脱出することができたのであった。

そこは、黄泉の国と現世との境の地点で、黄泉比良坂という大きな坂であった。いざなぎの命はこの坂口を大きな岩石をもってふさぎ、この坂を境として、有名な「黄泉比良坂の誓い」をしたのである。すなわち、いざなみの命は「あなたが誓いを破り、私に恥ずかしめを与えたことは許すことができない。わたしは、今後あなたの国民を一日千人ずつ殺してやる」と申された。いざなぎの命は「それは止むを得ないことだが、あえてそのようなことを実行するならば、こちらでは一日千五百人の子供を生んで対抗する」と返事をされたのである。

日本人は、この日から一年に十八万人ずつ人口がふえていったことになる。

車坂と車返しの坂

車坂《くるまざか》という名の坂は、江戸と上方《かみがた》、その他の地方では、その意味が違うようである。江戸の車坂は、この坂にかぎって、車が通ってもよい、ということになっているようであるが、上方とその他の地方の車坂は、車が通れない、または車が通ってはいけない坂を、車坂というようである。

江戸の坂については、『江戸鹿子』に、「車坂、東叡山より下谷へ下る坂なり、車を通ずる坂なればかくいふにや」とある。

もう一つ、池上本門寺にも車坂がある。本門寺の高台へ上る坂みちは、朗師坂、表坂、大坊坂、

上野の車坂

紅葉坂、裏坂（これが車坂である）など五つ六つあるが、そのなかで、車坂すなわち裏坂が、唯一の車を通す坂みちであった。それで車坂と呼んだのであるという。だから車坂という坂は、江戸では大概、車を通すことができる坂みち、車が登れる坂道、車が通ってもよい坂みちを、車坂といっているようである。

ところが上方の車坂は、車返しの坂と同じであって、この坂から上は道が険しいので、車は通れないということを意味しているのである。すなわち、車返しの坂なのである。

山岳の車坂は、みんな車返し坂である。山は上へ上るほど険しくなるのであるから、当然ここから車は返さねばならない。

上方の車坂を代表するものには、次の京都の車坂がある『拾遺都名所図会』に、「車坂、上加茂より乾の方十四五町にあり。此坂を車坂といふは、むかし惟喬《これたか》親王小野に閑居し給ふとき、此所まで乗車し給ひ、これより嶮路なるゆゑ、車を此所に乗捨て給ひしとぞ。故に此名ありといふ」とあって、前述のように、完全に車拒止の上方説になっている。

もう一つの例をあげると、木曾街道の柏原と今須のあいだの車返し坂である。『木曾路名所図会』には、次のように記されている。

「車返の坂、長久寺の東二町許《ばかり》にあり、少しき坂なり、これより今須へ六町あり、文明の頃、後普園院摂政良基公、此所を通り給ひし時、不破の関の月御覧ぜらるるとの噂を聞より、此辺の者かくあれたる体《てい》にては見ぐるしとて、屋根を葺《ふき》ここかしこ取繕《とりつくろ》ひ待奉るよしを、此坂にて聞し召され、惜哉あれたる所こそ特に賞翫なれとて歎き給ひ、一首の歌を詠じ給ふ。

葺かへて月こそもれぬ板庇《いたびさし》

とく住あらせ不破の関守

斯《かく》読ませられ、御車を返し給ふといふ里諺あり」

実は、車の通れない坂みちなので、ここから引き返したのであるが、それを何とかおもしろく理屈をつけて車返しの坂の説明にしたかったのである。だから、里諺だと書いて断っているわけなのである。

池上本門寺の車坂

とにかく、江戸においては、車の通ることを許容しているのが車坂であって、上方の車坂は、みな車拒止の車坂なのであるから、上方の車坂と車返し坂とは、いずれも車拒止を意味している同じ坂なのである。

瓢箪坂

江戸時代の瓢箪坂《ひょうたんざか》は、東京にはたった一つしか残っていない。そのために、どういう理由でひょうたん坂といったのか、それがわからない。同じ名前の坂が、少なくとも三つないと、その坂の名前の本当の意味は、しっかりとはつかみにくいものである。このひょうたん坂がその例である。その形が瓢箪の形をしている坂というものは、まずない。ほんとの地誌にも、瓢箪坂の説明をしているものがない。

東京にただ一つの瓢箪坂は、新宿区神楽坂六丁目と白銀町との境を、南から来て西に上る坂である。たしかにすんなりした坂ではない。坂みちがくねくね曲っていて、坂は急坂ではないが、坂路に狭いところと広いところがあって、S字形に曲っている。坂の頂上は崖の上で、崖の下は曲って下りて来た坂のふもとになっている。だから、ここの崖に沿って建てられた家屋は、坂上の路と二階の窓が同じ高さで、坂の下はご存じのように、家屋の一階が玄関になっていた。これはいまから二十五年くらい前のころの記憶である。崖の家は、たしか草間錦糸という帝劇の女優さんの家であった。

瓢簞《ひょうたん》のことを瓢《ひさご》ともいう。これらの字のついた地名を考えてみると、まず、瓢簞町、瓢簞池、瓢簞堀、瓢簞山、瓢簞島、瓢池、瓢潟《ひさごがた》などいろいろある。

瓢簞町は、街路がくねくね曲っていて、一小部分にくびれのある道路の町、また入り口が小さくて中が広い町をいうのだという。それから瓢簞池、瓢池、瓢簞堀、瓢潟《ひさごがた》は、みんな瓢簞の形からきているのである。瓢簞山ももちろん瓢簞の形をした小山をいうのである。瓢簞島は佐渡が島のことで、大佐渡小佐渡という大小二つの島が、つながって、瓢簞に似ていたからの名前であるという。

池だとか、湖だとか、山だの丘だのが、瓢簞の形をしているというのは、ありうることで、これには問題はない。しかし、坂や道路が瓢簞の形をしているというのは、まずありえないことだと思う。坂が瓢簞のかっこうをしているというのは、どんな形をいうのであろうか。「途中いったんくびれて、さらに盛り上っている形から瓢簞坂の名が起った」と書いた人もあるが、「坂路がくびれていて、さらにそれが盛り上っている形」というのは、どんな形をいうのであろうか。これもなんだか、わかったような、わからないような、物足りない説明である。坂のそばに、瓢簞の畑があって、毎年夏になると、青い瓢簞が、いくつもぶらさがっているのがこの坂から見えたということから、瓢簞坂といったということなら、ありそうなことである。

昔は、子供の下駄に瓢簞の絵を描いたものを売っていた。「ころばずの下駄」といった。

瓢箪坂

瓢箪をからだにつけていると転ぶことがない、というおまじないからきていることで、子供が転ばないようにと、心をくばる親たちの思いやりからきたものである。それから小さな瓢箪を六つ腰にさげていると、六瓢《むびょう》といって、無病を意味し、決して病気にかからないというおまじないもある。

川柳に、

　ころぶはず大きな坂の近所也
　よくころぶはずさ芸子はお坂也

というのがあるが、江戸時代には、坂はよくよく転ぶものと思われていたようである。

この転びやすい坂に、転ばないまじないの瓢箪という字をかぶせたら、さぞ安全な足場の良い坂になるのではないだろうか。そこで、足場の悪い転びやすい坂に、瓢箪坂と名づけたものとしたら、どんなものであろうか。瓢箪坂は転びやすい坂が、転ばぬ坂というまじないを込めた坂の名となったのである。転ばないようにと、けわしい坂みちに、その安全を祈って瓢箪という名をつけたのではないだろうか。

この瓢箪坂と同じような坂に、念仏坂というのがある。険しい急坂を、ことに雨後のすべりやすいときに、上ったり下ったりする場合、思わず「なむあみだぶつ、なむあみだぶつ」と声が出てしまう。念仏坂と同じ気持ちの坂が、この瓢箪坂の名前である。瓢箪という名を坂につけたときの気持ちは、その坂を上下するすべてのひとびとが、皆安全であるように、転んでけがをしないようにと、祈る気持ちの現われの名前であるということは、両方とも同じなのである。坂に関するかぎり、瓢箪の意味は決して形ではなく、その心ではないだろうか。

念仏坂のように、危険を自分自身の念仏によって、個人個人が仏に祈るのとちがって、瓢箪坂のほうは、ころばずの下駄と同様、そこを通るもののすべての人のために、人が通る以前に、その坂に瓢箪坂という名前をささげて、祈りをすませているのである。だから瓢箪坂には、神の加護があるものと思っているのである。

やかん坂

江戸には、やかん坂が三つか四つあった。やかんは、薬鑵《やかん》、ヤカン、やかん、野干などと書く。江戸の坂の名前としては、薬鑵坂と書いたものがいちばん多い。薬鑵は、薬を煮るのに使った湯わかしのことである。しかし、そのころの薬鑵は、みがくとピカピカ赤く輝く銅薬鑵のことである。

いま、東京には、江戸時代のやかん坂は、次の四つがある。

1　薬鑵坂　新宿区若葉一丁目の国電のトンネル入口に近いところへ、下の谷から上って行く小さな坂であったが、いまはない。古い昔、雨後晴天のときには、坂の野草が洗い落されて、坂一面の赤土が、朝日に映じて銅薬鑵色に輝いていたというのである。もう一つは、この坂下に薬鑵職人が住んでいたということである。

2　薬鑵坂　『豊多摩郡誌』にいう荻窪字本村というのは、いまの杉並区上荻二丁目にあたる。雨の後などに、薬鑵が坂にころがり出てきたというのである。これは薬鑵を化け物の仕業《しわざ》としているのである。狐がやったと考えてのことであろう。

3　やかん坂　文京区目白台二、三丁目の坂で、『若葉の梢』によると、薬罐、野干、射干とも書いたとしている。ここでは、墓地のように気味の悪い寂しさを強調し、そんなところに薬罐の化け物がころげ出たと説明しているのである。

4　ヤカン坂　文京区小日向一丁目十番の生西寺北わきの坂である。これの説明されたものを見たことはないが、切絵図には、ヤカンサカと記してあり、周囲を考えてみると、やはり生西寺のそばであり、俗に「山中」といわれたところで、切支丹屋敷のほうから久世山へ行く道で、坂の両側に樹木がうっそうとしていて、昔はたぶん、気味の悪い場所であったように想像される。

目白台の薬罐坂

右四つの坂から分類してみると、やかん坂の説明は左の五つに集録することができる。

A　雨後晴天の坂みちが、銅薬罐のように赤く輝いていた。

B　坂下に薬罐を作る職人が住んでいた。

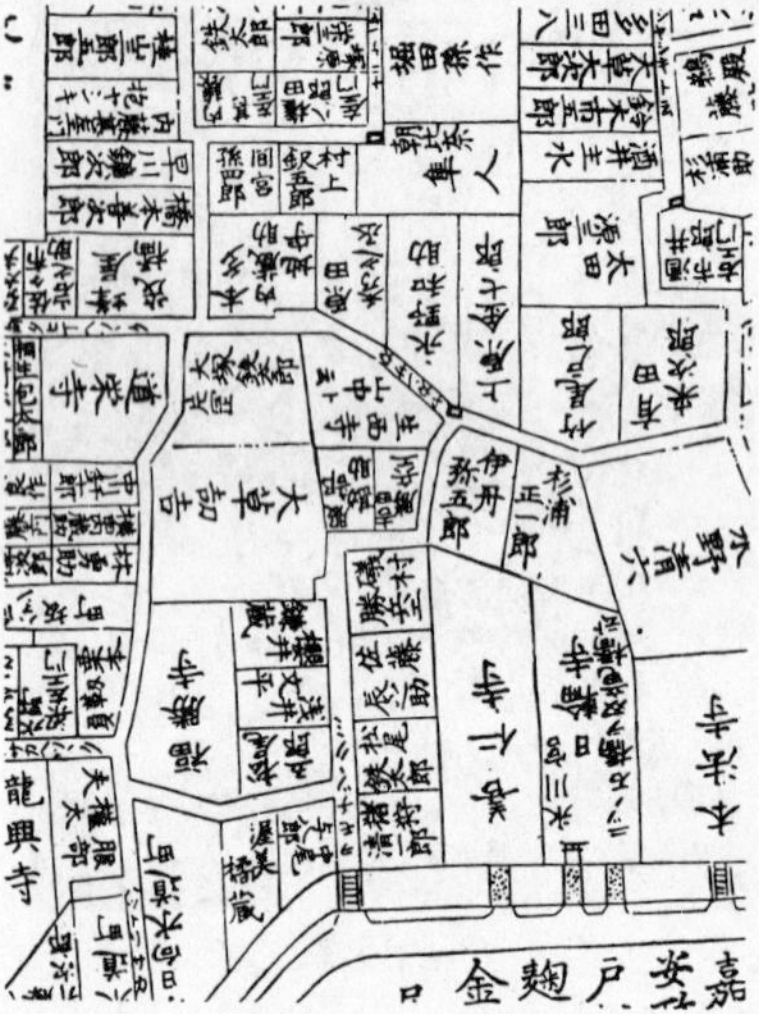

小日向生西寺わきのヤカン坂

C　雨の夜などに坂道に薬鑵の化け物が、ころがり出た。

D　坂に薬鑵の化け物がころがり出たが、それは野干すなわち狐が化けたものであろう。

E　幽霊坂と間違えられるような気味の悪い坂みちであった。

雨後の坂みちが、銅薬鑵のように輝いていたとか、薬鑵の化け物がころがり出たとかいうのは、ちょっと真実性にとぼしくて、一概には信じられない。薬鑵職人が住んでいたということも、一個所だけならそれもよいが、やかん坂のすべてに薬鑵職人の住居があったということには抵抗がある。

とにかくみんな、お化けの出るような、うす気味悪い寂しい場所なのだから、この職人住居説も、すべての薬鑵坂に当てはまるとは考えられない。このやかん坂が野干坂であって、狐坂と同一の坂であるということには賛成できる。そして幽霊坂のように寂しいところということも考えられる。

地方では、野干坂にきつねざかと仮名を振っている。『一挙博覧』という本には、「野干はきつねの事なり」と書いてある。『言海』なども野干を狐の異名としている。それから、はげ頭のことを薬罐頭といった。

安永六年（一七七七）ころの流行語に、そのころの美人、笠森おせんが欠落《かけおち》して、茶店におせんの代りとして老爺が出ていたので、世間では「とんだ茶釜が薬罐に化けた」といって、さわいだものであった。茶釜は美人を意味し、薬罐は、はげ頭の老爺のことをいったのである。

薬罐は、そのころの流行語であったから、本当は野干であるべきを、薬罐と書いて、銅薬罐を化け物に仕立てたのではないだろうか。狐坂では平凡なので、野干坂と書くべきところを、流行語を使って、薬罐坂と書いたのではないだろうか。だから、幽霊坂と同じような寂しいところの坂は、みな、やかん坂といったのであろう。

忠弥坂私見

　文京区本郷一丁目一番と、二丁目三番とのあいだを、南のほう、外堀通りから北へ上る小さな坂が建部《たけべ》坂である。古くは忠弥《ちゅうや》坂と呼んだこともあったようである。建部坂と呼んだのは、この坂の上り口の西側に、享保のころから建部六右衛門の屋敷があったからである。この建部屋敷の南側、すなわち、いまの元町公園のところが竹藪の崖になっていた。その当時は春になると鶯《うぐいす》の初音をきくことができたという。元禄のころの将軍が、ここを「初音の藪」と命名したという伝説もある。

　嘉永二年（一八四九）の『江戸切絵図』（近吾堂版）には、「△タケベ坂」とあり、その西側に、「建部六左ヱ門」と記す。『寛政重修諸家譜』には六右衛門となっており、現にこの建部氏の子孫という人から、「建部六左ヱ門はまちがいである」というご注意を受けたことがあった。しかし、嘉永二年の切絵図と大田南畝の『半日閑話』にも、建部六左衛門とあったので、そのまま書いてしまったのであった。のちに『寛政重修諸家譜』を見て、このときの人は、建部六右衛門廣寛《ひろのり》であったことを確認した。

もう一つの忠弥坂のことであるが、この名は、丸橋忠弥の屋敷の前の坂に名づけられたものである。慶安四年（一六五一）由井正雪の陰謀が未然におわり、同志の丸橋忠弥が、まず第一に逮捕された事件があった。

そのときの丸橋の居住地は、この坂のそばの町道場であったといわれる。それが、この坂の西側といい、または東側という有力な二説が、不確かな記録とともに残った。

1、この坂の西側（嘉永二年図の建部六左ヱ門の屋敷の辺）

2、この坂の東側（嘉永二年図の宇田川平七屋敷の辺）

『御府内備考』巻之三十二、本郷之一には、次のように記されている。

「丸橋忠弥宅蹟

丸橋忠弥宅跡は、春木町のうち今の近藤氏の表門の向ふなりと。或は昌清寺、等正寺の辺ともいへり。古く大岡源右ヱ門といへる人おれり。その屋敷はことの外広くして三千五百坪ありしと。この人（大岡）、彼（丸橋忠弥）の門人なりしかば、その屋敷の内に忠弥をすませたり。此人その頃は御中間頭を勤む。かの忠弥を置し科《とが》により、慶安四年八月十四、五日の頃、（父子共に）佐渡の国へ遠流に処せられしが、後七年をへて明暦三年（一六五七）罪ゆるされて江戸に還り（父大岡源右ヱ門宗茂は同年四月十七日病死して、佐渡相川の万行寺に葬られた。長男大岡正信は）、又御家人にめし出され、本郷の内にて屋敷を賜へり、今の御代官大岡源右ヱ門が先祖なり」（『改選江戸志』）

建部坂（忠弥坂）

正保元年（一六四四）の江戸図を見ると、（いまの駒込へ移る前の）吉祥寺の東隣に、大岡源右ヱ門屋敷が二つ、およそ三千五百坪くらいの広い屋敷が見える。忠弥を住まわせたという屋敷は、おそらくは右の二つのうちの南の方の屋敷であったようである。いまの元町公園のある崖付の屋敷で、南は要害になっていて、一朝ことある場合の防塞となるようなところである。忠弥は、こうした大岡屋敷を借りていたのであろう。もちろんこの屋敷の門は、西でも南でも北でもない。ただ東の方だけが門のあり得る条件を具備していた。西は正保図に見られるとおり吉祥寺であり、南は崖になっている。そして北は大屋《おおや》の大岡源右ヱ門の屋敷につづく。東は道路で、のちの建部坂の道筋であり、事件のあった慶安より、もうすこしのちに忠弥坂と呼んだものと考えられる。それは、忠弥居住の門前の坂であったからであろう。

丸橋忠弥の居住地の様子を、もうすこし詳しく書いたものがある。それは、次のようなものである。

「三代将軍徳川家光薨去し、嫡子家綱、四代の将軍となりし慶安四年七月二十三日、浪人由比正雪、丸橋忠弥の逆謀発覚せり。老中松平信綱、急に町奉行神尾元勝、石谷貞勝を召し、切支丹宗門の隠れ居る趣、訴人ありと揚言して、神田御茶水の上、幕府中間頭大岡源右ヱ門の邸に向はしむ。此邸内に忠弥借宅して、槍術の道場を開き居たるに因る。一同は、其夜深更に、態《わざ》と提灯を照さず、合詞《あいことば》を定めて同邸を囲み、火事と呼はり門を越《こえ》、屋上に登り、喧囂《けんごう》四隣を驚かす。忠弥倉皇火事は何方ぞと、戸を押し開きし所を、数人飛掛り、遂に之を捕縛す」（『新撰東京名所図会』）

以上は、坂の西側の大岡源右ヱ門屋敷の内に、忠弥の住居があったとする場合である。次に、『江砂余礫』を見ると、丸橋道場は、「御茶の水、宇田川氏の屋敷のよし。前の坂を忠弥坂といふ」とあるので、もちろんこれは、坂の東側に忠弥の住居があったとするものである。嘉永二年の切絵図を見ると、ちょうど坂の下り口の東側に宇田川平七と記されているところが慶安の御中間町で、そこに大岡源右ヱ門の町屋敷があって、忠弥が借宅していたというのである。

こうした考え方は、次の二、三の記述からできたものであろう。『御府内備考』の「吉祥寺跡」の解説に、後の建部屋敷までが、吉祥寺の境内であったと記していることから、古い大岡の屋敷が吉祥寺内に含まれてしまうことになって、この境界線は、ここの坂路となり、その東側へ大岡屋敷が飛び出してきたということになるのである。そこで、「丸橋

正保元年『江戸絵図』(水道橋辺)

嘉永二年『江戸切絵図』(御茶の水辺)

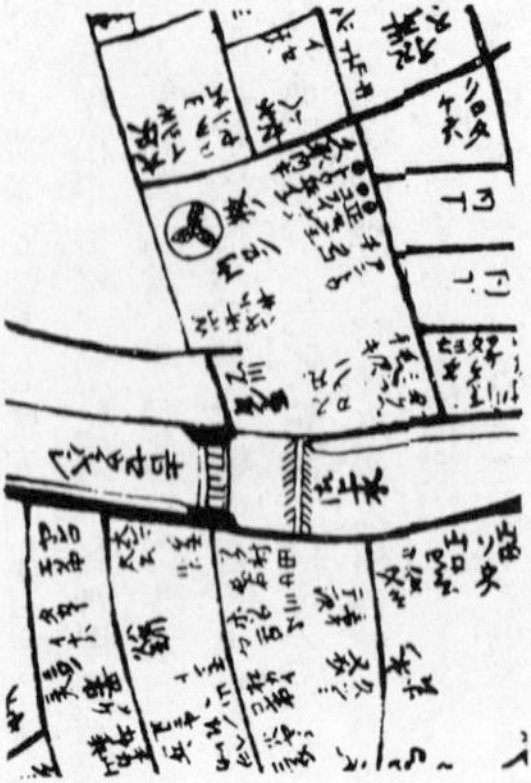

享保十年『分間江戸大絵図』

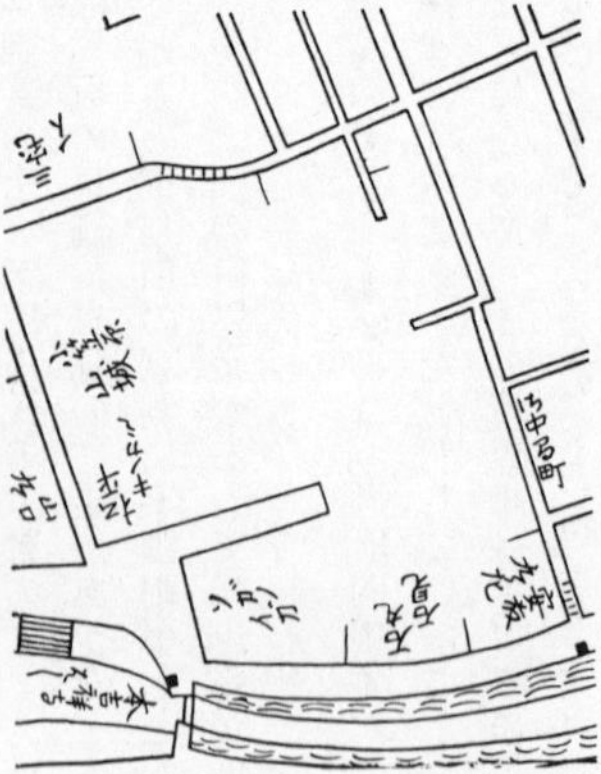

寛文十一年『新板江戸外絵図』

忠弥宅跡」も、吉祥寺の境界線が出張ったおかげで、すこし東へ移動してきたというわけなのである。

もう一つ、『御府内備考』には、『改選江戸志』を引用して、「今の建部氏の屋敷の内に古木の椿あり、是こそむかし吉祥寺ありし頃よりの木なり」として、やはり吉祥寺境内に、建部屋敷を入れている。

寛文十一年（一六七一）の「寛文五枚図」の第三を見ると、後の建部屋敷のところは「安藤九郎左」屋敷になっている。

それから享保十年の『分間江戸大絵図』になると、「安藤九郎左」屋敷のところが、「タケベミンブ」屋敷になっている。これは、地図に見えた初めての建部屋敷である。当時の主人は建部民部少輔広充《ひろみつ》であった。右のように、安藤九郎左屋敷が後に建部六右ヱ門屋敷になるのであるから、正保図に見るように、安藤九郎左屋敷の所は、大岡源右ヱ門屋敷であったことを証明している。だから忠弥居住地を、のちの宇田川平七屋敷のあったところにあたるとするのは誤りのようである。忠弥居住の家は、坂の西側の大岡屋敷、すなわち、この平七屋敷の西側の前、建部屋敷のところでなければならないと思うのである。したがって忠弥坂はのちの「タケベ坂」の前名であると考えるべきである。忠弥坂ののちに、その坂を建部坂と呼んだのであろう。

由井正雪の反逆は、幕府にとっては、重大事件であったので、前の『新撰東京名所図会』に書かれているように、忠弥逮捕のときも慎重であったし、もちろんこの事件の経過は公式には、その当時はなにも発表されなかったのであるから、江戸地誌の当時の年表なども、なぜか慶安四年のところが空欄になっているものが多い。『江戸名勝志』もその一例である。

だから、丸橋忠弥の居住地は、人によっていろいろに想像されたのもむりはない。お弓町とか御中間町とか、あるいは元町、昌清寺、等正寺付近とかいうが、これらはみな御茶の水上ということに当てはめるための仮想地であった。春木町の近藤登之助の向う側というのもあった。

慶安四年（一六五一）の年には、大岡源右ヱ門の屋敷は正保元年図のとおりであって、大きな屋敷が二つつながっていて、そのそばに、道をへだてて「大岡源右エ門与力」という組屋敷もあった。

明暦三年（一六五七）に、佐渡ヶ島で父を失った長男の源右ヱ門正信は、同年ゆるされて、御家人としてふたたび召し出されることになった。そして、本郷元町に六十四坪の地を拝領した。それから元禄十一年（一六九八）十一月一日には、六十四坪の屋敷をお返しして、本郷春木町に、三百七十五坪の地を拝領したのであった。こうして大岡源右ヱ門屋敷は、狭い本郷においても、各処に屋敷を移転されたため、丸橋忠弥を居住させた最後の大岡屋敷を、いずこと判断するか当時はそのすべもなかったようである。しかし、ただいま、いろいろの人びとの記述と年代別地図とを、ゆっくり調べてみると、ほぼその真実に近いところがつかみえたと思う。

『江砂余礫』の宇田川氏の屋敷前の坂を忠弥坂としているのは、決して堀端の方に向って、この屋敷の門があって、その前の坂を忠弥坂といったということではないと思う。むしろ建部屋敷の場合と同様に、横町の坂道の方に門があったと考えて、その前の坂を忠弥坂と呼んだのであろう。宇田川氏の屋敷の前の坂というのは、堀端の大きな坂の一部分につけた名前ではなく、かえって建部坂の道筋と全く同じでなければならないのである。忠弥坂などという小さな名前は、小さな屋敷の前、しかも謀反人の住んでいた家なのであるから、こうした小さな横町の坂みちに、ひそかに呼ばれた名前であって、堀端通りの大きな道路に、忠弥坂などという小さな名前はふさわしくない。

今日、堀端の坂はお茶の水坂と呼んでいるが、この名は大きくて、この大きな坂には似つかわしいと思う。かりにこの大きな坂の一部に、建部屋敷のそばの坂だというので、建部坂とつけたとしても、それは似ても似つかわしくない。忠弥坂の場合と全く同じである。この大きな坂に似合いの名前が、ほかにあったとすれば、それは富士見坂という名前であろう。昔から、ここからは左のほうに美しい富士山を見ることができたはずである。『江戸名所図会』の雪旦の挿絵に、「御茶の水。水道橋、神田上水懸樋」があり、それから広重の『名所江戸百景』の「水道橋、駿河台」の富士も、その方向に見える。ここから見える富士は美しい絵になっている。

それから、今日、「忠弥坂は建部坂の坂上の方、元町小学校北わきを西方へ下る坂であったらしい」と書いた人もあったが、決定的な言葉ではないから、むきになる必要はないが、小学校北側の道路がいつごろできたものであるか、そして大岡屋敷のどの辺に忠弥が借宅していたのであろうか、などと考えてみると、この坂のことは問題にはならないと思う。

忠弥坂という坂は、建部坂以前に、近所のごく少数の人びとから、ひそかに呼ばれていた坂の名であった。しかし、忠弥坂という坂名は、いつのまにか消えてなくなってしまったようである。

初音坂という坂

文京区本郷四丁目三二番と、三五番との境を北へ下る坂。古くは急なすべりやすい坂路であったが、最近は石段の坂に変わっていた。江戸時代から、この坂を炭団《たどん》坂と呼んでいた。この坂のほとりに、炭団店《みせ》があったとか、あるいは、この坂が切り立っているような急坂なので、往来の人びとが足をすべらせて、よく転落したということから、炭団坂という名ができたのだという。この坂の一名を初音《はつね》坂ともいったのである。

このあいだまでは、初音坂というのは、初音の森や、初音の藪と同じ辺と考えていた。『御府内備考』巻之三十二は、『改選江戸志』を引用して、「初音の藪」のことを次のように書いている。

> 初音の藪は、その所を詳にせず、或云、桜馬場の西の方なりと。元禄の頃、御成の時、此ほとりを通御ありしに、おりしも藪の内にて鶯の初音を聞せられ、此所を初音の藪と名付べしと台命ありしよりの名なりと。

さらに、その「本郷元町の書上」には、「今土人は御茶の水、建部六右ヱ門屋舗の崖付

本郷四丁目炭団坂（初音坂）

の所ならん」と記している。そこで鶯の初音の森や藪が、建部屋敷であるということを説明している。「初音の森」の建部屋敷のそばの坂を、地図にはタケベ坂と記してある。だから、この建部坂が初音坂に違いないと考えて、初音坂を建部坂の別名としたのである。

『江戸図説』には、「初音の森は御茶の水より元町辺、時鳥《ほととぎす》の名どころとす。府内にては此辺を尤も一声早しと、是は前説の鶯の事を誤り伝へしものにや」とある。たしかに、この辺は初音の藪や、初音の森などの称があるとおり、ほととぎすの初音ではなく、鶯の初音の森でなければならないと思う。藪だの森だのというのは、ほととぎすとは合わないようだ。だが鶯の初音としては、藪だの森だのはぴったりしたものが感じられる。

天保ころの写本で、『江戸大名町案内』（仮題）という本があった。江戸の大名や旗本の屋敷を、かなり詳しく書いたものである。これをよく調べてみると、タケベ坂の一名を初音坂と書いたのは、誤りであるということを、初めて知ったのである。もっと正しい資料が出てくるまで、建部坂一名初音坂を取り消すことにする。

嘉永二年の『江戸切絵図』の本郷辺のところを見ると、右の方、「建部六左ヱ門」屋敷の前にタケベ坂とある。このタケベ坂通りを、左の方へだんだんに眼を移して行くと、松平美作守と戸田阿波守とのあいだの道で、ここの四ツ辻のところで壱岐殿坂と交わるのである。そして、左記のように、写本の記入が始まるのである。

「四ツ角有　（嘉永図参照）
角　松平鷲三　（松平美作守）
角　水溜権兵衛　（戸田阿波守）
松平後トナリ
松村五郎作　（松村圭之丞）
水溜トナリ
甲斐庄鐐之助　（甲斐庄喜左エ門）
松村トナリ
森覚蔵　（森八左エ門）
奈佐清兵衛
トナリ
斎藤長八郎　（斎藤鋼六郎）
甲斐庄トナリ

嘉永二年『江戸切絵図』(御弓町の辺)

彦坂三太夫

並トナリ角　筒井七郎右エ門（筒井弥蔵）

トナリ　長野岩太郎（永野岩太郎）

行当り初音坂有

元御弓町

鐙坂有」

これを地図の上で、よく合わせてみると、すこし年代がずれているので、名前の違っている屋敷もあるが、とにかくこの道路の行き当りが初音坂であるということがよくわかる。ご存じのように、この坂は本妙寺坂と鐙《あぶみ》坂との中間の坂である。だから、この坂は炭団坂であることもわかった。そして、ここは年代と本によって多少違うが、『江戸町づくし』『江戸砂子』『江戸町鑑』は、本郷御弓町としている。「丸山通り」と書いたものもあるが、『東京案内』『東京地名以呂波引』は共に菊坂町としている。

最後に、この初音坂は鶯の初音坂ではない。ほととぎすの初音坂なのである。『江戸名所和歌集』に、次の歌が載っている。

ほととぎすをちかへりなく声をしもけふきく坂やのぼりくだりに

丸山をさして鳴行ほととぎすしばしば声をきくや菊坂

菊坂のふもとと、炭団坂坂下とは、菊坂台町と真砂台町とにはさまれた、細長い谷間である。そして、ここもほととぎすの場所であったのである。

江戸時代のほととぎすの名所

初音の里　小石川の白山のあたりから指谷町《さすがや》へかけて、ほととぎすの名所であった。この辺は初音が早く、ここから鳴きそめるという。付近に初音町があったが、これは鶯ではなく、ほととぎすの初音町であったということである。

高田禅英山了心院宝泉寺の境内に「いもりが池」があって、このあたりの森から郭公が鳴き初めるという。この宝泉寺の地域は「水稲荷」といって、いまの早稲田大学の南裏手にあった。

芝切通の上、幸稲荷の辺が名所で、『江府名勝志』に「増上寺の後、切通坂の上に在」と書かれたところで、その後、増上寺大門のあたりに移った。

御茶の水から駿河台にかけて郭公《ほととぎす》の名所と『江戸花暦』にあるが、ほととぎすの名所と鶯の名所とは、名指し方が違う。鶯の名所は、たいがい梅の名所と一致するが、郭公の名所は範囲が広い。郭公は飛んでいるときだけに鳴くので、一声と一声との間に大きな距離がある。だから鳴き声が離れる。一声目は白山の人がきいて、二声目は指谷町の人がきく。それから、駿河台の人が第一声目をきいたときは、第二声目は御茶の水の人がきく、そして第三声目は菊坂の人がきく。これが郭公の名所が離れていて範囲が広いわけなのであろう。

江戸城の坂二つ

江戸城内の坂は、いままでは、地誌や絵図の上だけで知っていたのであるが、今日では、江戸城の旧本丸、二の丸のところが、一つに区画され、「皇居東御苑」という名に呼ばれて、一般の人びとに公開されることになった。それは昭和四十三年十月一日からであった。だからこの二つの坂についても、自由に実踏、撮影することができるようになった。その坂の一つは汐見《しおみ》坂であり、もう一つは梅林《ばいりん》坂である。

汐見坂は、旧江戸城の、二の丸から本丸へ上る坂で、今日でいうと、白鳥堀の北わきを西へ、桃華楽堂うらの楽部庁舎前へ出る坂である。この坂の上からは、今日では海を見ることはできない。しかし、昔はいまの日比谷方向に海が見えたはずである。古い昔は、いまの日比谷公園の辺から銀座方面まで、一面の海であったのだから、海はすぐ眼の前に見えたはずである。寛正年間の、太田道灌の歌に、誰でも知っている次の歌がある。

　我庵は松原つづき海近く富士の高根を軒端にぞ見る

これは道灌が居城（のちの本丸）から見たときの実景であったと思う。そのころは、ここから日比谷の海はすぐ近くに見えたのである。それが、いまから二百九十年も前には、すでにこの坂からは海は見えなかったという記録が残っている。天和二年（一六八二）に書かれた『紫の一本』という本には、次のように記されている。

> 塩見坂。梅林坂の上、切手御門の内也、此所より海よく見え、塩のさしくる時、波たただここもとによるやうなる故、塩見坂といふ也。今は家居にかくされて見えず。（しおみ坂は、塩見坂、汐見坂、潮見坂などと書いた。ふつうは汐見坂と書いたようである）

天和二年ころは、もうこの汐見坂上からは海は見えなかったようである。徳川家康が江戸入国後、慶長八年（一六〇三）に、天下の大名たちに、その所領石高の千石ごとに、人夫一人の割合で出させ、神田山（駿河台）の土を運んで、日比谷付近からいまの銀座方面を埋め立てたのである。そうして、町づくりを完成させたのであるから、少なくとも、汐見坂ができてから慶長八年に至るまでは、海が見えたということになる。してみると、この坂から海が見えなくなった慶長八年から、今日までを数えると、ちょうど三百七十年も、海の見えない汐見坂になっていたということになる。それを考えると、この汐見坂は慶長八年以前につくられたものと、考えてよいと思う。

しかし、汐見坂の中ほどから、正面に見える今日の築地方面に、多少海が見られたかもしれないと想像もできる。なぜかというと、今日の木挽町、築地の埋立ては、万治元年

汐見坂

（一六五八）であったから、慶長八年（一六〇三）から数えると、なお五十年余も後まで、海は見られたということになる。ただし、築地・木挽町方面をさえぎる大名屋敷の高楼がなかった場合にかぎるのである。そうすれば、今日から三百年余も前までは、ここの汐見坂からは、まだまだ海が見えたということになる。

次に梅林坂であるが、これはいまの一ツ橋御門をはいって、平河門を過ぎたあたりに、もと天神社があったので、ここから北へ天神堀と左右の梅林のあいだを、いまの書陵部庁舎前へ上るやや長い坂をいうのである。

文明十年（一四七八）六月二十五日、太田道灌がこの地に菅原道真をまつったとき、梅の木数百株を植えたので、そのときから、坂を梅林坂と呼んだのかもしれないということも考えられる。

『御府内備考』巻之二には、梅林坂について次のようなことが記されている。「寛永日記に云、寛永四年（一六二七）御城内梅林坂経営あり、稲葉丹後守正勝これを勤む」そして、『寛政重修諸家譜』には、稲葉丹後守正勝のところに、「寛永四年梅林坂石垣の普請を助く」と簡潔に記してある。

このときすでに、そこにあった梅林坂の石垣の普請ということであるので、前にも言ったように、梅林坂のできたのは、太田道灌がここへ天神社を建て、梅の木をたくさん植えた文明年間に、名付けられた坂名であったかもしれない。

『紫の一本』には、梅林坂について、次のようなことが書いてある。

> 梅林坂。御城の内にあり、此所に昔、天神の社有、是は太田道灌武州入間郡川越三吉野の天神を勧請せらる。抑みよし野の天神と申は、いづれの時、垂跡有し事はしらず、御神体は銅の五本骨の扇也。

また、

> 文明年中に、川越より江戸平川へ道灌勧請し、平川の天神とあがめ申、坂に並木の梅を植られしより、此坂を梅林坂と云。権現様江戸御入部の節、平川より貝塚へ天神の社をうつされ、今は貝塚の天神と云。松平伊豆守信綱を天神の再誕といひしは、其才人に勝れてさとく、理すみやかなるに、河越を所知して屋敷平川口にあり、家の紋五本骨の扇なれば、尤なるつもり也。

とある。

汐見坂の名が、文献にはっきり書かれたのは、天和二年の『紫の一本』であって、このときには汐見坂の上からは、すでに海を見ることはできなかったのである。慶長八年（一六〇三）の日比谷・銀座方面の埋立てがあって、それ以後海が見えなくなったとすれば、その慶長のころは、銀座・日比谷方面の海がよく見えて、塩見坂と呼ばれていたのかもしれない。

梅林坂

しかし、梅林坂は、平河天神社が平河門内に建立されて、梅の木がたくさん植えられたとき、梅林坂という名ができたのかもしれない。文献（寛永日記）に、梅林坂の名がでたのは、寛永四年（一六二七）であるから、はじめて梅林坂と呼ばれたのは、やはり文明年間で、おそくとも慶長のころであったのかもしれない。

右二つの坂は、江戸の坂としては、寛永以前にできた最も古い坂であったと考えてさしつかえないと思う。

〔参考年表〕

長禄元年（一四五七）　太田道灌江戸城を築き、ここに居住す。

寛正五年（一四六四）　春、道灌京に朝し、後土御門天皇に和歌にて勅答する。このころの歌に、我庵は松原つづき海近く……の歌あり。

文明十年（一四七八）　道灌川越の天神社を平河に勧請し、社辺に梅の並木を作る。

文明十八年（一四八六）　七月二十六日、道灌上杉定正の館に招かれ、浴室にて刺殺さる。三十年間居住の江戸城を失う。

天正十八年（一五九〇）　八月一日、徳川家康江戸城に入る。

慶長八年（一六〇三）　神田山の土を運び、日比谷、銀座の埋立て。

寛永四年（一六二七）　梅林坂の石垣普請、『寛永日記』に梅林坂の坂名初めて見る。

明暦三年（一六五七）　一月十八日、十九日、江戸大火（振袖火事）。

万治元年（一六五八）　木挽町、築地の埋立て。

天和二年（一六八二）　『紫の一本』に、城中の塩見坂の名を初めて見る、梅林坂の説明も記す。

名ばかりの坂

名前だけはだれでも知っているのに、その坂がどこにあったのか、今どうなっているのか、どれがその坂なのかさっぱりわからないという坂がいくつかある。

たとえば、

上野の信濃坂・屏風坂・桜谷坂
日本堤の衣紋坂・化粧坂・禿坂
小石川の浅利坂・古い切支丹坂
牛込の袖摺坂
市ヶ谷の五段坂・新五段坂・清水坂・富士見坂・根来坂・覚鑁坂
旧赤坂離宮内の誉田坂
四谷千日谷の久能坂
品川御殿山の鉄砲坂
目白学習院内の富士見坂
北区西ヶ原の熊野坂

もちろん浅草観音境内の垣間見《かいまみ》坂、四谷の石坂・鍛冶坂、小石川の納戸坂などが、いまはない坂である。

しかし、明治の人ならば、右のうちその半数はご存じのはずである。でも、それもいまは名ばかりの坂となってしまった。

大名屋敷の坂

大名屋敷内の坂には、二つの種類がある。その一つは大名屋敷の庭園内の坂であって、造園の際同時にできた本当の意味の人工の坂である。もう一つは、もと町の坂であったものが大名屋敷内に囲み込まれてしまった場合である。ここでは単に大名屋敷の庭園内に造られた人工の坂と名前の坂をあげてみたい。

これらは『江戸名園記』などに書かれているが、ふつうは大名個人によって命名されたものである。時には大名と交遊のあった文人などに依頼してできたものもある。『江戸名園記』の坂の名前には、いつも美しい名前の坂が出てくる。坂としては興味のうすいものばかりであるが、考えようによっては、おもしろいものもあるので、次にその主な坂名を記してみた。

ちとせの坂・霞滒坂は駒込の六義園で、柳沢甲斐守の下屋敷内。

次は鍋割坂・辻井の坂・赤見の坂で、これは牛込矢来の酒井若狭守の庭園内の坂。

禿坂・小郎坂は大塚にあった安藤対馬守の含秀亭内の坂。

夕麗坂・紫霞坂・月見坂は市ヶ谷楽々園尾張の徳川氏の庭内。

山臥《やまぶし》坂・団子坂・禿坂は赤坂溜池にあった黒田筑前守庭内の坂。

茯苓《ぶくりょう》坂・日《にっ》坂は外〈戸〉山の尾張藩徳川氏の庭園内。

見隠坂・雁木坂・山屋敷坂・中段坂・杉山坂・芦原坂などは、いずれも青山の紀州徳川家の園内の坂。

水戸藩屋敷小石川の後楽園には、愛宕坂というのがある。

渋谷の内記坂

明和九年（一七七二）ころの江戸図を見ると、下渋谷のところに、「●松平肥前」と記してある。これは松平肥前守の下屋敷という意味である。その屋敷の南わき道路に、坂の印が付いていて「ナイキ坂」と見える。「ナイキ坂」というのは、ゲキ坂（外記坂）と同様に、官職名の呼称からできた坂の名である。だから、この坂のそばに、かならずナイキ（内記）を名のる人が住んでいて、その名前が坂の名になったということなのである。

明和九年ころの松平肥前守といえば、肥前佐賀の藩主三十五万七千石の、松平肥前守治《はる》茂《しげ》のことである。それなら、この松平肥前守の系譜の中に、内記を名のる人はいたのであろうか。この松平家には、江戸初期の先祖、鍋島氏のころから明和九年のこのときまで、ひとりも内記を名のる人はいなかったようである。

すると、この松平肥前屋敷の右側の道路「ナイキ坂」は、はたしてだれの内記であったのか。この坂の右隣りにだれかの屋敷があって、その人が内記を名のっていたのではないかと、考えられないこともない。この図の中の「下シブヤ」のところの川は、渋谷川であ

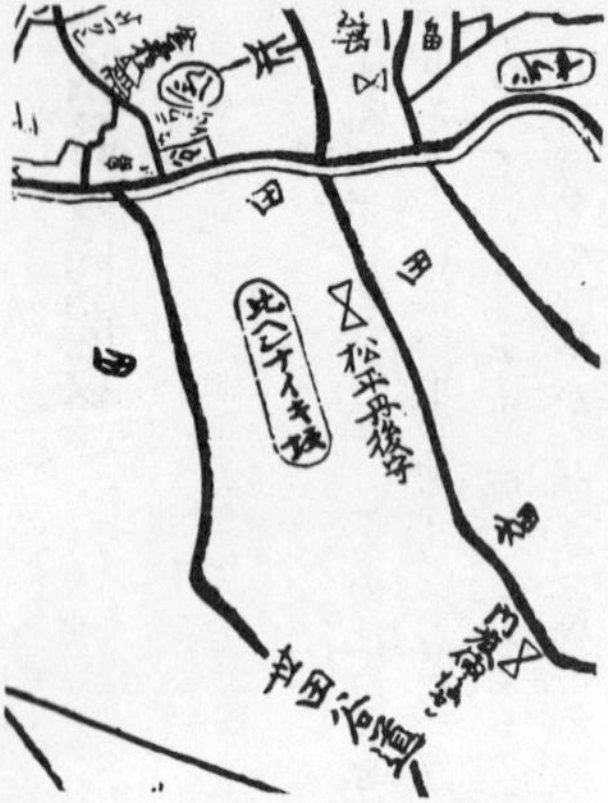

上右　寛延三年（一七五〇）『江戸絵図』
上左　宝暦七年（一七五七）『江戸大絵図』
下　明和九年（一七七二）ごろの『江戸絵図』

って、そこの橋は「庚申橋」であろう。すると、その辺に二つの寺が並んでいるが、これらは福昌寺と鷲峯寺、または宝泉寺であるかもしれない。とにかくいまの渋谷区東三丁目、および恵比寿西一、二丁目の辺であろう。

宝暦七年（一七五七）の『江戸大絵図』の、右と同じところの図を見ると、「此ヘンナイキ坂」という地名のわきに、「⧖松平丹後守」と記してある。この絵図の場合、⧖（ちきり）は下屋敷という意味の略号である。この松平丹後守は、宗教《むねのり》といって、松平肥前守治茂の兄に当るひとである。この図を見て、第一に気がついたことは、「此ヘンナイキ坂」と書かれているこの辺一帯の呼び名である。そして松平丹後守の屋敷のたぶん右わきの道路が「ナイキ坂」なのであろう。しかし、この道路は金王八幡社と一柳土佐守屋敷のあいだに通ずる、いわゆる八幡通りであって、古くは鎌倉街道と呼ばれたものである。そして、前の明和九年図では、その道路はもう一つ右の方の道、庚申通りであったはずである。この図では、松平丹後守の屋敷が、一区域違っているようである。

次に、もうすこしさかのぼった寛延三年（一七五〇）の『江戸絵図』における、右の場所と同じところを開いて見ると、「松平丹後守抱《かかえ》ヤシキ」というのが二個所見える。ここの丹後守は、前の図の宗教であって、宝暦の丹後守と同じ人である。しかし、松平丹後守の抱ヤシキのそばに、「横山内記抱屋舗」というのが、このとき初めて現われてきた。この横山内記は、この図が寛延三年なので、横山内記清章といった人で、当時の定火消《じょうびけし》の頭《かしら》

内記坂

となった人である。のちに西の丸御小姓組の番頭《ばんがしら》となり、つづいて西の丸御書院組の番頭となっている。そして、采地四千五百石取りの大身の旗本であった。

松平肥前守の兄丹後守の屋敷のそばに、横山内記の屋敷が現われたということは、ほんとうにびっくりしたことであった。明和九年図の松平肥前屋敷の隣家の屋敷を探していた者にとって、全くの偶然であったが、長く求めていたものが注文どおりに出現したということは、何ともいえないうれしさであった。欲をいえば、この寛延三年図の道筋に誤りがなかったなら、もっともっとうれしかったのであるが。この図は宝暦七年図と同じように、渋谷の八幡通り、すなわち昔の鎌倉街道上に、内記坂があるような図になっている。しかし、いちばん現代に近い明和九年図において、正確に庚申橋で渋谷川を渡って、代官山のほうへ上って行く内記坂の道筋であるので、これは現代図に照らしてみても正しいものである。ここまできて、内記坂の坂名と道筋が、はっきりしてきたようである。

松平丹後守の南わきの坂を内記坂といったのは、隣家の横山内記の北わきの坂になるからで、この内記から発生したものに違いない。したがって、内記坂という名称は、松平丹後守にはなんら関係なく、ただこの横山内記から出たものであることがわかった。もちろん、すぐ近くの内藤備後守は、当時内藤備後守政樹と称した人で、この人の系譜にも、内記と呼ばれた人はひとりもいなかったのである。

延宝四年（一六七六）の『江戸絵図』に出てくる横山内記は、元和七年（一六二一）ころから元禄二年（一六八九）ころまでの人であったから、延宝四年に活動していた人といえば、この横山内記知清《ともきよ》という人である。このころの内記を名のっていた人は、この横山内記知清であったから、まずこの人の屋敷が、下渋谷にあって、その屋敷のそばの坂を内記坂とはじめて呼ばれたものと考えてよいと思う。

この図の内記坂の道筋も、前図同様に間違っている。しかし、古くなるほど間違いが大きいのであるから、これをなるべく、明和図、現代図に引きつけて見るときは、道路は明和図、現代図において、実踏を加味して考えたとき、本当の解釈ができるはずである。

「寛文十年ノ中渋谷村拝領屋鋪抱屋鋪坪数控帳」という調べ書によると、横山内記の抱屋敷について、詳細に書かれているので、それを引用してみたい。

「三千九百坪　横山内記殿

地主半右衛門・作右衛門、承応二年巳之年より地代にて永代売申候。当戌年（寛文十年）迄十八年に罷成申候。……」

右の横山内記は、前に述べたとおり、年代からいっても、知清に間違いない。詳しくいうと、この人は元和七年の誕生で、元禄二年十二月二十九日になくなっている。そして承応二年（一六五三）は、三十二歳という働き盛りの歳であった。万治二年（一六五九）には、山王様（日枝神社）の造営奉行なども勤めた人である。

それから、『新編武蔵風土記稿』の巻之十には、「横山内記抱屋敷、一町三段（三千九百坪のこと）、承応二年より抱地とす」とある。この『新編武蔵風土記稿』は、完成されたのが文政十一年（一八二八）であったから、承応二年に、横山内記知清が、この抱屋敷を所有してからざっと百五十年〈百七十五年〉もつづいて、ここにあったということを語っている。

この知清の兄は、横山土佐守興知といって、采地五千石、従五位下であった。すぐの弟（長治）を父（長知）が、他家へ養子に出したので、その弟が兄興知の嗣子となったのである。これが内記知清である。この時代の内記としては、この人が横山家で内記を名のったいちばん古い人であったから、渋谷の抱屋敷のそばの坂に、初めてその名を呼ばれたのは、当然この人でなければならない。

ここで記しておきたいことがある。わたしが「ないき坂」という地名を文字で見たのは、正徳六年（一七一六）の『武鑑』が初めてである。そのなかの松平丹後守吉茂のところを見ると、その上屋敷を姫御門の内とし、中屋敷はため池の上、そして、下屋敷は「しぶやないき坂」とある。正徳六年には、すでに松平丹後守の下屋敷は、渋谷の「ないき坂」にあると記しており、ないき坂という地名は、それよりずっと前から、江戸じゅうに知れわたっていたということがわかった。

これで、歴史のほうから見た内記坂のことは、一応は解決されたと思う。しかしまだ、地理的の位置や道路のことの確かな裏付けが足りないようである。とにかく、今日までにわかった範囲内でこれを記してみれば、こういうことになる。

渋谷区恵比寿西一、二丁目境を、渋谷川の庚申橋のところから、いまの代官山駅（東横線）のほうへ上るゆるやかな坂みちがあるが、これを内記坂の道筋と考えてよいと思う。だが、江戸時代の松平丹後守の抱屋敷の位置がはっきりしないと、その南隣りにあった横山内記の屋敷跡もはっきりしないし、内記坂の道路も確定というわけにはゆかない。

江戸が東京となって、各所に新しい地名がつけられた。内記坂の付近にも、それが行われた。もと、この辺は下渋谷といわれたところである。『新編武蔵風土記稿』は、横山内記の抱屋敷を「中渋谷村」のなかで説明している。確かに中渋谷村と記された古い地図もあった。寛延三年の『江戸絵図』は、金王八幡と一柳土佐守下屋敷のあいだの道路（古鎌倉ミチ）の延長に、横山内記の抱え屋敷を図し、松平丹後守の屋敷は、そのまた北の方へ配してある。今日の国電恵比寿駅に近い横山内記の屋敷も、松平丹後守の屋敷も、この図

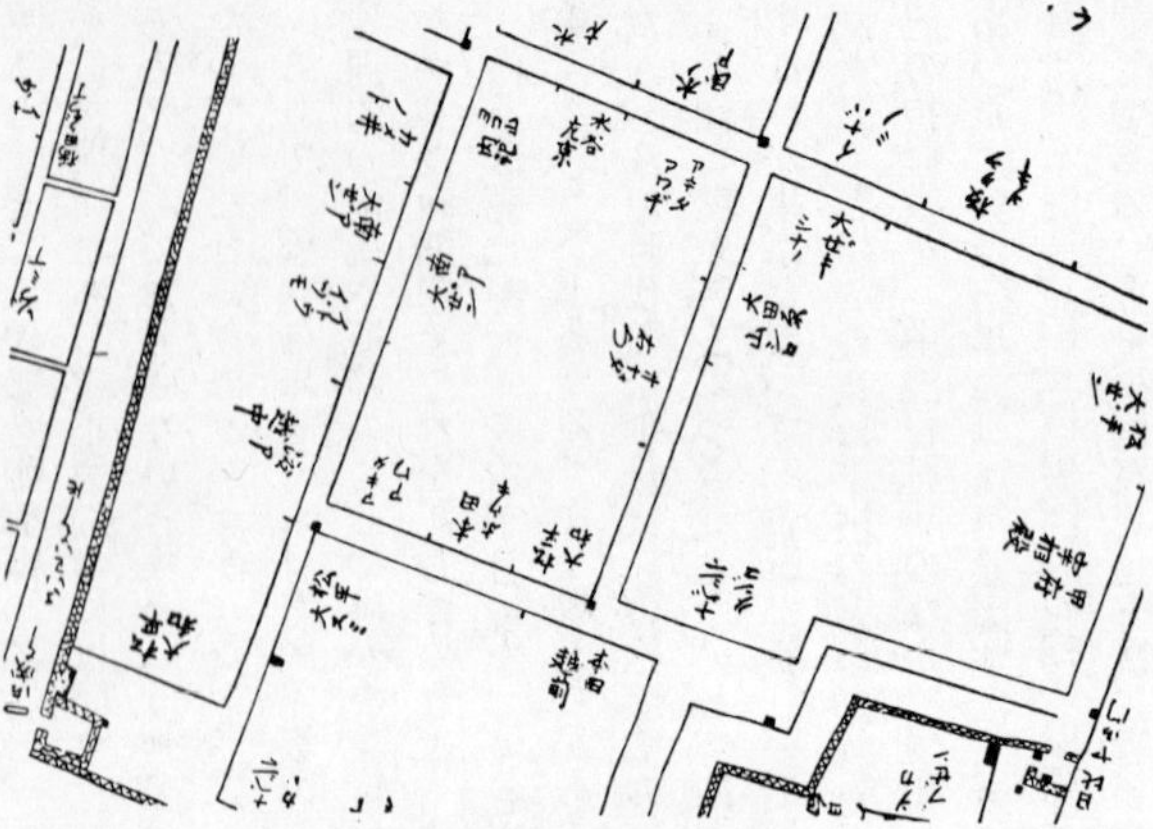

寛文図（寛文十年十二月）

では、ともに北のほうへ移動しているので、その屋敷は、金王八幡通りをとび越えて、渋谷駅に近く、ほとんど道玄坂に近いところまで移ったような形になっている。

金王八幡通りの左のほうに、丹後守や横山内記の屋敷のある図は、明らかに間違いであって、これらの屋敷は、現代に近い明和九年図のほうが、正しいことは明らかなことである。まず渋谷川に架した庚申橋を南北に通ずるいまの恵比寿西一丁目と二丁目境の、道路の坂になっている辺をはさんで、右に横山内記の屋敷があり、左に松平丹後守の屋敷があったと考えるべきであろう。

これから調べる地域は、恵比寿西という最近の地名である。ヱビスビールの会社のヱビスから採った恵比寿であるので、昔とのつながりのない地名である。昔の地名とのつながりのない地名ほど、さびしい悲しいものはない。この辺の地名には、字名ではあるが、長谷戸、衆楽、田毎、丹後などというのがある。このうち、「丹後」というのが気にかかる。この地名はのちに丹後町となったところで、渋谷川の西岸の地で、東岸の福昌寺、鷲峯寺、宝泉寺の辺から庚申橋で渋谷川を渡り、東横線代官山駅のほうへ行く道筋である。この丹後町二四番地に清流寺というお寺があったが、いまでもこの寺は健在である。この丹後町の丹後という名は、昔の松平丹後守の丹後を思い出す。そう思うと、丹後守の屋敷の東部が、この丹後町に重なり合っている。言い換えると、丹後町というのは、昔の松平丹後守の屋敷のあったところに名づけられた地名であると思う。すると、この「丹後」の南方に道路があって、それに沿って三千九百坪の横山内記の屋敷があったと考えるべきで、その道路の坂みちが内記坂である。それから、これらは抱屋敷であるので、その上屋敷は、もっと江戸城に近いところにあったことは、もちろんである。

　寛文十年（一六七〇）の寛文五枚図の第一を見ると、外桜田、すなわち、今日の日比谷公園の西北隅に相当する辺に、「ヨコ山内記」と見えている。これが横山内記知清の上屋敷である。だから、横山内記の抱屋敷のそばの坂を、内記坂と呼ばれたのは、寛文十年以前で、承応二年から延宝のころであったということがわかる。

　明和九年の『江戸絵図』の「ナイキ坂」から、横山内記知清が、渋谷に抱ヤシキ、三千九百坪を、承応二年に手に入れるまでの経過を、こつこつ調べ終って、かねてから宿題にしていた内記坂の因由が、ようやくここに解明できたというわけである。そしてその位置は、前述の恵比寿西一、二丁目境の庚申通りの坂で、それは恵比寿西一丁目三〇番と、二丁目一七番との境（太洋無線株式会社前）の坂で、この付近ではやや急な長い坂になっている。

袖摺・袖振・袖引の坂について

江戸時代には、袖摺《そですり》坂、袖振坂、袖引坂という坂があったが、これらは、むしろ江戸に少なく、地方に多い坂の名であった。

袖摺坂というのは、いずれも狭い坂のことで、人と人とが行き交う場合に、狭いので袖をすり合わせるようにしないと、お互いに行き過ぎることができない、というような狭い坂のことをいったのである。鐙摺《あぶすり》坂というのもあるが、これは坂が狭いので騎馬のままでは、行き交う場合、お互いに鐙《あぶみ》をすり合わせるようにしないと通ることができないような狭い坂みちの形容である。現在東京には次の二個所だけに袖摺坂が残っている。両方とも昔は狭い坂であったのだが、今日ではいずれも広い坂みちになっているので、袖摺坂という感じではない。東京の坂である以上、やむをえないことである。

新宿区岩戸町から、北町と袋町との境を、南へ上る坂が袖摺坂である。しかし、戦後はこの坂道もすっかり改修されて、大きな道幅の広い坂になってしまった。

この坂について、『御府内備考』は、次のように記している。「坂、登凡十間程、右町内

向うの上り坂が袖摺坂（番町）

（御箪笥町）東之方肴町境に有レ之、里俗袖摺坂又は乞食坂共唱申候、袖摺坂は片側高台、片側垣根ニ而、両脇共至而《イタツテ》、せまく往来人通違之節、袖摺合候……」

もう一つの袖摺坂は、千代田区一番町の、芥坂頂上から南へ下る坂である。この坂の麓から、さらに南へ上る坂は永井坂である。いまでは、かなり広い通りになっている。要するに、袖摺坂という坂は狭い坂という意味なのである。

次は、袖振坂である。袖を振るということには、昔から二つの意味がある。一は、袖を振って舞を舞うということである。奈良県の吉野山のことを袖振山というが、それには次のような伝説がある。この吉野山は、勝手明神の背後の山で、天武天皇がまだ皇子であらせられたところ、吉野宮におられたとき、神前にて琴を弾じられたところ、雲の中に天女が現われ、吉野山に下り、歌曲につれて、袖を翻して五たび舞ったということである。それで吉野山を袖振山といったのだという。

袖振るということの二は、袖を振って別れを惜しむ、または合図をするという意味もある。今日では、手を振ったり、ハンカチを振ったりする。昔は別れを惜しむとき、袖を振ったものらしい。どんなように袖を振ったのか、ちょっとわからないが、古語に、すすきのことを袖振草といったから、たぶんすすきの穂が風になびく様子が、古の袖振りの形容になっているのではないだろうか。

万葉の袖振りのときの袖は、大袖であったか、それとも筒袖《つつそで》であったか、ということを問題にしている書もある。『上代衣服考』である。それには、こんなことが書いてある。

「袖とある歌、万葉集中あまたあれど、大袖にや、筒袖にや、分つべきやうなし。人を恋ひ歎く時に、振袖は筒袖のかたなり。筒袖の指より先に、少し出たるを、なほ肱をかがむれば、ソデ多く出るものなれば、夫を心にあまりて、かなしき時は、振る事、上代の風俗と見えたり。実に指より先に差出たるソデをふらんには、かき乱て歎くさま成べし」

筒袖だと、袖振草のことが生きてくるが、大袖だと、どんなかっこうで袖を振るのか、今日のわれわれには想像もつかない。

江戸時代には、袖振坂という坂は、江戸にはただ一つしかなかった。いまの港区芝三田一丁目と二丁目との境、簡易保険局前を西へ行って、二ノ橋のところまで下る坂をいうのである。この坂の文献は、天保のころの『江戸大名町案内』（仮題）という写本で、それには次のように見えていた。

「三田小山
袖ふり坂
嶋津筑後守

袖ふり坂

袖 引 坂

間部下総守」

これは袖ふり坂に面した屋敷の説明になっている。この袖ふり坂は、今日では、日向《ひゅうが》坂という。地理的に見ると、この坂の下には、新堀川（古川とも）が流れていて、そこに日向橋（いまの二ノ橋）があった。この道は麻布のほうへ行くのであるが、この橋を渡ると、またそこに仙台坂という坂があって、西へだんだんに高く上って行くので、こちらの袖振坂の上からは、人に合図し、人と別れる場所としてはかっこうなところであった。別れて去って行く人の姿はいつまでも、同じ高さの坂の上なので、合図して別れを惜しんで、いつまでも手を振る（袖を振る）ことができた。ここの坂を袖ふり坂といったのは、地理的にみて、まことにぴったりした名前であると思った。万葉の、

石見《いはみ》のや高角《たかつの》山の木の間より我が振る袖を妹見つらむか

帰る間の道行かむ日は五幡《いつはた》の坂に袖振れ我をし思はば

の、「木の間より我が振る袖」や「坂に袖振れ」も、江戸の袖振坂に似た情景である。

もう一つの坂は、袖引坂である。袖引坂は難解であった。しかし、これと全く同じ意味の坂に、袖もぎ坂、袖とり坂、袖きり坂というのがある。江戸に少なく、地方に多い坂名であった。東京にはこの坂も、いまではただ一つだけである。

文京区小石川五丁目、小石川図書館の東わきを北へ下る坂を袖引坂というのであるが、団平坂、丹平坂などという別名もある。いまの小石川図書館のところは、もと竹早小学校

のあったところで、そのころは竹早町百十番地であった。団平坂へ行く目標は、昔の御簞笥町の（今日の春日通りからはいる）ヒキダシ横町から北へ行く道の先にあったのである。だから、このヒキダシ横町をさがせば、団平坂（袖引坂）の位置もすぐわかる。『御府内備考』巻之四十三の御簞笥町仲町の書上には、次のように記してある。

右鷹匠町と相唱候御武家屋敷境横町より、松平播磨守様御屋敷え下り候坂にて、里俗袖引坂と相唱申候

塞神、道祖神、袖神、道の神というのは、昔はみな街道や主なる道路のかたわらにあるもので、めったに人の通らないような裏通りなどの路傍には決して立っていないはずである。人の通りの多い道路にあって、この村を守るのが道の神のつとめなのであるから、袖引坂も、袖もぎ坂も、やはり表通りの坂道でなければならない。だから袖引坂も人通りの多い道の坂であって、行き止まりの横町や、人通りの少ないところには、この坂はないはずである。ここの袖引坂は、どうしても人通りの多い団平坂のみちと一致してしまう。袖引坂の別名が団平坂だと考えれば、これがいちばん早い説明だと思う。袖もぎ、袖きり、袖とり、袖引は、みな衣服から袖を切り取ってしまうことである。路傍の神が、その前を通る者の袖をもぎとるとか、その前に人が袖を切ってさし上げるかすることなのである。神が人間の袖を欲しがっていると考えたことから、この信仰は始まっている。悪いことが、わが身にふりかからないようにと、神に袖をささげて守護してもら

うということが、袖もぎの始まりであった。人間がこの神の前で転んだりしたときは、特にわが袖を切り取って、いちはやく神にささげなければならないのである。そうしないと、三年のうちに死んでしまうということになるので、そうしたことのないようにと、片袖をささげて安泰を願うという信仰が、いつのまにかできてきたのである。そうした坂のそばには、かならずそうした神様があったはずである。それを袖神というようだが、道の神とか、塞神、道祖神、地蔵尊なども袖の神といわれるものなのか、とにかく路傍の神様であったことは間違いない。

　袖引坂、袖もぎ坂、袖とり坂、袖切坂のそばには、かならず路傍神があったものと思う。もちろん神様はなくとも、袖もぎ坂、袖切坂、袖引坂などという坂そのものがすでに袖神であるので、ここで転ぶと片袖を切って、その坂に置くのである。

　この信仰は、日本人には古くから伝わっていたものだと思う。この路傍神は、道路の安全を守ってくれるばかりでなく、外から入り込んでくる邪神と、悪いもののいっさいを除去してくれる日本の原始神の一つなのである。塞の神である。『古事記』の、伊弉那岐命、伊弉那美命の、黄泉比良《よもつひら》坂の塞《さやり》の石のこと、伊弉那岐命が、この石で悪鬼、悪疫を防禦した塞の巨石の物語は、塞の神の初めではなかったかとも考えられる。岐神、塞神、道祖神、道神、袖神、地蔵尊など、みな石でできた路傍の神である。この石の神は、われわれと神代の塞の石とを連綿とつなぐものだといってよいと思う。

将軍の命名した坂

江戸の坂で、将軍が命名したと伝えられる坂が二つある。その一つは文京区の湯島聖堂前の昌平坂で、もう一つは新宿区若宮町の若宮神社前の庾嶺《ゆれい》坂である。元禄四年二月、湯島の聖堂落成に際し、五代将軍徳川綱吉が「聖堂の下前後」の坂を昌平坂と命名した。聖堂には孔子が祀ってあり、孔子は魯の国の昌平郷に生まれた。それで、この坂を昌平坂と命名したのである。「聖堂の下前後の坂」というのは、聖堂の東わきの坂と、聖堂前神田川沿いの坂の二つである。

川沿いの坂のほうは、まだ残っているが、聖堂わきを神田明神鳥居前へ通じたほうの坂は、その後の聖堂拡張のときになくなってしまったのである。

いまの聖堂東わきに昌平坂という坂があるが、これは将軍の命名した坂ではない。

もう一つの坂は、庾嶺《ゆれい》坂といって、いまの若宮神社前の坂である。二代将軍秀忠の命名であると伝える。

その頃は、若宮神社のところは梅林になっていて、将軍は大いに賞讃した。中国の有名な梅の名所に、庾嶺というところがあった。それで、この坂を庾嶺坂と名づけたのであるという。

谷畑坂と八幡橋・谷畑橋のこと

私の住むあたりに、九品仏《くほんぶつ》川という幅三メートルくらいの小川があった。もとは丑《うし》川といった。しかし、現在はこの川も下水道と変わり、上下コンクリートで固められて、その上を土でならされたとき、川の姿は全く消えてしまったのである。この川の右岸の地は奥沢で、左岸の地は緑が丘である。

自由が丘駅の辺から、緑が丘駅の前までの、間を区切ってみると、この川には、昭和四十八年ころまでは、次のような小橋が並んでいた。

上流の自由が丘駅の方から並べてみると、丑川《うしかわ》橋・権現橋・八幡《やわた》橋・向下橋・谷畑《たにはた》橋・芦原橋・緑丘橋・沖《おき》の合《あい》橋・畑下《はたした》橋・緑沢橋の十橋であった。しかし、これらの橋は、川が地下に隠れてしまったので、今日では、もう一橋も見ることはできない。だが、これらの橋の中から、八幡橋と谷畑橋とを採って、いささか書いておきたいことがあるので、こうして、わざわざ橋の名を並べてみたのである。

世田谷区奥沢五丁目二一番に、奥沢神社がある。この前から長い坂が、北へ九品仏川

（丑川）まで下ってくる。坂の名は無名だが、坂下の川に架かった橋の名は、八幡《やわた》橋といった。この坂上の西側に八幡社があったので、もとこの坂は八幡《はちまん》坂といったのかもしれないが、今日ではこの坂の名前はだれも知っていない。橋の名は橋柱に標示があるので、はっきりしている。「八幡《やわた》橋」というのである。この八幡社に五所神社などが配祀されて、土地の名を採って奥沢神社としたのである。奥沢神社が八幡社であったころから、この橋を八幡《やわた》橋と呼んだのか、もとは八幡《はちまん》橋といったのを、八幡社の名が変わって奥沢神社となったので、この橋もすこし変えて、やわた橋と改めたのかもしれない。はちまんも、やわたも、同じく八幡神の意味である。

このやわた橋の次に、向下橋があって、そのすぐ次に谷畑《たにはた》橋が並んでいる。この谷畑橋は、やわた橋と読まねばならないと思うのだが、橋柱の標示には、「たにはたばし」とある。向下橋を中にして、西に「八幡《やわた》橋」があり、東には同じ発音の「谷畑《やはた》橋」が並んでしまうことになる。やわた、やはたと同音の橋がすぐ眼の前に二つ並んでいるのでは不便だと思う。そこで、あとからできた谷畑橋のほうの「やはた」をやめて、「たにはた橋」と変えて、二つを区別したのではないかと思う。

谷畑を昔から「やはた」と発音していたことは、事実である。この辺の宝暦十二年（一七六二）、今から二百年も前の絵図を見ると、谷畑を矢畑と書いたところもある。この橋の近いところには、矢畑根というところもあった。谷畑は「やはた」と読んだのである。

すると、この橋も矢畑橋でなければならないと思うのであるが、今は「たにはた橋」である。

近くに、戦後新しくできた米屋があって、谷畑《たにばた》商店などというところをみると、近ごろの傾向は、谷《や》畑《はた》を谷畑《たにはた》と読むほうが、ふつうのようである。そうした意味が、前述のように八《や》幡《わた》橋と谷《や》畑《はた》橋とが、まちがいやすく不便であるので、当然あとからできた橋のほうを、たにはた橋と改称したのかもしれない。これが、たにはた橋の本当の訳であろう。谷畑とは、谷の中の畑という意味であろうか。谷畑辺には、下畑、下田、谷田の名が多い。高畑、高田や上田に対して、谷畑、下畑、下田というのがある。

たにはたばし

この辺の小字を拾ってみると、上畑、中畑、下畑、谷田、永畑、下谷、中田、中里、新畑、上田というように、どこの川の端にもかならずある小字、大字、地名である。

小石川には、谷端《やばた》川というのがあった。別名を小石川または吾妻川ともいったという。谷端も「たにばた」と読まず、谷畑同様に「やばた」と読んでいる。

しかし、谷端川を「たにばた川」と書く人もある。それから、谷畑、谷畠をかならずしも「やばた」といわず、「たにばた」と呼ぶ地方もある。福井県坂井郡本荘村字谷畠の谷畠は、「たにはた」と読む。

目黒区自由が丘二、三丁目境を、南から北へ上る坂を谷畑坂という。たにばた坂ではなく、やはりやばた坂でなければならないと思う。しかし、いつ「たにばた坂」にならないともかぎらない。九段上の一口坂が、ほんとうは「いもあらい坂」なのに、いつの間にか、「ひとくち坂」になってしまっている。白金の名光《めいこう》坂は、昔、那《な》光《こう》坂と書いたものがあるし、そのころ、この辺に、「東名光《ヒガシナクワウ》」（『御府内備考』）という字名があったのであるから、「なこう坂」が本当の呼び名であろう。めいこう坂と呼んだのは、明治になってからである。万世橋は、初めは「よろずよ橋」といったのであるが、いつの間にか「まんせい橋」になってしまった。

地名の呼び名も、大勢の人びとから愛唱されていたとしても、かならずしも正しいものばかりとはかぎらないものである。

麻布の芋洗坂と饂飩坂の道筋をきめる

麻布の芋洗《いもあらい》坂と饂飩《うどん》坂には、その道筋について、しばしば問題が起きた。その坂の位置に、時代的の変化があったということなのであろう。単に芋だの饂飩だのという言葉は、平凡すぎて、あまり気にしていなかったからだと思う。こっちがうどんだ、こっちが芋だと争っても、つまらないことだと考えたからであろう。

そもそも芋洗坂と饂飩坂との錯綜する理由は、今日までの地誌や絵図に、あまりにもはっきりと、正反二説が同数くらいに発表されていたからである。ある地誌には芋洗坂はＡの道筋を記し、ある別の本には、芋洗坂はＢの道筋を記している。第三第四の本を見ると、これがまた逆に書かれているというぐあいで、結局芋洗坂をＡの道筋とするもの、うどん坂をＢの道筋とするもの、その反対にうどん坂をＡ、芋洗坂をＢとするものとが、いくつかできた。その数の多いほうを正しいとするのが、ふつうならば、それでよいのではあるが、この芋洗坂とうどん坂の場合、数だけではどうにもならないことになっている。ＡＢ共に、その決定の理由にのっぴきならない例証を示されているものがあるからである。それは、決定を動かせない朝日神社（昔の日ケ窪稲荷）が坂のそばにあるという事実と、坂のそばに、屋代某の屋敷があったと記した『賤のをだ巻』という本があって、別の坂を指定していることである。前者はＡの道筋、後者はＢの道筋においてである。しかし、これらは、決して最後の確定にはなっていない。書かれた坂の道筋そのもの、または仮名そのものが、誤っていたのかもしれないからである。

ここで、芋洗坂、うどん坂の道筋と説明を記述した書名を、次に掲げて、もういちど考えてみよう。（Ａ）は、Ａの道筋であって、六本木から朝日神社前を日ケ窪のほうへ下る坂である。（Ｂ）は、Ｂの道筋であって、材木町（昔の御書院番組屋敷）のほうから、Ａへ下る坂みちのことである。

（Ａ）**芋洗坂**

『江戸砂子』
享保十七年（一七三二）
芋洗坂、年ごとの秋、近在の百姓等、芋を馬にてはこび来り、稲荷宮の辺にて、日ごとに市あり、ゆへにかく名付しなるべし。

『続江戸砂子』
享保二十年（一七三五）
日ケ窪稲荷（朝日稲荷）、六本木いもあらひ坂下。

『新編江戸志』
安永のころ（一七七三）
芋洗坂、日ケ窪より六本木へ上る坂、坂下稲荷社あり。

『御府内備考』
文政十二年（一八二九）

芋洗坂は日ケ窪より六本木へのぼる坂なり、坂下に稲荷社あり。

『北日下窪町書上』
文政十二年

坂登凡四十二間余、右者町内東側大久保加賀守様御屋鋪、西側麻布北日下窪町、右往還坂ニ而古来より、里俗芋洗坂と相唱申候。

（B）芋洗坂

『万世江戸町鑑』
宝暦三年（一七五三）

芋洗坂、麻布六本木より正信寺門前、組屋敷之下り口。

『賤のをだ巻』
享和二年（一八〇二）

「芋洗坂の組屋敷の与力屋代某」とあるが、切絵図には坂の北側の屋敷にまさしく「屋代」とある。

『江戸大名町案内』
文政六年（一八二三）

芋洗坂組屋敷斗。

『江戸図解集覧』

芋洗坂、今按るに、坂下に芋問屋あり、麻布竜土坂口町里俗芋洗坂。

『江戸切絵図』
嘉永二年（一八四九）

（近吾堂嘉永二年版）Ｂの道筋に、芋洗坂と記す。

（A）饂飩坂

『江戸町づくし』　饂飩坂、北日が窪、竜土町通り。
　文政四年（一八二一）

『江戸大名町案内』　饂飩坂、北日窪町より大久保加賀守脇通り。
　文政六年

『東京地理沿革誌』　饂飩坂は青山道より南へ入りて北日下窪へ下る、これも昔
　明治二十三年（一八九〇）時此所に饂飩屋ありしための名なり。

（B）饂飩坂

『御府内備考』　饂飩坂、六本木より日ケ窪へ下る芋洗坂の中程より、右へ
　文政十二年　組屋敷の方へ行坂也。

『教善寺門前書上』　坂、巾五間程、登凡十五間程、右うどん坂と唱候儀者、年
　文政十二年　月不知、旧家ニ而うどん商売致候松屋伊兵衛と申者有之、四十ケ年程以前、右伊兵衛断絶仕候、右故里俗ニ相唱候由申伝候。

『江戸切絵図』から見た場合でもそうである。尾張屋版『江戸切絵図』（嘉永四年「麻布絵図」）には、はっきりと、Aの道筋に芋洗坂と記してある。それから嘉永二年版の近吾堂版の『麻布広尾辺絵図』には、Bの道筋に芋洗坂とあって、Aの道筋には、坂の印△だけがあって、坂の名は書いてない印。書いてないということは、この印の坂の名は、饂飩坂で

あるということにもならないのである。ここには坂はたしかにあるが、名前がないのである。だから、絵図の場合でも、はっきりしないということになる。

右のように、地誌および絵図において、かなりたくさんの資料が出た。しかし、やはり信用できるものは、幕府の編纂した『御府内備考』の説と、その引用書がいちばん正しいように思われる。私は次の図のように、芋洗坂はAの道筋、饂飩坂はBの道筋が正しいと思う。

次に決定の理由になったのは、なんといっても、坂名の意味である。右の資料から探ると、芋洗坂のほうは、次のことから芋洗坂と呼んだというのである。『江戸砂子』は毎年秋になると、近在の百姓たちが朝日稲荷の辺に、毎日市を開いて芋を売っていたので、名づけたというのである。その「北日下窪町書上」は、ここには前栽問屋が多く、町内に、家主の源六という者が芋問屋をやっていたとか。それで、この坂を芋洗坂と言ったのだという。もう一つ、『江戸図解集覧』は、坂下に芋問屋があって、この坂を芋洗坂と言ったとしている。昔の本には、いずれも芋を売っていた、芋の問屋があったというだけで、芋洗坂という名が自然にできたように書いている。右の理由ならば、この坂は芋洗坂ではなく、芋坂でよいはずである。当然、ここで芋を洗ったという事実に関係がなければ、この坂を芋洗坂と呼ぶわけがない。今から十年ばかり前の『麻布の名所今昔』という本には、朝日稲荷の説明のところに、次のように記している。「芋を洗うに相

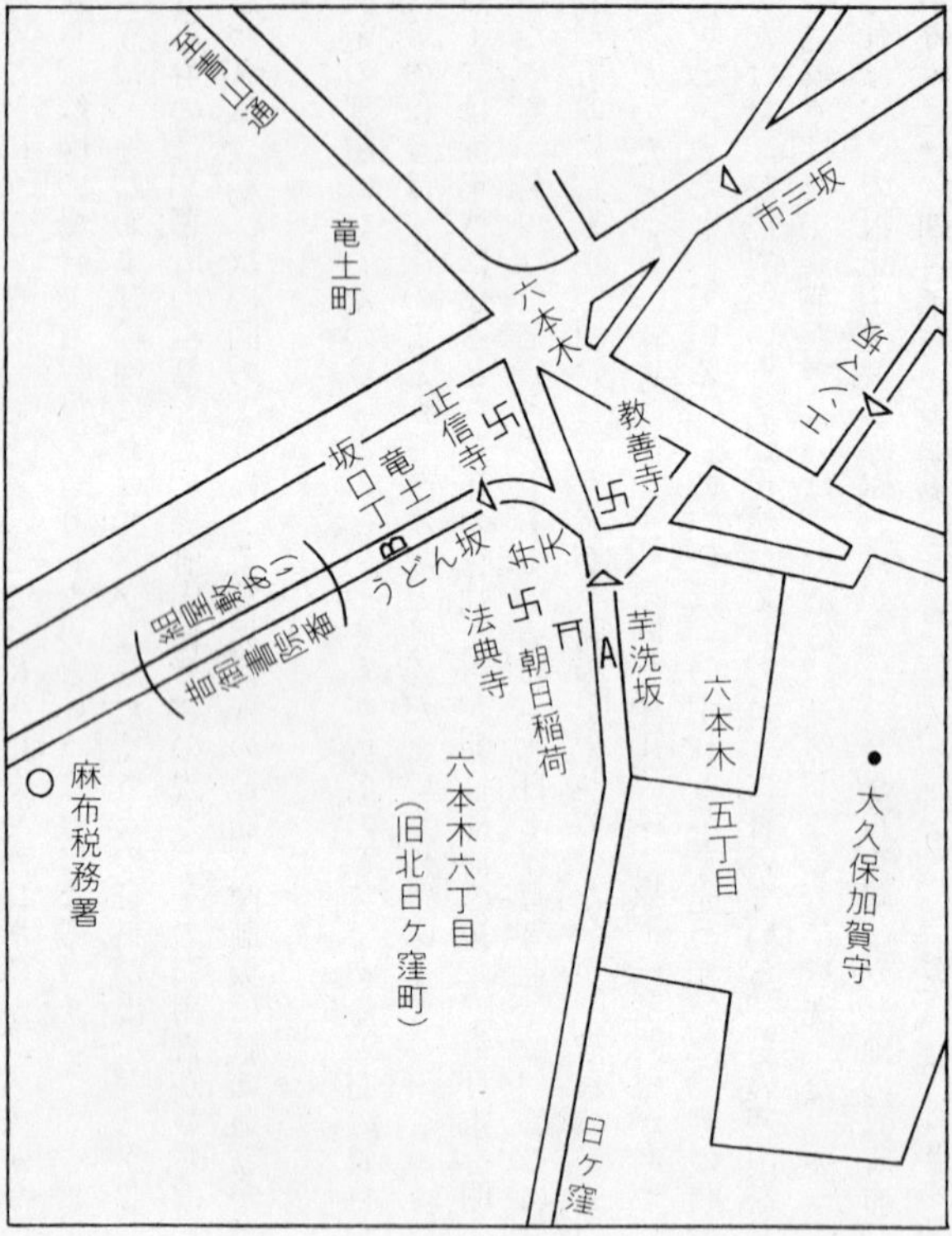

至青山通
竜土町
六本木
市三坂
エンマ坂
正信寺
教善寺
竜土丁口坂
B
うどん坂
弁天
組屋敷あり
昔御書院番
法典寺
朝日稲荷
A
芋洗坂
六本木五丁目
大久保加賀守
六本木六丁目
(旧北日ケ窪町)
麻布税務署
日ケ窪

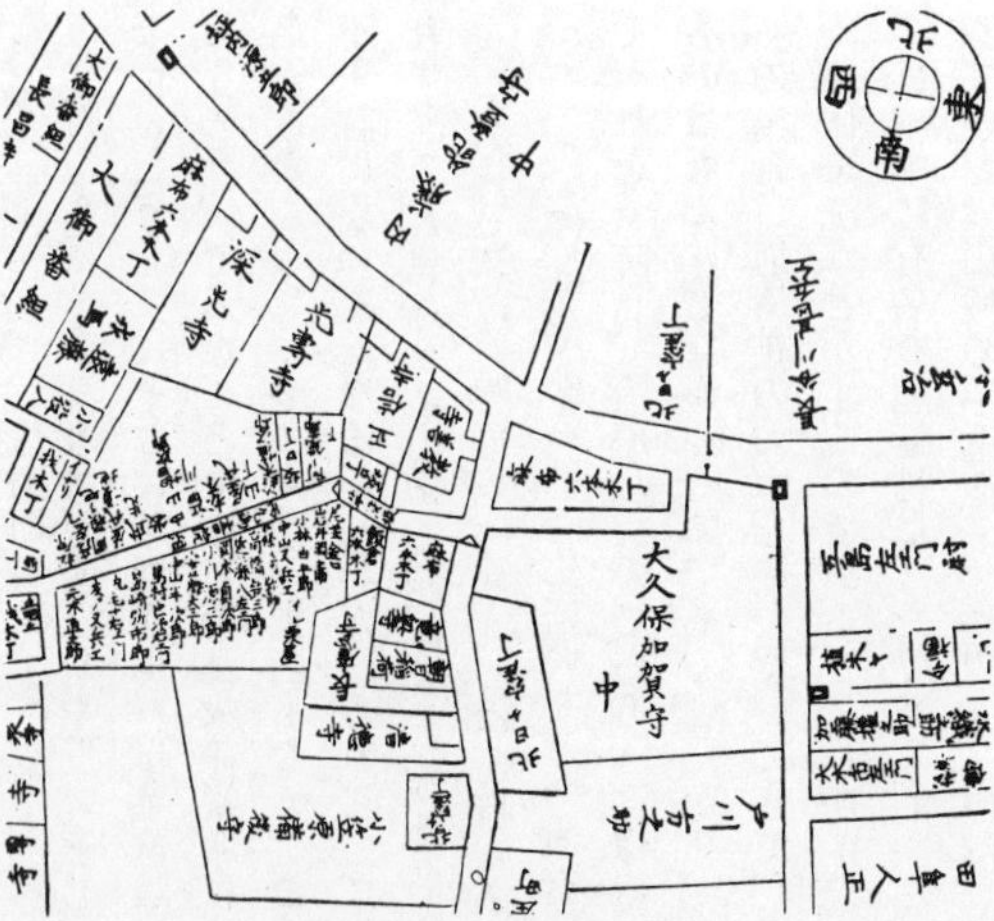

嘉永二年近吾堂版切絵図

饂 飩 坂

応しく、当社の鳥居の前の細い溝は、天慶年間は吉野川といって、一条の流れだった」というから嘘のような話である。

これならば、芋洗坂の説明にやや近い感じはするが、まだまだ本当の説明にはなっていない。どうして、そこに芋屋があれば芋洗坂になるのか、芋屋で芋を洗っていたから芋洗坂なのか、そんなことでは、芋洗坂の説明にはならないと思う。そんな理由でできた坂の名が、こんなにいつまでも、別名もなく、この名一つで今日までもつづいてきたものだと、不思議に思いたくなるくらいだ。それにしては、芋洗地名が、日本中にあまりにも多くありすぎると思う。そもそも芋洗という地名の、「いも」の意味は、調べてみると単なる「芋」のことではない。「いも」とは痘痕、いもがさ、疱瘡《ほうそう》のことである。種痘（うえぼうそう）のない昔である。一生にいちどの疱瘡にかかったとき、種痘のないころには、なんでそれを予防し、治療したのであろう。種痘のないころの疱瘡予防には、神仏以外に頼るものはなんにもなかったのである。だから、日本中いたるところに、疱瘡神があった。多くの場合、疱瘡神のお水をいただいてきて、それを患者に飲ませるとか、その水に酒を加えて体を洗うとかするのである。これが芋洗なのである。

日本中に有名な疱瘡神は、たくさんあった。有名な、あらたかな疱瘡神は、だれでも知っていた。山城の芋洗池・芋洗沼・一口沼（一口と書いて、いもあらいと読む）・一口の里、大和の芋洗川・芋洗地蔵、江戸小石川の疱瘡神白山社のふもとを流れる芋洗、本牧の芋大明神、それから芋観音、瘡《かさ》薬師、瘡守稲荷、笠守観音、笠森神社などなどと、数え切れないほどの疱瘡神があった。だから、ここ麻布の芋洗坂にも、疱瘡に関係のある神様がなければならないと思うのである。「いもあらい」というのは、疱瘡を洗うということなのである。この坂のほとりに、小川なり、池なりがなければならないと思うのである。幸い、ここの朝日稲荷の前には、古い昔から吉野川とかいう小川が流れていたようである。それなのに、いくら調べても、朝日稲荷は日ケ窪稲荷のころから朝日神社になったころでも、かつて疱瘡神であったという記録はないようである。稲荷の境内に、末社として疱瘡神があったということも聞かない。ならば、このほかに疱瘡神が、どこかになければならないということになる。

寛延三年（一七五〇）ころの江戸絵図を見ると、この芋洗坂に沿って、道路の西側に「弁才天」とある（一五四頁参照）。これはおそらく、法典寺の弁才天であろう。とにかく弁天様に池はつきものである。池がなければ弁天様ではないというくらいのものである。この弁天様の池が、疱瘡のお水となったと思いたい。日本各地に、弁才天またはその他の疱瘡神に、その例が多い。このお水で体を洗って疱瘡をなおしたのである。ここの朝日稲荷が疱瘡神でない以上は、この弁天様が疱瘡の神でなければならないと思うのである。でなければ、ここに芋洗坂があるはずがない。日本中どこへ行っても、芋洗という地名はある。そして、そこにはかならず疱瘡神があるものである。今日となっては疱瘡の神であったことは忘れられてしまったとしても……。

江戸の昔、駿河台の淡路坂の頂上、神田川べりに、太田姫稲荷があった。太田姫稲荷は、もと一口稲荷といって、江戸時代の有名な疱瘡神であった。それで、その前の坂を一口坂《いもあらいざか》と言ったのである。ここ六本木の芋洗坂のそばに、疱瘡神のないほうが不思議である。芋洗地名があるからには、この付近にかならず疱瘡の神様があったはずである。そして、疱瘡の神にふさわしい神様としては、ここの弁才天である。朝日神社が昔の疱瘡神でないとすれば、それからその末社に疱瘡神がなかったとすれば、ここの弁才天を疱瘡神と考えるのは当然であろう。日本全国どこにでもあった疱瘡の神様も、ひとたび種痘が行われるようになり、その効果が百パーセントであってみれば、もう疱瘡の神など必要がなくなってしまって、一斉に疱瘡神が、他の神様に転向してしまったのである。その前に、その神の名前が改変されていたのである。瘡守稲荷は笠守、笠森に、そして芋洗稲荷が太田姫稲荷となり、今日では太田姫神社となっている。九段上の一口坂《いもあらいざか》などは、ひとくち坂と呼ぶようになった。

奈良県の橿原神宮駅の東北方、歩いて五分くらいのところに、芋洗地蔵がある。そこには、芋洗川という小川もあった。この芋洗川と芋洗地蔵とは、いうまでもなく疱瘡神であった。今日、ここに「いもあらい地蔵尊」という碑は建っているが、これが有名な疱瘡神だということは、だれも知らないのである。しかし、久米の仙人が、ここで若い女の白いハギを見て、飛行中に、その神通力を失って墜落したという伝説の跡であるということには、興味があろうと考えて、久米仙人落下の古跡というようなことを、その碑に刻みこんであったように記憶する。いまの観光客には、昔どんなにあらたかな疱瘡神であろうとも、もちろんそれには興味はないであろう。むしろ、ここで久米の仙人が、芋洗川で洗濯している若い女の白い太《ふと》ももに見とれて空から落下したという話のほうには、興味津々であったことは事実である。

江戸から明治になって、疱瘡から完全に解放された人びとは、疱瘡全快のために、疱瘡神に参詣する者は一人もいなくなったのであるから、疱瘡の神様は、その用途と信仰とを失い、ついに疱瘡神の存在もなくなってしまったのである。境内末社として、昔栄えた疱瘡神ですら、今日では、その所在さえわからなくなってしまっている。芋洗の地名は残っていても、その由因となった疱瘡神がなくなっているので、いつの間にか芋洗の地名も、その意味のわからないままに消えて行くことであろう。

こんな時世に、芋洗坂の道筋がどこであったかを探すのにも、なかなか骨が折れる。しかし、昔の吉野川の流れの位置を知ったし、この坂のそばに、池を抱えた弁才天があったことを知って、心強い気持ちである。ここで、この坂の付近に疱瘡神があったという確信を持ってもよいと思う。なぜかといえば、芋洗坂という疱瘡地名が残っているからである。しかも、この芋洗坂の名前を生み出した根拠が、このＡの道筋にあったと思われるからである。

そこで、芋洗坂の位置は、港区麻布六本木五、六丁目境の、法典寺および朝日神社前の坂であると決めてよいと思う。したがって、饂飩坂は麻布六本木六丁目の坂で、芋洗坂の頂上辺から、西のほう（もと材木町）麻布税務署の前へ上って行く坂と考えてよいと思う。いろいろの本や絵図を読んだり見たりして、結局は芋洗坂と饂飩坂の位置、道筋は右のとおりであって、ある地誌の一本だけを読んで迷うこともなく決定した人と、全く同一であったということになる。

だから、坂の名前というものは、うどん屋があったので饂飩坂、芋屋があったから芋洗坂などというように、単純に当て推量で、その名を決定してはいけないようである。

とにもかくにも、芋洗坂という地名は、日本中いたるところにある。疱瘡地名であるということを心にして、充分考えなければならないと思う。種痘ワクチンの問題になっている時世である。ますます芋洗地名が消えてゆくはずである。現に、東京の芋洗に関する地名、小字にいたるまで、消えてしまっている。神社の名も疱瘡が消えて、加佐森などと、昔の名を思い出させるようなものが、残っているのはまだありがたいと思う。最近の地名改称によって、こうしたものの研究が、ますます困難になってゆくことは事実である。現に港区、いや麻布の芋洗坂の名称起因となるべき疱瘡神が、すでに消えてしまって、はっきりしたものの一つも見つからないということは、何といっても残念なことである。

坂と川柳

江戸時代の川柳には、ときどき坂についてよいことを教えられることがある。いくつもある句の中から、一つだけとり上げてみた。

田町ではそる衣紋ではのめる也

これはなかなか難解な句であった。昔の吉原通りの大体を知らないとわからないような句である。

雷を這入り稲妻形にぬけ

という句で、それを教えてもらうことにしよう。

まず雷門から仁王門へ向かい、馬道南谷、北谷を二、三度曲折して、六郷邸、浅草富士を左に見て田町の袖摺稲荷の付近から、禿坂《かむろざか》を登って吉原土手、すなわち日本堤を北へ二、三町行く。そこから左へ衣紋坂を下ると、遊郭の大門口へ出るのである。

運慶の作のそばから乗って行き

というのは、仁王門のそばから駕籠《かご》に乗って吉原へ行くという意味である。

そこで「田町ではそる」というのは、駕籠にのって田町の禿坂を上って行く形容で、自然に体がそるのである。

「衣紋ではのめる也」は、これと反対に、衣紋坂を駕籠で下って行くときは、体が前へのめるようになるというのである。

駕籠で二つの坂を上ったり下りたりする有様を句にしたものなのである。

目黒の新道坂を正す

いまの東京には、新道坂と呼ぶ坂が二つある。一つは文京区西片二丁目一四番と、白山一丁目二四番との境を、東北方に上る坂である。これは、江戸時代からの坂で、胸突坂とも、峯月坂ともいった。

もう一つの新道坂は、明治以後にできた坂で、目黒区上目黒一丁目、代官山トンネルに近い、もと都電の通っていた道と、東横線のレールのある道との中間にはさまれた、新しくできた坂をいうのである。

ところが、この新道坂を誤って、別の道路にこの名を記した地図が多い。代官山のトンネルの入口のところに、三つ並んでいる道の、最も西の崖に近い東横線の電車線路と、最も東の、広く改修された新舗装の駒沢通り（最近まで都電が通っていた）の坂路があり、これら二つの中間に、新道坂があった。地図の上などで、大きなこの駒沢通りの坂みちに、ときどき新道坂と誤って書かれたことがあった。

だが、昭和八年ころの、東京地形社発行の「目黒区詳細図」（大東京区分図三十五区之内）

駒沢通り・新道坂・東横線（昭和35.11.3）

には、新道坂の位置と道筋とを、正しくはっきりと示している。

今日、駒沢通りというのは、江戸時代の世田谷道であった。この坂道の東のほうには別所坂、西のほうには目切坂、大坂など、古い坂が並んでいるのに、この坂には、大きな古い坂でありながら、一つも坂の名が残っていないのである。この大きな昔からの世田谷道、むしろ古い鎌倉街道のこの坂に坂の名がないというのは、全く不思議なくらいである。それがために、わきの新道坂が、ついついこの大きな新装無名の坂の名前ででもあるかのように、まちがって印刷されてしまうのである。

昔の絵図には、この世田谷道は、渋谷の金王八幡前の街道につづいていたもので、八幡通りともいわれた。嘉永四年の近吾堂版切絵図の「渋谷宮益辺図」には、「古カマクラ道ト云」とある。

上の写真は、地下鉄日比谷線（中目黒・恵比寿・

新道坂

新道坂（右は東横線、左は都電の通り）

広尾・六本木を経て、日比谷・銀座へ行く線）が、まだできていないころのもので、昭和三十五年十一月三日にうつしたものである。写真の上のほうに、鉄橋のようなものが見えるが、これは三田用水の樋である。この樋は現在（昭和四十九年十二月八日）においても、昔のままに樋の中を水が流れていると、土地の人は話していた。この樋の下の道が、駒沢通りであって、この道を北へ行けば、恵比寿駅前を通る道となる。ここから西へ行くと、駒沢公園を二つに分けて突き進み、鎌倉方向へつづくのである。

だが、この大きな坂に、一つも名前が伝わっていないことは確かである。そして、この駒沢通りから分岐してできた坂の名が、新道坂であることもまちがいない事実である。前頁の写真は、昭和三十三年版の目黒区の「区勢概要」の七頁に掲載されたものであるが、これには正しく新道坂の道筋と説明がついている。その説明は、「新道坂（右は東横線、左は都電の通り）」とだけ記してあるのだが、新道坂の位置と道筋の説明としては、まことに完璧である。

この写真と目黒区広報係の説明がある以上、新道坂を誤って地図に記したり、坂名を誤って呼んだりすることはあるまい。この新道坂は、中目黒駅からここの坂の地下を銀座へ行く日比谷線地下鉄が完成してからでも、旧のままの坂に変化がなくて、新道坂は今日でも健在だといってよい。

坂名拾遺

上中里の宮坂

元来宮坂とは、お宮のそばの坂という意味である。平塚神社にいちばん近い坂は、神社東わきの蟬《せみ》坂である。滝野川上中里の平塚神社東南角を、湾曲しつつ国電上中里駅のほうへ下る坂である。蟬坂の旧名は攻《せめ》坂で、別名を宮坂とも言ったのである。

いま、この神社のあるところは、文明のころの豊島氏の城砦のあったところで、文明十年（一四七八）正月二十五日、太田道灌がそのときの城主豊島勘解由左衛門と戦って、城の背後からこの攻坂を利用して前後から挟撃したために、堅固な城砦もついに陥落してしまったのである。その後、泰平の世となり、ここの城砦も不要となったので、第一に村民の希望する氏神社をつくることになった。そのころ、以前から城中にあった小さな明神の祠を再興して、いまのところへ移し、りっぱな平塚大明神として、鎮座するこ

上中里の宮坂

とになった。そこで、この社地の東わきの攻坂という名前は、いつの間にか太平の風に吹き払われて、平和な歌をうたう蟬坂と改められたのである。それもやがて、平塚大明神にふさわしく、宮坂とも呼ばれるようになったのである。

『十方庵遊歴雑記』が、この宮坂のことについて詳しく書いているので、それを次に引用してみたい。

> 平塚大明神、此社地甚閑寂として、古代よりの雅趣を含めり、此東の坂を世俗宮坂とよぶ。溶《うね》りて下る事凡二町ばかり、六あみだの元木《もとき》へ通ふ往来にして、是より元木へ凡十七八丁あり。此坂の中程に、躊躇して東北の方をかへりみれば、渺茫たる耕地の豊島の川のわたしまで、一望の中にありて、風色天然に面しろく兎角の論なし。但し春夏の間は、両峡の樹木繁茂して景望を蔵し、八月の末、九月にいたりて、木々落葉し、耕地を一円に眺望す。又坂の下口右側に清水ありて、筧を以て行客の口咽をうるをす。

これで、宮坂の位置ははっきりした。それから、「六あみだの元木へ通ふ往来」であって、「東北の方をかへりみれば、豊島の川のわたしまで、一望の中にあり」と記してあるので、ちょうどいまの上中里駅のあたりに立って、東北方を眺めている感じである。

湯島の新坂と夫婦坂

湯島天神の新坂は、文京区湯島三丁目、湯島公園の北すみに立つ地主神、戸隠神社の東わきから、北に切通坂に下る石段の坂をいう。この坂は江戸の坂ではない。おそらくは、明治になってからできた新坂であろう。

明治三十年発行の『新撰東京名所図会』（第十一編）には、次のように書かれている。

> 坂路五あり、北にあるを切通坂といひ、東、下谷広小路に通ずる峻なる石階を男坂、其左緩かに通ずる石階を女坂、戸隠明神社の傍より、北向切通坂に下る石階を新坂と称し、男坂の南にある普通の坂路を中坂といふ。

右五つの坂のうち、新坂を除けば、他の四つの坂は江戸絵図にも載っている江戸の坂である。中坂をふつうの坂路といったのは、右五つのうち三つの坂が、みな石段の坂であるからである。それで中坂を（切通坂もそうだが）ふつうの坂といったのである。中坂と切通坂は天神境内の坂ではない。中坂といったのは、古い江戸時代、この坂の北に天神の男坂があり、そして南のほうには、妻恋坂があっただけなので、そのあいだの坂という意味で、この坂を中坂と呼んだのである。だから、この中坂ができたころには、新坂はもちろん、実盛坂も、三組坂もなかったのである。これらは明治になってから、昭和の初めごろまでのあいだにできた新しい坂なのである。

『新撰東京名所図会』の坂路五つのうち、切通坂・中坂・女坂・男坂の四つは、だれでもが知っている坂である。ただ、切通坂中腹に下る新坂については、うっかりしてしまう。それは、この坂が一見、位置と方向とが昔の錦絵に描かれた女坂に似ているからである。それから、男坂の頂上は女坂の頂上でもあったが、ここから北方を望む景色は、ちょうど今日の新坂の上から見る景色と同じである。

広重作『名所江戸百景』の「湯しま天神坂上眺望」の図と、やはり広重画『東都名所「湯島天神社」の構図とをよく見ると、男坂・女坂が今日のように、頂上でくっついていて、その女坂の頂上から不忍池を見下ろす形が、今日の新坂上から見る図と全く同一の形である。だから今日の新坂は、この女坂には関係なく、別のところに新しくできた階段の坂である。その位置は、広重図の女坂に並行した坂で、戸隠神社の右わきを、北へ下る石段の坂である。この坂の位置は、女坂と並行しているが、新坂のふもとは、ずっと切通坂に近く、女坂のほうは、男坂のすぐそばを北に向かって下りているから、切通坂の坂路の一つ手前裏の小みちということになる。そして新坂と女坂とは、石の玉垣に仕切られていて、全く別々の坂になっている。

私は、かつて新坂は、たぶん江戸時代の幅広い女坂を半分削り、ここで仕切りして、残り半分と、昔から女坂西がわにあった地蔵堂を他へ移し、それだけ拡げたのが、今日の新

湯島天神新坂

坂となったものと考えていたが、実踏の結果、それは全く違っていた。錦絵の女坂の西わきにあるお堂は、地蔵堂であって、この左背後に戸隠明神社があったということになる。そして、この戸隠神社の東わきの石段坂が新坂なのである。だから、この広重の女坂の位置とはたいへん離れているので、女坂の半分を新坂に改造したという推定は間違っていたことを知った。

前頁写真は、新坂とそのわきに鎮座する戸隠神社の背後からの景色である。この新坂を上って、その頂上が天神社の境内ということになる。ここが天神本殿の背後になり、その東側を歩いて行くと、女坂・男坂の頂上へ出るのだが、ここまで約六十メートルはあるだろう。広重の絵から見ると、男坂と女坂の頂上から、いまの新坂までの距離は、〇メートルに見えたが、この絵のなかでは、戸隠神社の位置がはっきりしないので、女坂と戸隠明神との距離は全くわからない。

今日、新坂の石段の頂上、戸隠神社の側に、「夫婦坂《めおとざか》」と記した立て札が見える。ちょっと見ただけでは、毛筆字の墨色が古色蒼然としていて、なんと書いてあるのか、はっきりとはわからないくらいだ。湯島神社のお札を売る老人に聞いてみたら、境内には男坂と女坂というのがあるので、これらに合わせて、新坂も「夫婦坂《めおとざか》」と、神社で命名したのだということである。二、三年前からですと答えていたが、この字の消えようからいって、戦後すぐのころ、この立て札が立てられたようにも思えた。

とにかく、湯島新坂は、一名を夫婦坂といったということになる。しかし、この坂は江戸時代からの夫婦坂という坂の名の条件にぴったりしないようである。この坂名も、初めからその命名に無理がある。だから、これもやがて消えてゆく坂名の一つであろう。

戸隠神社の祭神は手力雄命《たぢからおのみこと》であって、この地の地主神である。おそらくは、手力雄命を祭ったのが先で、のちになって菅原道真を配祀したものと思われる。軒を貸して母屋をとられた観がある。今日、湯島天神は、とにかく戸隠明神が最初にこの地に創始されたのであって、しばらくしてから道真公が配祀されたものである。

渋谷の行人坂

渋谷の富士見坂は、宮益町から西へ向かって下る坂をいうのである。今日では宮益坂と呼ぶ。渋谷の道玄坂は、この富士見坂の下から、さらに西へ上って行く坂をいうのである。『江戸名所図会』には、「道玄あるいは道元に作る。里諺に云、大和田氏道玄は和田義盛が一族なり。建暦三年（一二一三）五月和田一族滅亡す。其残党此所の窟中に隠れ住て、山賊を業とす。故に道玄坂といふなり……。或人云。道玄は沙門にして、此地に昔一宇の寺院ありて道玄寺と称したり。故に坂の名に呼び来れるともいひて、一ならず」と記している。

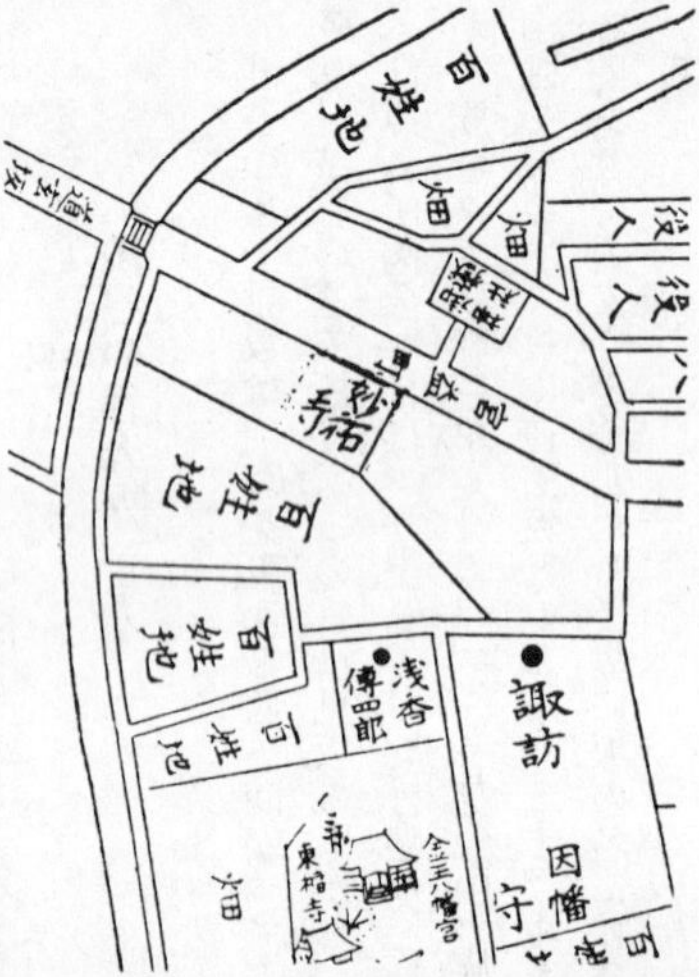

右　嘉永六年『江戸切絵図』
下　宮益坂（もと富士見坂）左の側の十二階建てビルが妙祐等のあったところ

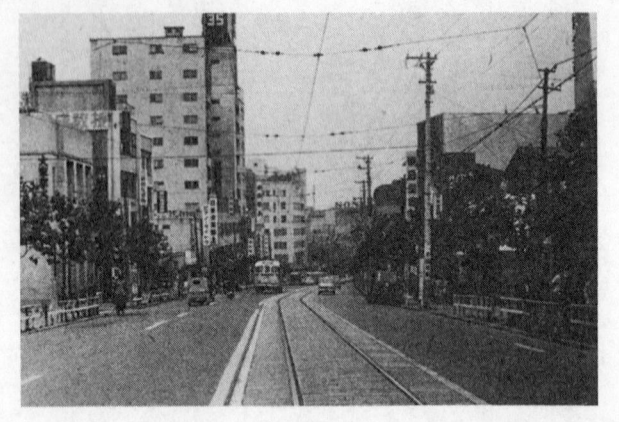

たぶん道玄は行者であって、岩窟に隠れ住んで山賊を業としたのではなく、岩窟で修行していた修験者であったのだと思う。だから道玄は行者、すなわち行人であって、のちには坂のそばに庵室を建てて、そこに住んでいたのであろう。その庵室を道玄庵と呼び、そのそばの坂は、やがて道玄坂といわれたものと思われる。

『江戸町づくし』には、富士見坂の説明のところに、「富士見坂。宮ます町めう祐寺前の処、行人坂前」とある。この意味は、「富士見坂は、宮益町の妙祐寺というお寺の前の坂であって、行人坂という坂の前である」というのである。だから、ここの行人坂は道玄坂のことをいっているのである。

右の妙祐寺というお寺は、富士見坂すなわち宮益坂の南側にあって、浄土真宗本願寺派で、ちょうど、この寺の真向いに御嶽神社があった。だから、この辺はもと上通二丁目である。この寺は弘安九年（一二八六）に一遍上人の草創と伝え、初めは天護山丹証寺といって、時宗の寺であったが、寛永のころ真宗に改め、満歳山学恩寺と称した。そして延宝五年（一六七七）に、妙祐寺と改称したのである。したがって享保十八年（一七三三）の『江府名勝志』には、「一向宗、妙祐寺、西末、渋谷」と記されている。それから、ずっと妙祐寺はここにあって、戦災後、昭和二十七年に区外に移転したのである。

今日では、その寺の跡には、十二階建ての宮益坂ビルが、高々とそびえている。ここはいまの渋谷区渋谷二丁目一九番の辺に当る。

切通坂六つ

東京には、江戸の昔から、切通坂《きりどおしざか》と呼ぶ坂が多い。いま、六つばかりの切通しがある。小山のようなところを切り通して道路を造った場合、これを切通しというのである。

切通しは、だいたい山を切り通して道路を造るのであるから、その道路は、坂路になるのがふつうで、平地のまま、まっすぐに山を横断、縦断することは少ない。道路の左右の崖の高さが一定しているので、そのできた道は上り坂となり、山を下るほうには下り坂ができるものである。山や丘が広大な場合は、一方のほうから上るだけであるから、坂の途中から下りに変化することはない。要するに、道路の左右が切りくずして崖になっていれば、その道路は切通しなのである。そして、その道路が坂みちになっていれば、その坂みちを切通坂というのである。

江戸時代には、初めてできた坂を新坂といい、その新坂が、名前のある二つの坂の中間にできた場合、これを中坂と呼ぶのがつねであった。だから、切通坂ができた場合、これも坂としては新坂であり、その位置が坂と坂との中間ならば、中坂と呼んでもよいはずである。そのことは切通坂の場合にもいえるのであるが、江戸ッ子はやはり新坂と中坂と切通坂は、はっきりと区別して、名前をつけていたようである。しかし切通しも、いかに左右が崖になっている道路であっても、その道路が傾斜していない以上は、切通しとはいっても切通坂とはいわなかったということができる。

江戸から東京の切通坂は左の六つである。

1　本郷湯島　切通坂

文京区湯島三、四丁目境の坂で、東のほう上野広小路から、西へ本郷三丁目に向かって上って行く春日通りの坂で、ちょうど湯島天神北裏の坂である。昔はこの坂を次のように説明している。「切通坂は天神社と根生院との間の坂なり、是後年往来を開きし所なればいふなるべし、本郷三四丁目の間より、池の端仲町へ通ずる便道なり」（『御府内備考』）

2　芝　切通坂

港区芝西久保広町と芝公園三丁目北部の境の坂で、芝学園前から正則高校前へ下る坂である。『御府内備考』には、次のように書いてある。「切通坂、坂口横幅四間一尺程、中程同十間程、登り詰迄、凡七十六間余」さらに別のところには、「切通坂は増上寺と青松寺との間の坂なり、上り凡七十六間余、青松寺東南角桜川石橋より、増上寺涅槃門際迄、長凡百三十間余、皆切通の内なり、その開かれし年月を詳にせず」とも書きたしている。

3　番町　切通坂

帯坂という別名がある。千代田区五番町と九段南四丁目の境、市ケ谷駅前榊病院東わきの坂である。帯坂というのは、「番町皿屋敷」で名高いお菊の幽霊が、帯を引きずって、この坂みちをかけ下りたという伝説によるものである。さらに『江戸紀聞』は、次のように書いている。「切通坂、三年坂のつぎの坂なり、市谷御門より表六番町へのぼる坂なり」

4　麻布一本松　切通坂

港区西麻布二、三丁目の境、一本松のところから西に下る坂で、たぬき坂、またはまみ坂ともいう。『東京地理沿革誌』には、「黒暗坂の南、一本松町との界にある坂を貍《まみ》坂といふ」と記し、『江戸地名字集覧』には、「貍坂　麻布宮村町」、『東京案内』には、「麻布宮村町、黒暗坂の南にあるを貍坂といふ」と同じように記してある。

5　高輪　切通坂

芝区高輪二丁目、伊皿子坂の頂上から左右に別れて、左に下って高輪四丁目に下るほうを汐見坂と呼び、右のほう泉岳寺前に下るものを切通坂といった。『御府内備考』には、次のように記してある。「切通、道幅凡五間、右者寛永十九年中、大猷院様御鷹野之節、泉岳寺え御立寄被為遊、四代目住僧御目見被仰付依上意前の拝領被仰付候其節丹羽左京太夫様、水谷伊勢様御手伝ニ而切通ニ相成候」

6　山王　切通坂

千代田区永田町二丁目日枝神社の大鳥居の左を行き、神社の丘を南から西側へ廻って行く切通しの坂みちをいう。『新撰東京名所図会』には、「日吉橋を渡りて、星ケ岡の北麓を回り、表鳥居前へ通ずる坂路を切通といふ。日吉橋架設の際地抜く所とぞ」と書いてあるが、『御府内備考』にはもっと詳しく記してある。「麻布新道切通為土除同所宮村之内ニ而、百姓太郎兵ヱ、源蔵、五郎兵ヱ三人之田地之内、坪数四百三十九坪三合之場所一ケ所、百十坪七合五勺之場所一ケ所、右二ケ所道奉行衆より道請合申候名屋庄太夫ニ預ケ申候処、道御普請致成就候」

山王切通坂

切通坂というのは、江戸時代においては、財政上大変費用のかかったものであるから、よほどの価値のあるところ以外には、めったに造られたことはなかったものである。

本郷湯島の切通坂や、芝の切通坂などは、結果的にはたいへん便利で有利なものになった。

泉岳寺前の切通しは、三大将軍家光の御鷹狩のための必要から、しかも将軍自らのお声がかりであるから、やむをえないことであった。
市谷見附と一本松のところの切通坂は、全くの必要から造られたものであり、最後の山王の切通坂のごときは、これによって山王様に遊山客、参拝客が急にふえてきて、いろいろの設備や娯楽を作ったので、これを喜んだのは、江戸市民ばかりでなく、神社そのものばかりでは、もちろんなかったのである。特に芝の切通坂は、その後、両国橋畔のにぎわい以上のものであったということである。

『神代余波』という本は、次のように説明している。

芝切通し上は、広き原にて軍談師、売卜者、浄瑠璃かたり、博奕師、豆蔵、噺師、酒売、菓子売などありて賑ひしを、今は増上寺山内へ囲ひこまれたり、また涅槃門は切通坂の半にありて通りぬけみだりにならず屈曲の細道なりしを、今は上の方へうつして新坂広くなりて、通行自由なり、金地院も入口の門は町家の並びにありし也。稲荷も切通上り口にありし也。

それから『狂歌江戸名所図会』には、次のような狂歌がでている。

切通し入相ころにはねてけり　兎に芸をさする見世物

浄瑠璃の二十四孝の切通し　夜鷹の小屋の隣なりけり

祐天のいませし寺の切通し　やいば（剣）をのんで見する豆蔵

神楽坂について

新宿区神楽坂一、二、三丁目を縦断する坂。昔の牛込見附から西へ上る早稲田通りの坂で、その坂にまつわる伝説もまちまちであった。たとえば、高田穴八幡の旅所が、この坂の頂上にあって、祭礼のとき神楽を奏したとか（『大日本地名辞書』）、津久土明神が田安の地から津久土八幡のところへ遷座のとき、この坂で神楽を奏したとか（『新編江戸志』）、または若宮八幡社が近くにあるので、神楽の音が、この坂のところまできこえてきたとか（『江戸鹿子』）、あるいは赤城明神の神楽堂が、もとここにあったとか（『望海毎談』）と、いろいろである。しかしその昔は、この坂上に天台宗の行元寺という大寺があったとか。牛込見附のところに惣門があり、この坂には中門があって、左右に南天の並木がつづいていたので、世にこの寺のことを南天寺《なんてんでら》と呼んで有名であったとか。

そのころは、牛込の奥へ行く道は、この坂に並行した軽子《かるこ》坂が、この東にあった。この坂道は早くから発達していたので、「かるこざか」という坂の名は有名であった。軽子坂という意味は、河岸の舟に積んできた荷物を、水揚げするのが「かるこ」という人夫であった。その発音の珍しい呼び方が、やがて「かぐらざか」と作り、さらに「神楽坂」を生み出したのであろう。特別に神楽の伝説にもなんにも関係なくできた名前かもしれない。

かるこざか―かぐらざか、ちょっと似たような面白い呼び名である。『江府名勝志』は「此坂の名の来歴其説あれども、慥ならざる故略之」と書いている。

番付坂（茱萸坂《ぐみざか》、茱萸樹《ぐみのき》坂とも）

千代田区永田町二丁目より、同一丁目にまたがる曲折した坂である。一口にいえば、今日では国会議事堂の西裏から南側を東へ向って下る坂みちで、外務省の裏手へ出る坂といってよい。

『新編江戸志』には「茱萸樹坂、丹羽家表門見通し、内藤紀伊殿、本多伊勢守殿やしきの間、九鬼長門守殿やしきの前へ出る小坂也。昔は両側にぐみの木有し故の名也」。また『麹町之状勢』には「グミ坂永田町一丁目と三年町の間を支那公使館前に上る坂をいふ。番付坂、グミ坂の一名にして昔山王の祭礼には此処にて、花車の番付札ありて其行列を改しなり」とある。この当時の支那公使館というのは、山王坂の南側、今の首相官邸の隣地辺にあったようである。

掃除坂（稲荷坂とも）

港区赤坂七丁目（旧赤坂台町）の中央を南へ下る坂。坂下にもと飛稲荷があった。この辺はもと「御掃除之者の屋敷」があった。それで青山御掃除町といった。掃除坂は一名稲荷坂ともいうのである。『続江戸砂子』には「飛稲荷赤坂御そうじ町」とある。

服部坂《はっとりざか》

文京区小日向一、二丁目境を、北へ小日向神社のほうへ上る坂をいう。この辺は、江戸

番付坂（ぐみの木坂）

掃除坂

時代の小日向水道町といって、この坂の左のほうに、服部権太夫という旗本の屋敷があったので、この坂を服部坂と称した。この付近がのちの小日向神社のできたところである。その当時の福勝寺は、比較的大きな寺であって、のちの小日向神社は、福勝寺と道をはさんで東西にあったのである。そして南面していた。小日向神社は、明治二年、水道町二丁目の日輪寺境内の氷川社と、別のところの田中八幡社とが合祀されて、そこの地名を採って社号として小日向神社と称したのであるから、考えると、新しい神社であるということができる。だから服部権太夫の屋敷は、明治二年以後、ここから姿を消してしまったのである。

洞《ほら》坂《ざか》（法螺坂とも）

港区高輪三丁目、東禅寺の参道を左へ折れて、二本榎のほうへ行く洞横町の坂。法螺《ほら》坂とも書く。昔、この辺を洞村といったので、ここの坂を洞坂と呼んだのであろう。地名が坂の名になったのである。『言海』には洞を、「崖又巌ナドニ明キテ、空虚《ウツボ》ナル穴」とある。『御府内備考』には、「洞村。土人ほら村と唱ふ、東禅寺の南の方にて下高輪村民居住の辺をすべていへり。窪《くぼ》き地なれば洞《ほら》と名付しならん、江戸志に螺の出たる所と書しはその拠をきかず」とある。窪き地なれば洞と名付しならんというのが本当であろう。そして、この辺がもと海岸で、ここを掘ると法螺貝がたくさん出たという説明をしているものもあった。古い地図を見ると、この坂の左右に常江寺、仏乗院があって、坂の下には安養寺、法蔵寺が見える。

洞坂

三百坂

三百坂（三藐坂《さんみやくざか》とも）

文京区小石川三丁目と四丁目の境、東京学芸大学附属小学校の東わきを、北へ光円寺のほうへ下る坂。昔、この坂は松平播磨守の屋敷より二丁ほど隔っていた。播磨守登城の日、玄関前にてお目見得があって、そのとき礼服を着用しているので、目見得が終って衣服を改め、ただちにお供に従わねばならない。御行列が、この坂にさしかかる前に追い付かない場合は、罰金として三百文出さなければならないという習慣があったので、誰言うとなく、この坂を三百坂と唱えたというのである。それから『砂子の残月』という本には、この坂のそばに、百々百右ヱ門の屋敷があったので、三百坂と呼んだのであると記してある。昔の文人仲間では、この坂を三藐坂と書いている。作者は詳かでないが、安政ころの『戯作者小伝』という書の「恋川好町」の小伝の中に、「小石川三藐坂極楽水上光円寺に葬る、法号　俳諧歌場寿誉福阿真顔」とある。

動　坂（不動坂とも）

文京区本駒込四丁目と千駄木四丁目の境、石の不動のところから、南へ駒込病院前に上る坂。坂のふもとの石不動は、目赤不動の旧地であって、動坂とは不動坂の略称であるという。『江戸図解集覧』（千駄木御鷹部屋ノ図）には「不動坂」とある。『大日本地名辞書』は「動坂とは、いにしへ辻堂などありしに因り、堂坂とあるべきならん」と書いている。道坂と書いたものもある。

しかし、この坂は不動坂の略称であろう。道坂が動坂となったり、堂坂が不動堂でないかぎり、それが動坂となったとは考えられない。動坂は不動坂の変化したものと考えるべ

動坂

梨の木坂

きであろう。（拙著『集約江戸絵図』下巻「千駄木御鷹部屋図」参照）

遅刻坂（新坂とも）

千代田区永田町二丁目の、ホテル・ニュージャパンと赤坂東急ホテルとの間の細い坂みちを、北のほうへ上って行くと、頂上は日比谷高校正門の前へ出る。生徒も教師も、学校到達直前二、三分がいちばん苦しいものだから、ここの坂は小さいくせに、かなり急坂なので、ここまでかけ上るとみんなはアはア息を切らしてしまう。したがって少し遅れて来た者は、始業時間に遅れるものも出る。そこで、この坂を遅刻坂と呼んだのである。もとは新坂といった。

梨の木坂

千代田区永田町一丁目、社会文化会館の右わきを、南へ国会図書館のほうへ上る小さな坂を梨の木坂といった。『御府内備考』には、「井伊家の屋舗のうら門をいふ。近き世までも梨の木ありしに、今は枯て、その名のみのこれり」とある。とにかく、のちには坂に関係なしに、井伊侯の御やしきのうら門のところを、「梨の木」といったのである。

あとがき

『続 江戸の坂 東京の坂』で、江戸の坂も東京の坂も、すっかり出つくしたものと思っていたら、まだまだ書き漏らしの坂がいくつもあった。それは、江戸の坂を中心として、地域もだいたい朱引内に限って始めたので、その中の坂は充実したつもりでいたが、この中にも納得のいかないものがたくさんある。それに、郊外のほうは、まだ残したものが多いので、当然これらも入れていかなければなるまい。

しかし、この続編では、かなり突っ込んだ研究もした。新しく発見したことも多かった。ずいぶんたくさんの坂に、解明を与えたつもりである。しかし、残された未発表の坂の研究は、もちろんつづけて行くつもりである。これを完全なものにするためには、もっともっと勉強しなければならない。

この仕事と並行して、多少まとまっている「日本の坂」のほうも詰めていきたいと思っている。だいいち、日本史上最初の坂はもちろん、古書にあらわれた古代の有名な坂は、みな上方にあるので、まず奈良を中心とした関西と、古い名称となまりの発音のままで残っているたくさんの坂を持つ山形を中心とした、奥州の坂も調査してみたいと思っている。文献の上の研究は、いくらか進んでいるので、これから実踏のほうを盛んにやらなければならない。私のこれからの人生には、旅が多くなりそうである。

東京で困ったように、地方でも地名の変改が行われているので、調査にはいり込むまでがたいへんであろう。幸い江戸の坂の研究には、そのつど必然的に、地方の坂の実踏や文献の研究も多少済ませており、地方には、したがってなじみの坂が多いので、仕事もらくにはこび、たのしいものになりそうである。

思えば、私も坂の研究には、四十年もかかわりを持ったことになる。私の坂の研究に対して、直接間接に有益なご教示にあずかり、または貴重な書物をお貸しくだすった先輩がたや知人たちに、このたびここで、お名前をあげて、お礼を申し述べたいと思います。

まず第一に、直接師事した故真山青果先生、それから故芦田伊人、故藤懸静也、故宮川曼魚、故鏑木清方の諸先生がたと、現在まだお元気のかた、『学鐙』の本庄桂輔氏、浮世絵研究の楢崎宗重氏、中央公論の藤田圭雄・栗本和夫の両氏、朝日新聞の小林博氏、かつての都資料室の鷹見安二郎氏、図書館の朝倉雅彦・中多一郎の両氏、学校の江野沢淑子・久富哲雄・田中正己の諸氏、それから自分自身の親戚の人たちの、援助とはげましに対しても、右の先輩諸先生ともどもに、心からの感謝を申し述べさせていただきます。

昭和五十年五月

横関英一

解説

俵　元昭

一九七六年、歌会始のお題は「坂」だった。お題の発表はその一年前で、ちょうど、坂道への関心が盛りあがったところを、受けとめたようにも思われた。『江戸の坂 東京の坂』が出版されたのは、一九七〇年の一月だから、お題発表からはまる五年前になる。この本が出てから、東京でも坂の多い港区や文京区で、その標識を建て、新聞や放送が取りあげるなど、一種、坂ブームの状況になった。このお題はその頂点のひとつだといっていいだろう。お題発表の半年後には、『続 江戸の坂 東京の坂』も出版されている。

ところがその翌年、つまり「坂」をお題として歌会始の行われた、わずか七日のち、一九七六年一月一六日に、著者横関英一《ひでいち》さんは永眠された。七五歳になっておられた。

それは「坂」流行の盛期を待っておられたかのような終焉だったのだが、なお盛んな研究意欲を見せ、業績の期待できる方だっただけに、惜別の思いはひとしおとなった。一月二九日の読売新聞は全紙幅の九段分という異例の大紙面で、坂の先覚者、横関英一さんへの追憶を報じている。

「古事記」「日本書紀」「万葉集」に始まって、日本人の坂への関心が深いのは、山地の国土に占める割合が高いためかも知れない。東京の地形にも、同じ理由がある。複雑に開析された台地は四通する道路の至るところに傾斜を作った。都市としての始まりは、そう古くはないだけに、中世以前の記録を見るのはむつかしいが、その後の関連する記述の豊富なことは、他の土地にあまり例がないだろう。横関さんがこの地域から研究をまとめられたのは当然なことだった。

江戸の坂道についての最初の記述は、一六四三年（寛永二〇年）の「色音論」（別題あづまめぐり）とみていい。これにただ一カ所、車坂の文字が見える。「色音論」は、見聞記の体裁をとっているが、最初といえば最初の江戸の地誌とされている。

このなかの地名は、広く橋名や寺名川名などを含めてもおよそ八〇で、坂名がそのうちただ一個というのは、多いか少いか議論があるだろうが、その後の坂道への関心の第一歩を示すものとして興味深い。（赤坂の文字もあるが、これはすでに坂名ではなく地域をさし示している）

念のためにそれより古い記録についていうと、古代の武蔵の兵士と内親王の駈落伝説を伝える「更級日記」（一〇五九・康平二年ごろ成る。ただこの記載内容は一〇二〇・寛仁四年のこと）に「竹芝といふさか也」の言葉があり、これを今日の聖坂《ひじりざか》（港区三田）に当てる伝承もあるが、むしろ疑われている。

また、中世の江戸を示す史料に「小田原衆所領役帳」（一五五九・永禄二年）があって、そこに坂のつく地名は九カ所に見られるが全部、武蔵国外なのである。のちの江戸と近郊で列挙された九九の地名には、島・淵・原や井・村・田など土地の状況を示すものが八カ所あるにもかかわらず、坂のつく地名は一カ所もない。

こうした状況は、江戸開幕のころも同じで、「慶長見聞集」（一六一四・慶長一九年）にも「江戸の河橋にいはれ有事」といった項目はあるのに、「老の坂行杖とたのまん」の形容的用法以外には、固有名詞の坂名はもちろん地形の説明としての坂も出て来ないのである。江戸での坂のはっきりした認識は、意外に遅かったと感じられる。

「色音論」から二〇年たった「江戸名所記」（一六六二・寛文二年）も、市中巡覧をしながら、坂を通過したという記事さえなく、さらに一五年後の「江戸雀」（一六七七・延宝五年）の刊行に至って、ようやく、紀伊国坂・南部坂・長坂・ひじり坂・行人坂・菊坂・屏風坂・車坂の名をみることができる。車坂を筆頭にこれらの坂こそ、最も伝統ある江戸の坂ということになるだろうが、まだ坂名の由来を説明することもなく、大小名の屋敷や、町、寺社数を数えあげて一覧にしていても、坂数を数えるまでにはなっていない。

それに続く「紫の一本《ひともと》」（一六八三・天和三年）になったとき、はじめて地名を分類列挙し、山、谷などとともに三一の坂名をあげて、そのほとんどに説明を記す。いわば江戸の坂研究の最も素朴な着手を、この戸田茂睡の仕事に発見することになる。

今日、見逃されている地誌も無いとは速断できないが、翻刻、影印などで見られる限りはこうした状況で、以後、「江戸鹿子《かのこ》」諸板、「江戸砂子《すなご》」諸板から「江戸名所図会」（一八三六・天保七年）等に至る地誌や、町鑑《まちかがみ》の類の記述も、それまでの方法の踏襲に止まっている。茂睡は最初にして坂調べのあり方を決定してしまったかのようだった。

化政期の文化を反映した幕府の「御府内風土記」の坂道の扱いが興味をそそるが、焼失した今は、その実際を知るよしもない。その資料集「御府内備考」（一八二九・文政一二年）から見る限り、さほど期待できるものではなかっただろう。その他主要な地誌のあげる坂数は、本書の二一八、二一九ページに掲げてあるとおりである。

それにしても、「紫の一本」までの坂道の扱いの変化は、まことに順序よく、坂道を認識してゆく階程を示しているように思われる。考えてみれば当然だが、坂道への認識も、都市の歴史的な展開に照応した状況を見せることになる。

明治になって、坂道の扱いについての重要な徴候は、文学の情景設定の場として現われることのようだ。森鷗外の「雁」の舞台、無縁坂はもちろん、漱石、藤村がよく扱うほか、逍遥、一葉、直文、鏡花、百合子、秋声、武郎、寅彦、樗牛、花袋、四迷、百閒など、むしろ坂と全く無縁の文学者を探すほうがむつかしいかもしれない。逆に、文士に人気のあった坂ということでみれば、神楽坂、団子坂、菊坂などをあげることができる。

こうしたなかで最も注目されるのは永井荷風で、「日和《ひより》下駄」（一九一五・大正四年）という東京散策記の一章である「坂」は、坂の魅力を語って、最高の文章となっている。秀抜な観察と感懐の叙述は、個々の坂の状況から人の生活と情調に与える影響に及んで、一種の社会学、文明批評的な効果さえ生んでいる。ほかに創作の面では、円地文子に、夫婦の心象を描きながら坂（台東区谷中清水坂）そのものを主人公とした坂小説の傑作「妖」（一九五六・昭和三一年）がある。

詩歌句も枚挙にいとまなく、本書にあげられている近世の狂歌川柳に続いて、近代文学にも、晶子の九段坂、茂吉の富坂、子規、万太郎の芋坂、永坂などを知ることができる。

地誌では、近世を踏襲した説明が「新撰東京名所図会」（一八九六・明治二九年〜一九一一・明治四四年）、「東京案内」（一九〇七・明治四〇年）などに見られ、これは一九三〇年代の各区史の編集に引き継がれ、さらに太平洋戦争後にも影響してゆく。地理の大きな大系などでは地形からの説明はみられるものの、必ずしも坂研究史として大きな意義はないようである。

そして坂研究の戦後最初の言及はおそらく服部銈二郎氏だろう。一九五〇年（昭和二五年）に卒業論文とされてから、いくつかの論考で東京の坂の社会的機能、人文地理的状況の解明で新しい視点を提示されていた。これ以外では、全国地誌や地名辞典や地名の研究書が出されているが、分布一覧の作成のほかは、坂の新しい知見はきわめて乏しいという状態だった。

こうした坂状況について、従来の認識を一変させ、個々の坂の本格的な追求を明らかにされたのが横関英一さんにほかならなかった。横関さんはここで戦前からの研究の結果を一気に発表された。それは坂が江戸地誌に現われて以来の坂関心史上の革命だった。『江戸の坂 東京の坂』の出現は、研究者、愛好家に大きな衝撃を与えた。それまでの博識依存の立場へ、前例のない方法で主題を選択し記述することを提示されたのである。ともすれば単純な史料処理に血道をあげ、好事数奇におぼれる傾向の研究を大きく目ざめさせたといっていい。

すでに『古板江戸図集成』全八巻（一九五八・昭和三三年〜一九六〇・昭和三五年、中央公論美術出版、ほかにピックアップ版の『集約江戸絵図』）の画期的な業績で、戦前からの蓄積の成果を示されていたが、これは在野の研究ながら、正統な学術論文の引用典拠として堪え、地理学、歴史学、書誌学、都市工学等が進んで利用する希有の例になったもので、その人ならではの力を、坂のばあいにも発揮されている。

浩瀚な史料の博捜が必要な江戸東京研究では、どのような考証家にも欠陥の絶無はしにくいものだが、横関さんが一歩をぬきん出た研究者であることは誰もが認めることだろう。『古板江戸図集成』の活用を通じて、知遇をえた筆者が、雑誌「旅」の座談会で、坂狂人を称される源友雄氏と共に、横関さんと同席したのは一九七三年（昭和四八年）だったかと思う。記事面に現われている以上に、坂研究にかける意気ごみを感じさせられた思い出がある。その後、目黒のお宅に伺ったときは、今後のさらに広い研究への情熱を語って飽かれることがなかった。

今日の水準なら決して高齢に過ぎるということはなく、われわれは疑いもせず今後のお仕事に期待していた。『江戸の坂 東京の坂』は、そういう意味ではなお過程の産物だった。その後に総集的な、東京の坂道の解説書を他に出された向きもあったが、広く日本の坂についての総合的な研究を期待できる唯一の人であったはずである。

近年の複刻の隆盛や印刷技術の向上、情報処理ツールの充実などから、地図や坂の研究も、横関さんの没後、さらに前進を続けていると思う。その進歩の速さからすればすでにこの名著は古典の域にあるかもしれない。文庫での地位もその一証だろう。研究の深化と広がりは予断を許さないが、研究史上の位置は永久に輝きを失わないだろう。

当時の写真がそのまま収載されていることもこの本の見所のひとつである。富士が見えるとされた富士見坂二カ所のうち、西日暮里のそれは、今日もよく歴々と富士の大きさを見せているが、麻布の新富士見坂からの視線はすでに失われた。諸所の坂名標識も立てかえの時期になったものがある。世が移り木石の坂名碑は失せても、永遠な紙の坂名碑の建立者として横関英一の名は決して失われることはない。

個人的なことだが、ひそかにわれわれのために研究成果の発表を推薦してくださるというご厚意があったことを没後に知った。このご厚意はおよそ考えられぬ妨げにあったが、そのお気持が忘れられず、大先輩ながら横関さんと親しく呼ばせていただいた。あたかもこれを記す今日は、七回忌の祥月命日にあと三日である。大きな貢献に敬意を表しながら、故人の御冥福を祈る気持がまた新たなのである。

（一九八二年一月一三日）

文庫版解説

鈴木博之

「東京には上り坂と下り坂と、どちらが多いか」、これはよく出されるジョークだが、正しい答えを出すのはむずかしい。「歩く向きを変えれば、上り坂は下り坂になる」というのは物理的な答えに過ぎない。富士見坂という名の坂は、上っていった先に富士山が見えるために名づけられた坂が多いから、上り坂である。また、潮見坂というのは、下る先を見たときに海が見えるから名づけられていることが多く、これは下り坂である。こうなると、ひとつひとつの坂について吟味してゆかないと、坂の本質は見極められないことに気付く。

『江戸の坂　東京の坂（全）』は、坂の本質を丁寧にしかもバランスよく教えてくれる書物である。無論、富士見坂についても潮見坂についても、丁寧な記述がなされている。坂は具体的に存在しているのだから、富士見坂についても潮見坂についても、具体的かつ臨場感あふれる吟味が加えられている。

著者は江戸と東京の坂を、大きく三種の方法によって集め、分析している。ひとつは江戸の随筆類を渉猟して情報を集める文献手法であり、もうひとつは切り絵図などをはじめとする地図資料に基づく情報の収集整理であり、もうひとつは実際に都市を歩くことによって坂の実態を調べ記録する手法である。

本書にはこの三種の手法が、端正といってよいほどのバランスのよさを持って駆使されている。そこに現れる記述は、いまや古典といってよい坂の記録である。

文献によって坂道の存在とその名称を知ってゆく手法は、人間の営みが生み出してきた歴史のヒダが、江戸や東京の土地や場所の上に刻み付けた痕跡を集める作業である。江戸時代に井伊家の屋敷裏門に梨の木があったので、その前の坂が梨の木坂と呼ばれるようになったとか、日比谷高校正門に通ずる坂が遅刻坂と呼ばれたなどという話は、馬鹿馬鹿しいといえばこれほど馬鹿馬鹿しい話はないけれど、そこにはその場所に暮らした人びとの日常感覚が刻み付けられている。一般に地名はすべてそうなのだが、そこには人びとが暮らしている上での拠り所となる歴史的、地理的、心理的イメージが込められている。文献渉猟はそうしたイメージの連鎖を広く発掘し直してゆく作業なのである。

地図資料は、坂のあり方をマクロな視点から鳥瞰的に教えてくれる。九段坂のように形態に特徴のある坂は地図上に現れるし、坂をとりまく屋敷の数々は地図によってはじめて総合的に理解される。江戸時代の地図類には土地の高低差が読み取り難いものが多いけれど、地図によって都市の水平的な広がりは極めて広範囲に読み取れる。町はどのように連なり、どこからどこへ結ばれているかが、地図からは読み取れる。その広がりのなかから、最終的には尾根道と谷筋の組み合わされた江戸の地理的構造は、平面的な切り絵図のなかからも浮かび上がるのである。

「江戸の坂　東京の坂」というテーマが成立するのは、江戸・東京が尾根と谷からなる起伏に富んだ都市であったからである。それは実際に坂を訪ねて町を歩くときに実感される。本書の第三の手法、「都市を歩くこと」がちからを持つのはこのときである。

著者は坂を歩き、写真を数多く掲載している。ちょうど本書の執筆時期に、東京の地名はかなり変わったので、本書には時おり、過渡期らしく、いまは無い地名が現れたりする。文京区の護国寺ちかくの大塚仲町もそのひとつで、わたくしなどはむしろ懐かしくなってしまう。歩くことで地形と坂の関係は最終的に明瞭になる。歩くことは不可欠の手法だ。

わたくしが散歩のときに試みる歩き方に、低い方に向かうという歩き方がある。これは、角に来たら低いと思われる方向に曲がってゆく散歩の仕方である。きれいに川辺にたどり着くなどということは無いが、その辺りの谷筋にたどり着いたりして、地形のおもしろさを味わうことができる。しかし時々、どこから来ても行き止まりといった谷底の土地に出ることがある。漏斗の底のような場所だ。新宿区の津《つ》の守《かみ》坂ちかくにそうしたところはあるが、珍しい場所だ。しかし最近、こうした場所にときどき行き当たる。これは谷筋を横切って大きな道路が造られると、その道路がダムのように谷筋を塞き止めるので生まれる地形だと気付いた。坂のあり方も時代につれて、日々変わるようである。

大きく見るならば多摩川と隅田川にはさまれた江戸・東京は、それぞれの川に沿った河岸段丘に多くの坂をもってきた。さらにそれらの大河のあいだには、目黒川、渋谷川、神田川、石神井川、千川など、いくつもの小河川が流れている。川に向かう道は下り坂となり、川からはなれる道は上り坂となる。川と川の間には丘陵が広がり、小さな小山も現れる。それらは江戸では山と呼ばれた。

たとえば浅草の北東に待乳山《まっち》がある。聖天様で知られるここは、縁起によればむかし突然土地が盛り上がってそこに金龍が降り立った土地だという。聖地としていまに至るまで信仰を集めている場所である。東京の真ん中とは思われない風情に満ちた寺である。

同じように愛宕《あたご》山も有名である。江戸時代に曲垣平九郎《まがきへいくろう》が馬で上り切って、日本一の馬乗りと認められた急な石段がある山だ。山頂には愛宕神社がまつられていて、ここも聖地である。徳川家康が江戸の火伏の神を祭る神社としてここに愛宕神社を祀ったという。海抜三〇メートル足らずでも、独立してそびえる姿は十分に印象的だったのであろう。のちにここにはＮＨＫの放送局が置かれたけれど、それもこの場所が物理的に高かったからだ。ここの海抜二六メートルは、自然地形の山としては二三区内で最高峰だというが、はっきりしない。

ほかに思い浮かぶ山には、飛鳥山、道灌《どうかん》山などがある。これらの山やまは隅田川沿いに並ぶ河岸段丘のような連山である。飛鳥山は八代将軍吉宗が桜を植えさせて江戸の名所にしたことで知られる山である。近くには王子神社がありこれは熊野権現を勧請したものである。つまり王子の辺りは熊野に見立てた場所として聖地化されてきた歴史があるのである。東京には、上野の山に京都の延暦寺をまねた寛永寺やそのなかの清水堂があったりする。

坂は山へ向かう道、山から下りる道に生じる。しかしながら主要な街道は、起伏を繰り返しながら進むのでは疲れるから、尾根道など、高さの一定したルートをとるものが多い。江戸から信州に向かう中山道はそうした尾根道の例である。尾根道は水はけもよいので、安定した街道となる。その意味では、「坂のないのがよい道」というテーゼが成立しそうである。

事実、近代を迎えた東京には、坂を回避する動きが導入される。鉄道路線の設計がそれである。高低差を嫌った鉄道路線は、飛鳥山、道灌山など、隅田川沿いに並ぶ河岸段丘のような連山の裾野の地形を利用した。東北本線・山手線などの電車が走る上野から田端にかけてのルートは、この丘陵と低地との境目に設定されている。斜面の使いにくい土地を縫うことによって、線路をうまく通しているのである。

田端から上中里にかけての丘陵の北側には尾久の操車場など、広大な鉄道用地がいまも拡がっている。これは山と平野の境目を利用した計画である。しかしながら鉄道用地は人が入れない場所であるから、広大な空白地のようになってしまう。東京に長らく住んでいる人でも、田端から上中里、尾久、日暮里の辺りのイメージは希薄である。これは坂を回避した鉄道が生み出した土地利用の結果だといってもよい。

これに似た鉄道用地が東京の南西部、大井町近くに拡がっている。これは多摩川にいたる周辺地域を鉄道用地とした結果である。大井町の方の鉄道用地は、かつて特急列車を回転させるために役立ったと聞いたことがある。昔の東海道線の特急列車、「つばめ」や「はと」には最後尾に展望車という一等車が連結されていた。一度も乗ったことはなかったが、オープンのデッキがついた車両で、見ているだけでも、如何にも特急の特等席であった。

しかしながらこうした編成の列車は、東京駅に到着して、つぎに大阪に向かって出発するためには、列車全体が回れ右とばかりに向きを変えなければならない。いまの列車は前後同じ構成になっているので、入ってきた車両は先頭を最後尾にしてそのまま後戻りするかたちで大阪に向かえる。座席の向きだけ前後させればよいのである。しかし展望車つきの列車はこうはゆかなかった。東京駅に到着した上りの特急列車は、いったん後ろ向きにホームをでて、どこかでぐるりと向きを変えて戻ってこなければ、つぎの下りの特急になれなかったのである。

で、どこまで戻ったかというと、品川を越えて大崎の辺りまで行った。そこに蛇窪《へびくぼ》線という線路があって、それが現在の西大井町の方面に通じていた。列車はそこでまた逆戻りをするかたちで西大井町の方に向かい、西大井町の方でふたたび後ろ向きに品川に向かい、東京駅に入るのである。大変な手間であるが、こうしなければ前後が定まった編成の列車を上りと下りに仕立てることはできなかった。この操作を当時の国鉄マンたちは「蛇窪まわし」といった。

以上は、年配の鉄道ファンからうかがった話である。鉄道ファンのあいだではよく知られた話だという。そうだとすると、大阪についてからも列車を逆向きにする作業が必要だが、それはどこの線路を使ってしていたのだろうか。うかつな話だが、それは聞きそびれた。

「蛇窪まわし」が品川の先まで行ったところで行われたのは、品川過ぎまでは東海道線が海際を走りつづけていたからである。品川の線路は東北線と同じように、やはり崖下を走っていた。鉄道は坂を嫌うのである。崖の上は御殿山である。ここにも江戸・東京の山がすがたを現わす。鉄道はやはり山裾を走っているのである。山手線の電車は、いまでも品川と大崎のあいだで御殿山を巡って大きなカーブを描いて走っている。御殿山には明治時代になってからは伊藤博文が屋敷を構え、後には岩崎弥之助が屋敷を構えた。ここは現在、三菱系の企業グループの迎賓館、開東閣が建つ場所である。

御殿山の下を鉄道が走る時代、この山の上の屋敷に暮らした官僚上がりの白川行友の妻、白川倫《とも》の生涯を描いたのが、円地文子の名作『女坂』であった。三島通庸の配下として生き、矛盾に満ち満ちた暮らしを送った白川行友を支えつづけた妻の口から、最後に自分が死んだら「品川の海にざんぶりと」捨ててくれ、という言葉が吐かれる。その言葉のなかに、彼女が日ごとに高輪の高台からさまざまな思いを胸にして、眼下の海を眺め暮した一生が込められているのを知るのである。それは高輪台から眺めながらも、坂をたどって降りてゆくことのできなかった品川の海、そして世界そのものへの彼女の想いが吐露されたものだった。とすれば、「女坂」とは、たどろうとしてたどり得なかった彼女の「生きるすべ」だったのかもしれない。坂とは、物理的な存在であるだけではなく、心理のひだが込められた、現実と非現実にまたがる存在であるのかもしれない。

森鷗外の『雁』に現れるのは不忍池から本郷台地に向かう坂であるが、そこにも『女坂』同様に多くの心理のひだが織り込まれている。だからこそ、ひとは坂に魅せられるのかもしれない。

『江戸の坂　東京の坂（全）』は、必要以上に心理のひだや逸話の迷路に入り込むことなく、坂の存在を静かにたどりつづける。また、坂を東京の地形に結びつけて、尾根筋ごとに、谷筋ごとに地理学的に整理するということもしない。坂の呼称、呼び名の変遷を中心にしてここでは坂が語られる。その穏やかさとケレン味の無さが、本書を信頼できる古典とした。その意味で、本書は江戸の上質な随筆の系譜を継ぐものといえるであろう。しかしながらそれは言葉のうえだけの訓詁注釈の学ではなく、じっさいの町にたどり着ける現実感をもった探索なのである。

著者は一九七五年五月に『続 江戸の坂 東京の坂』の「あとがき」を記し、その半年後に亡くなった。その「あとがき」には、東京以外の坂の調査を進める意気込みが語られており、「なじみの坂が多いので、仕事もらくにはこび、たのしいものになりそうである」と綴られており、感慨をよぶ。

やがて死ぬけしきは見えず蟬の声

これは芭蕉が詠んだ壮絶な句であるが、ここにはわれわれの人生のすべてが込められているように思う。坂をたどった本書と、著者横関英一氏は、坂というひとつの要素を鍵にして、都市の本質に迫りつづけたのである。

江戸東京坂名集録および索引

地名やその表記、町名の範囲等、また大学、諸官庁等の施設の所在地や名称などは現在とは大きく異なる。また、本文と索引とで同一の地域について異なる時代の地名が用いられている場合や、地名の表記が統一されていない部分がある。これらは基本的にはそのままとしたが、最小限編集部で補ったところがある。

（ちくま学芸文庫編集部）

あ

（＊印は通称、無印は別称）

坂名	所在その他	本文参照ページ
＊相《あい》生《おい》坂	新宿区白銀町より西五軒町および東五軒町に下る二つの坂。鼓《つづみ》坂とも	35 104
相生坂	〔昌平坂の別名〕	67 69 71 104 261
相生坂	港区元麻布一丁目〔一本松坂および暗闇《くらやみ》坂の別名〕	102–103
＊相生坂	品川区下大崎一丁目を、北のほう芝白金猿町から南へ下る坂。左側雉子神社前で二股に分かれていた	103
＊相ノ坂	目黒区上目黒八丁目菅刈小学校西わきの坂	
＊葵《あおい》坂	港区葵町の坂。琴平神社と鈴木病院との境界辺から西北方へ上	193–195 261

るゆるやかな通路が昔の葵坂の坂跡である

*青木坂　港区南麻布四丁目のフランス大使館前を西に下る坂。富士見坂とも言った。今、大使館のあるところは、昔、青木美濃守の屋敷のあったところである　60-61

赤坂　〔紀伊国坂の古称〕　17　218

*赤《あか》城《ぎ》坂　新宿区赤城元町と赤城下町との境、赤城神社西わきを北に下る

赤根坂　〔焼餅坂の別名〕

*赤見の坂　〔牛込酒井邸〕　363

揚場坂　〔本郷の油坂の別名〕

*曙坂　文京区白山一丁目から東へ西片二丁目のほうへ上る段坂。別名、徳永坂

*阿衡坂　〔麻布〕　315　318　320

*浅利坂　文京区小日向一丁目（もと小石川茗荷谷町と小日向第六天町の境界）を東に下る坂。蜊《あさり》坂とも。昔、この坂のそばに浅利氏の屋敷があった　219　272　274　362

蜊《あさり》坂　浅利坂の別名。古い昔はこの辺一帯が海であって、この坂の下辺では蜊が多く採れたということである　272

*朝日坂　新宿区横寺町を北へ早稲田通りへ下る坂。草刈薬師前の坂。旭坂とも書く。泉蔵院に慈覚大師作の朝日天神があるので、この前の坂を朝日坂と呼んだ　20

旭《あさひ》坂　〔朝日坂の別名〕

＊芦原坂　〔青山〕　364

＊愛宕坂　〔後楽園〕　364

愛宕《あたご》石坂　港区芝愛宕町の愛宕神社へ上る正面八十六段の石坂、男坂とも

愛宕男坂　〔愛宕石坂の別名〕　53

愛宕女坂　港区愛宕神社正面の石坂の右に並ぶゆるやかな石段、女坂とも　53

＊鐙《あぶみ》坂　文京区本郷四丁目、財務局寮および都営住宅清和寮（もと本郷聯隊区司令部のあったところ）の東わきを北へ下る坂。『南向茶話』に「其形鐙の形に似たるゆへなり」とある　269-270　353

＊鐙坂　〔馬込〕　270

＊油坂　文京区本郷二丁目順天堂医大の西側を南の堀端へ下る坂。揚場坂とも

油坂　〔戒行寺坂の別名〕

油揚《あぶらげ》坂　〔戒行寺坂の別名〕

網干《あぼし》坂　〔小石川、安藤坂の別名〕「往古天神下の辺入江にて漁人等が此坂上に網を干せしよりの名なり」（東京地理沿革誌）

＊網《あみ》干《ほし》坂　文京区、小石川植物園と氷川神社との間の坂、白山御殿町と林町との境を北へ上る。網曳坂、氷川坂とも

＊荒木坂　文京区小日向一丁目の坂、新坂と服部坂との中間の坂。坂の上に旗本荒木志摩守の屋敷があった

＊荒木坂　〔四谷〕　284-285

荒木坂　〔津の守坂の別名〕

新木坂　〔津の守坂の別名〕

＊淡路坂　千代田区神田駿河台四丁目聖橋の南詰から神田川堀端を東へ下る。芋洗坂、相生坂、大坂ともいう。坂の頂上に「スズキアワヂ」の屋敷があった（寛文図）　67　104　151　308–310　396

淡路坂　〔霞が関の三年坂の別名〕　308

＊安全坂　港区三田四丁目一番九号の長運寺前の坂。安全寺坂、安泉寺坂、蛇坂、安珍坂とも　30

安泉寺坂　〔安全坂の別名〕

安全寺坂　〔安全坂の別名〕

＊安珍坂　港区赤坂青山権田原町明治記念館と青山御所の間を鮫が橋に下る。安鎮坂、権田坂、権田原坂、権太坂、権太原坂、信濃坂とも書く。昔、安藤左兵ヱの屋敷内に安鎮大権現の社があって、この前の坂を安鎮坂と呼び、後には安珍坂と書くようになった　29

安珍坂　〔三田、安全坂の別名〕　30

安鎮坂　〔青山、安珍坂の別名〕

＊安藤坂　文京区春日一、二丁目の境を、伝通院前から大曲のほうへ下る坂。金杉坂、網干坂、九段坂、アンドン坂ともいう。嘉永七年の江戸切絵図には、坂の西側に「安藤飛驒守」の屋敷が見える　49　173　226

＊安藤坂　新宿区市谷左内町と市谷加賀町一丁目の間を大日本印刷前へ下る。浄泉寺坂ともいう。坂の北側は安藤杢之助の屋敷である

アンドン坂　〔小石川、安藤坂の別名〕

安　養　坂　〔安養寺坂の別名〕　29

＊安養寺坂　新宿区住吉町（旧市谷谷町）安養寺の北を西に上る坂。安養坂とも　29

い

飯　田　坂　〔九段坂の別名〕　26-27　225　261

飯田町坂　〔九段坂の別名〕

＊伊　賀　坂　文京区白山二丁目二七番と二九番の間を西へ上る。坂の左側に指ケ谷小学校がある。指谷南片町の書上によると、西の方白山大通への通路の坂で、「古来より伊賀同心衆住居被致候に付」伊賀坂と唱えたとある

壱《い》　岐《き》　坂　文京区本郷二丁目一八番と三一番との間。俗に大横町通りを、東洋女子短期大学の裏手から、新壱岐坂道路を横切って後楽園のほうへ下る坂。壱岐殿坂、いきどん坂とも　124-126　130

壱岐殿坂　〔壱岐坂の別名〕

いきどん坂　〔壱岐坂の別名〕

＊池　田　坂　千代田区駿河台一・三丁目の境、日大・中大の間を北へ上る坂。唐犬坂ともいう。寛文図には、今の日大病院辺に「イケダ権太郎」とある

＊伊《い》皿《さら》子《ご》坂　港区芝三田四丁目と高輪二丁目の境、伊皿子台から東のほうに　62　233　418

下る坂、潮見坂ともいう。『一話一言』に「芝いさらご長応寺に明人伊皿子の墓あり、これは国初伊皿子なるもの、芝浦に漂着して、住居し、此地にて終ければ、即其人の名を地名に呼て今伊皿子と称する也」とある

*石坂　文京区西片一丁目の南部、三番から二番に下る坂

石坂　〔石古坂の別名〕

*石坂　新宿区、もと市谷片町、江戸時代の自身番屋の前にあったという

*石坂　〔湯島天神〕

*石坂　〔神田明神〕

*石坂　〔四谷〕

*石《いし》古《こ》坂　目黒不動から戸越方面に行く途中、農林省林業試験場前の坂、目黒区下目黒三丁目と五丁目の境を南へ上る坂である

鼬《いたち》坂　〔植木坂の別名〕

市兵衛坂　〔幸国坂の別名〕

*市《いち》三《み》坂　港区麻布六本木三、四丁目境の坂、旧麻布市兵衛町と麻布三河台町との境を、六本木から今井町に下る坂、市三坂の坂名起因もそこにあった

*銀《いち》杏《よう》坂　新宿区市谷薬王寺町の中央七二、七五番の間を東から西に下る坂。昔、坂の北側に久貝因幡守の屋敷があって、この邸中に銀杏稲荷の社があった

30　362 261 261

＊銀杏坂　港区芝公園三、四番の間、徳川霊屋外を西へ上る坂

＊一本松坂　港区元麻布一丁目と三丁目の境の坂、一本松のところから長伝寺前を、昔の雑式通りに下る坂。大黒坂、相生坂とも　102–103

＊稲荷《いなり》坂　港区赤坂四丁目一三、一四番の境の坂路に末広稲荷社がある、この社の北わきを東に下る坂である　261

稲荷坂　〔四谷、鉄砲坂の別名〕鈴ふり稲荷の旧地である　177　261

＊稲荷坂　港区赤坂七丁目（旧赤坂台町）の中央を南へ下る坂。坂下にもと飛稲荷があった。この辺は旧新坂町である。掃除坂とも　423

＊稲荷坂　豊島区高田一丁目、目白通から砂利場へ下る坂。坂の頂上に高田稲荷神社がある

＊稲荷坂　台東区、上野公園忍が岡の中腹の花園神社（もと忍岡稲荷または穴稲荷といった）へ行く石段の坂　261

＊稲荷坂　港区麻布我善坊町、我善坊谷より麻布六本木一丁目（旧市兵衛町）へ上る坂

＊稲荷坂　目黒区東横線祐天寺駅の東北方、坂下は諏訪山橋である

＊稲荷坂　北区岸町一丁目王子稲荷神社の東を南へ上る坂

稲荷坂　〔浅間坂の別名〕八兵ヱ稲荷があった

今井坂　〔庚申坂の別名〕

＊芋坂　台東区谷中七丁目、谷中墓地の北、天王寺旧裏門の辺から、荒川区東日暮里五丁目善性寺のほうへ下る坂

一口《いもあらい》坂　〔九段の一口坂《ひとくちざか》の旧称〕　154　386　396

*芋洗坂 港区麻布六本木五、六丁目（旧北日ケ窪町）の朝日神社前の坂
いもあらい坂（千代田区駿河台の淡路坂の別名。一口坂とも書く）
*岩の坂（岩ノ坂の別名）
板橋区本町、旧板橋街道の板橋から西北方へ上る坂。坂の左側に昔の榎の古株が目につく。これが縁切榎である。縁切坂ともいう。古くはいやの坂といったのを、後に岩の坂に改めたという。

う

*植木坂 港区麻布飯倉片町の坂、郵政省前から狸穴坂に平行して南に下る坂。鼬坂、鼠坂の別名がある。嘉永二年の江戸切絵図には、この坂の下り口のところに「植木ヤ」とある
鶯坂〔霞が関、淡路坂の別名〕
鶯坂〔上野公園、新坂の別名〕
*牛坂 文京区春日一丁目牛天神の裏手を南に下る急坂。潮見坂、鮫干坂、蠣殻坂とも
*牛坂 港区西麻布四丁目二、三番の境を西から東へ下る坂。坂下には竜川（広尾川）が流れていて、昔の笄橋のあったところである
*牛啼坂 港区赤坂見附下から青山通りを豊川稲荷前へ上り、赤坂小学校の角を左に折れて、裏通りを港区役所赤坂支所のところへ抜け

て、再び青山通りに合体する坂路。皂角坂（さいかちざか）とも

牛なき坂　〔麻布、牛坂の別名〕

ウタ坂　〔歌坂の別書き〕

＊歌坂　新宿区市谷砂土原町三丁目と市谷田町二丁目との間を砂土原大通りに下る坂、雅楽坂。ウタ坂とも書く　156 157 159 161

雅《う》楽《た》坂　〔歌坂の別名〕　157

＊謡《うたい》坂　目黒区上目黒四丁目と五本木一丁目境の坂　156

ウツリ坂　〔王子大坂の別名〕

宇《う》都《と》布《う》坂　〔王子大坂の別名〕　156 159

＊饂《う》飩《どん》坂　港区麻布六本木六丁目の坂、芋洗坂のふもとから西の方（旧材木町）麻布税務署の方へ上る坂　387-393 398

＊鰻《うなぎ》坂　新宿区市谷砂土原町三丁目と払方町との境を、東から西に数回曲折して砂土原大通りに下る坂。坂の頂上の南側に払方教会がある

姥《うば》坂　〔小山坂の別名〕　216 293

＊馬坂　北区中十条三丁目三四番の旅館「山寿」の前を、平和橋へ下る坂。昔は陸橋のところから東のほうへ下った坂である

え

＊江戸見坂　港区赤坂葵町と芝葺手町との間、ホテルオークラの外囲を北へ芝西久保明舟町へ下る坂。「江戸見坂みんな世界は男の子」という川柳がある。この坂の上からは江戸市中が残らず見渡せたのである　201　218　240–241

＊衣《え》紋《もん》坂　台東区日本堤一丁目と東浅草二丁目との境を、千束四丁目に下る坂。もと日本堤から新吉原遊郭に下る坂であったが、今はない　43　219　261　399–400

＊榎　坂　港区芝公園の西、裏門内のところの坂。門の外は飯倉二丁目の四辻　200–201　213　218

＊榎　坂　港区麻布飯倉二丁目の四辻から西へ六本木通りへ上る坂　199　201　213　232

＊榎　坂　霊南坂下からアメリカ大使館前を、西へ赤坂一丁目の方（旧福吉町）へ下る坂　197　213　218

＊榎　坂　渋谷区千駄ケ谷二丁目二九番二号と、二丁目二八番十一号の間を、北へ向って瑞円寺東わきを観音坂の方へ上って行く坂。もとこの坂の途中西側に「お万榎」があった　205　213

＊榎　坂　台東区茅町二丁目の境稲荷の前を少し北へ行くと、東大病院の東門に出る。この門を入って西北方へ上る坂路と推定する　199　213

縁切坂　（岩ノ坂の別名）

円通坂　（円通寺坂の別名）　29

＊円通寺坂　港区赤坂四丁目五丁目境、円通寺前の坂。円通坂とも　29

＊円通寺坂　新宿区四谷二、三丁目から須賀町の円通寺前へ下る坂　29

*閻《えん》魔《ま》坂　港区麻布六本木三丁目（旧三河台町）崇厳寺西わきの坂。ここに閻魔堂があった　261

お

*逢《おう》坂　新宿区市谷船河原町を西へ上る急坂。大坂、美男坂とも　76–77　79　154　218

*王子《おうじ》大坂　北区王子権現の北わき消防署前から、旧日光街道を西北に上る長い坂。地蔵坂、宇《う》都《と》布《う》坂《ざか》等の別名がある

大　坂　〔鮫河橋坂の別名〕　276

大　坂　〔駿河台、淡路坂の別名〕　261

大　坂　〔牛込の逢坂の古名〕　78　261

大　坂　〔小石川、御殿坂の別名〕　216

大　坂　〔王子大坂の別名〕　261

*大　坂　目黒区上目黒八丁目玉川通りの大きな坂を今は大坂と呼んでいるが、昔の本当の大坂は、この北裏通り旅館「新舞子」や「たちばな幼稚園」前の坂である　126–128　130

大炊介《おおいのすけ》坂　北区西ケ原一丁目旧古川庭園外、本郷通りの坂。暗闇坂ともいう。昔この坂のそばに、保坂大炊介の屋敷があった

*小川坂　目黒区東山一丁目と上目黒三丁目の境、烏森小学校前を東北に下る坂

隠岐殿坂　〔清水坂の別名〕　130

*御組坂　港区麻布六本木三丁目の坂（旧市兵衛町一丁目六番地と九番地との間を簞笥町の方へ下る坂）。紅葉屋敷坂、近藤坂とも

*小栗坂　千代田区神田猿楽町と神田三崎町一丁目の境を皂角坂下から南に下る、ゆるやかな小さい坂。昔、お鷹匠の小栗家の屋敷がここにあったので坂の名になった　282

小栗坂　〔津の守坂の別名〕

於《お》七《しち》坂　〔浄心寺坂の別名〕

*於《お》多《た》福《ふく》坂　港区麻布六本木五丁目の坂（旧東鳥居坂町と麻布永坂町との間を北へ上る坂であった）。永坂と鳥居坂の中間にあって、両坂に平行する坂　55

*落合坂　港区麻布六本木三丁目と麻布我善坊町との間を南へ上る坂。坂の頂上の東側には麻布小学校がある

*御茶の水坂　文京区本郷一丁目神田川端の外堀通りを、水道橋北詰から東へ上る坂　59　261　347

男坂　〔愛宕男坂の別称〕　53　236　261

男坂　〔湯島、天神男坂の別称〕　409–410　412

男坂　〔神田、明神石坂の別称〕　54

*男坂　新宿区高田町の穴八幡の正面の石段坂

*男坂　目黒不動正面石段の坂　312–314

*男坂　港区芝西久保八幡の正面四十四段の石段の坂　54　261

御《お》成《なり》坂　〔山王女坂の別名〕　261

*帯　坂　千代田区九段南四丁目と五番町の境、市ケ谷駅前榊病院東わきの坂。切通坂ともいう。帯坂の名は番町皿屋敷で名高いお菊が幽霊となって帯を引きずってこの坂をかけ下りたという伝説によるもの。一説に、四谷怪談のお岩と入れかえたものもある　418

*御薬園坂《おやくえん》　港区南麻布三丁目四之橋のところから北へ上る坂。坂の東側にイラン大使館がある。薬園坂、相模殿坂、御役人坂とも　42　44　261

御薬園坂　〔小石川、鍋割坂の別名〕　115　261

御役人坂《おやくにん》　〔麻布、御薬園坂の別名〕　44

女　坂　〔愛宕女坂の別称〕　236　261

女　坂　〔湯島、天神女坂の別称〕　261　409–410　412

女　坂　〔山王女坂の別称〕

女　坂　〔上野、忍坂の別名〕

*女　坂　新宿区高田町の穴八幡北口の坂

*女　坂　目黒区目黒不動の正面男坂の右に並ぶゆるやかな石段の坂　312–314

*女　坂　港区芝西久保八幡町、西久保八幡の正面男坂の左を上って行く坂　54　261

*御厩谷坂《おんまやだに》　千代田区三番町、大妻学園前の坂、南から北へ上る坂　33

か

*貝　坂　千代田区平河町一丁目から二丁目に上る坂、平河天神裏の中坂

と、赤坂プリンスホテル前の諏訪坂との中間の坂である。甲斐坂とも

甲斐坂　〔貝坂の別名〕

*かい坂　〔麹町〕　323

*開運坂　文京区大塚五丁目、六丁目の境を、北へ下る坂。坂下の道路は、昔、監獄新道といわれた　24

*戒行寺《かいぎょうじ》坂　新宿区須賀町、戒行寺の南わきを東に下る坂。油坂、油揚坂とも　270

*垣間見坂　〔浅草〕　362

*蛙《かえる》坂　文京区小日向一丁目から北へ小日向四丁目に下る坂、坂のふもとの右手に藤坂、左手に釈迦坂が見える。復坂《かえるざか》とも　20

復《かえる》坂　〔蛙坂の別書き〕

蠣《かき》殻《がら》坂　〔牛天神の牛坂の別名〕　65　216

*柿の木坂　目黒区柿の木坂一丁目と平町一丁目との境、目黒通りの坂、碑文谷警察署辺から環状七号線道路の下を、都立大学駅の方へ下る坂。もとは東横線の上であったが、今は東横線の下をくぐる坂。

*覚《かく》鑁《ばん》坂　新宿区市谷本村町、旧尾州邸内。のちの陸軍士官学校、今、自衛隊のあるところ辺。約八百年ばかり前、ここに覚鑁上人の庵室があり、覚鑁寺と唱え、ここへ行く坂を覚鑁坂と呼んだという〔続府内備考〕　219　275　277-278　286　362

*神楽《かぐら》坂　新宿区神楽坂一、二、三丁目を縦断する坂。飯田橋駅西口前、　119　218　229　421-422

昔の牛込見附から西へ上る早稲田通りの坂

*傘《かさ》谷《だに》坂　文京区湯島二丁目と本郷三丁目との境。昔の金花通りを、南から北へ上る坂、初め三洋電機前から下り、さらに北に上る二つの坂　33

*鍛《か》冶《じ》坂　新宿区本塩町および坂町辺にあった坂　261

*橿《かし》の木《き》坂　〔三宅坂の下のほうの名〕

鹿島坂　〔山王坂の別名〕昔、ここに桜正宗の酒問屋鹿島氏の屋敷があった

*霞が関坂　千代田区霞が関一丁目人事院ビルと外務省との間を西へ上る坂

鰹《かつお》坂　〔桂坂の別名〕　40

*合《かっ》羽《ぱ》坂　新宿区市谷本村町と市谷仲之町との境の坂、北へ上る坂。昔、この坂は尾張藩のものの合羽干場になっていたので、合羽坂の名ができたと言われるが、坂下に大きな古沼のあることを考えてみると、本当の意味は河童坂であろう　261　280　283-286

*桂坂　港区高輪二、三丁目境の坂、東禅寺北側の坂である。鬘坂、鰹坂とも　40　65　131-132

鬘《かつら》坂　〔桂坂の別名〕昔品川遊びの僧侶が頭に鬘をつけてここで死んでいた

金杉坂　〔伝通院前の安藤坂の古名〕　262

*上《かみ》村《むら》坂　目黒区青葉台一丁目四番と五番との間を南に下るやや急坂。坂の西側にアイスランド領事館（青葉台一―四―一〇）がある。

*禿坂　　この地の人は、この坂を「かみむらざか」と呼ぶ。もとこの坂
　　　　の西側に、上村従義邸、岡本綺堂邸があった
　　　　新宿区富久町の坂、都立小石川工業高校前から西方東京医科大
　　　　学前へ上る坂 ……167

*禿坂　〔吹上坂の別名〕 ……166
　　　　　　　　　　　　　167
　　　　　　　　　　　　　219
　　　　　　　　　　　　　262

*禿坂　〔堀田坂の別名〕 ……167
　　　　　　　　　　　　　262

*禿坂　台東区浅草五丁目と六丁目の境の道。山谷堀橋辺より日本堤へ
　　　　上った坂。今はない ……167
　　　　　　　　　　　　　　362
　　　　　　　　　　　　　　399
　　　　　　　　　　　　　　400

*禿坂　今はない。もと安藤対馬守大塚下屋敷（約六万坪）庭内の坂。
　　　　今の文京区大塚二丁目（旧大塚兵器庫のあったところ） ……167
　　　　　　　　　　　　　　　　　　　　　　　　　　　　　　364

*禿坂　今の港区赤坂
　　　　溜池、松平筑前守（黒田氏）中屋敷庭園内の坂。……167

*禿坂　品川区西五反田四丁目九番の天台宗行元寺前を、北方目黒川の
　　　　ほうへ下る坂。坂の東側に品川区立第四日野小学校がある ……167
　　　　　　　　　　　　　　　　　　　　　　　　　　　　　　262

*瓶割坂　新宿区番衆町厚生年金会館前、靖国通りにかつてあった坂 ……167

*軽子坂　新宿区神楽坂二丁目と揚場町との間の坂。昔、揚場より船荷を
　　　　運ぶ軽子が、この坂にいつも集まっていたので、この坂を軽子
　　　　坂と呼んだ ……144
　　　　　　　　　421

　河内坂　港区南麻布四丁目自治大学の南の道路を西に進むと、ユーゴス
　　　　ラビア公使館辺に突きあたる。これを青木坂に平行して延長し
　　　　た道路が昔あったが、この道の坂が河内坂である。今はない坂 ……262

466

*土器《かわらけ》坂　港区麻布飯倉町三丁目、熊野社前の坂。榎坂のふもとから赤羽橋のほうへ芝公園裏手を南へ下る坂。騜毛坂、河原毛坂とも書く。土器町の坂で、土器坂と呼んだ。近くに赤羽などという地名もあるので、からわけ町は土器を焼くところであったことを物語っている　201

騜《かわらけ》毛坂　土器坂の別名。昔、渡辺綱が三田に住んでいたころ、この坂で馬五郎の引く騜毛の名馬を見て、これを買いもとめたという（江戸砂子）

河原毛坂　〔土器坂の別名〕

*寛永寺坂　台東区上野桜木一、二丁目境。寛永寺を右に、谷中墓地の入口を左に、東北方根岸二丁目のほうに下る坂

*勧学坂　千代田区神田駿河台二丁目。文化学院、浜田病院のあったところ（今はお茶の水美術学院）の前から南へ錦華小学校のほうへ下る坂。この坂上に、松下大学（専助）の屋敷があった

*雁《がん》木《ぎ》坂　港区赤坂二丁目一三番、一四番の間の坂（旧霊南坂町から麻布谷町へ下る）、二層の石段の坂。坂の上に霊南坂教会がある　45–46　258　268

*雁木坂　港区麻布飯倉町二丁目から麻布飯倉町六丁目へ上る石段の坂。岩岐坂とも　45

*雁木坂　千代田区神田駿河台二丁目、日大病院前辺にあった「七つ雁木」の坂であったが、今は、池田坂の頂上から西へ行くゆるやかな坂みちとなってしまった

＊雁木坂　〔青山紀州邸〕　364

岩《がん》岐《ぎ》坂　〔麻布、雁木坂の別名〕

＊観音坂　新宿区若葉二丁目西念寺と真成院との間の坂。西念寺坂、西念坂、潮踏坂、潮干坂ともいう。真成院には塩踏観音がある。汐干観音ともいう　262

＊観音坂　渋谷区千駄が谷一、二丁目境。聖輪寺門前の坂。聖輪寺の本尊は如意輪観音である。江戸寺院中、千年以上の寺歴を持つ寺で、浅草寺とこの聖輪寺とが、最も古い寺といわれる　262

＊観音坂　千代田区神田淡路町一丁目と二丁目の境を、東に下る坂。竜名館本店の前辺が頂上である。坂のそばに「聖観音」の小祠がある。昔は坂のふもとに「芦浦観音」があった

き

＊紀尾井坂　千代田区紀尾井町、喰違見附から東へ清水谷に下る坂。坂の南側にホテルニューオータニがある。清水坂とも　20　323-324

＊菊　坂　文京区本郷五丁目九番と三三番の間の坂。二九番の喜福寺のわきを西南方、本郷四丁目へ下る坂。胸突坂とも　121-122　218

＊北　坂　港区西麻布二丁目の長谷寺、大安寺の裏手を、南青山四丁目のほうへ上る坂。坂の頂上に根津美術館がある。姫下坂とも　172

＊狐　坂　港区元麻布二、三丁目境、サウジアラビア大使館前から、ふも

とのほう長玄寺前へ下る坂。昔はさびしいところで、狐が時々人を化かしたということである（江戸伝説）

*木戸坂　豊島区駒込一丁目二三番辺から、東のほう旧吾妻通りへ下る坂。昔、この付近に木戸孝允の邸があった。今、天然記念物に指定された木戸邸の椎が残っている

*紀《き》伊《の》国《くに》坂　港区元赤坂一丁目より、旧赤坂離宮の外囲堀端を喰違見附のほうへ上る坂。赤坂とも　95　218　262　276

紀伊国坂　〔鮫河橋坂の別名〕　205

*紀の国坂　千代田区竹平町の竹橋より北詰橋のほうへ上る坂。もと代官町といった　218

*木下坂　港区南麻布五丁目（もと盛岡町）有栖川宮記念公園の西わきを南に下る坂。昔、坂の西側に木下肥後守の上屋敷があった

*九級坂　〔安藤坂〕　226

*久左衛門坂　新宿区東大久保二丁目、抜弁天前から西に行く三つの道のいちばん右の道の坂。坂上北側に永福寺がある

*行《ぎょう》人《にん》坂　目黒区下目黒一丁目雅叙園の入口辺より大円寺前を東へ目黒駅のほうへ上る急坂。寛永のころ、湯殿山の行人がここに大日如来堂を建立して行を続けていた　58―59　128―130　218　272

*行人坂　千代田区三番町四番町の境を東南方一番町に上る坂。この坂につづく北の坂は東郷坂で、南につづく坂は南法眼坂である。法眼坂、法印坂とも

* 行 人 坂　台東区、上野公園清水堂へ上る三十一段の石坂 ....

* 魚籃坂　港区三田四丁目と高輪一丁目の境の坂。伊皿子台から魚籃寺前を古川橋のほうへ下る坂 362

* 清水坂　文京区小日向一丁目の旧切支丹屋敷外囲の坂で、入口のところから右回りに裏門のほうへ上った坂。今はない 233-235

* 切支丹坂　文京区春日二丁目と小日向四丁目との境、春日通りから茗台中学前を南に下る段坂。庚申坂。丹下坂、今井坂とも 24 258

* 切支丹坂　文京区湯島三丁目と四丁目の境、春日通りの坂、湯島天神北裏の坂である 258 419 417

* 切通坂　港区西久保広町と芝公園の西北部の境の坂、芝学園前から正則高校前へ下る坂 258 417

* 切通坂〔帯坂の別名〕 258 418

* 切通坂〔狸坂の別名〕 258 418 419-420

* 切通坂〔高輪〕 258 418

く

ら組橋まで下る坂。飯田坂、飯田町坂とも　242–244　258　265–267

九段坂　〔小石川、安藤坂の別名〕水戸黄門が自邸付近の十景を選んだ中に「九段坂の月」というのがある。その註に「安藤帯刀前通りの坂也」とある

宮《く》内《ない》坂　〔堀坂の別名〕　51

久野坂　〔久能坂の別名〕

＊久能坂　新宿区、国電信濃町駅の南口のところから千日谷の一行院前に下る坂。昔は一行院前から真っすぐに西へ今の外苑絵画館のほうへ崖を上った急坂であった。久野坂、千日坂とも　362

首振坂　〔三崎坂《さんざきざか》の別名〕昔、この坂のほとりに首を振る僧が住んでいたことからこの名ができた

＊熊野坂　北区西ケ原三丁目、不動院付近に、昔、熊野社があった。しかし、その熊野社が今は所在不明なので、もちろんそのそばにあったという坂もわからない　362

茱《ぐ》萸《み》坂　〔茱萸木坂の別称〕　422

＊茱萸木坂　〔茱萸樹坂〕千代田区永田町一丁目国会議事堂の南側を東へ下る坂。茱萸坂、番付坂とも　422–423

暗《くら》闇《やみ》坂　新宿区愛住町全長寺西わきを北へ下る坂。くらがり坂とも

暗闇坂　〔桜谷坂の別名〕

暗闇坂　〔大炊介坂の別名〕

暗闇坂　〔牛込、芥坂の別名〕　176

＊暗闇坂　新宿区須賀町戒行寺坂上、永心寺わきを南へ下る坂。坂下に若葉公園がある。茶の木坂、乞食坂とも　139　141

＊暗闇坂　文京区大塚三丁目と小石川五丁目との間、教育大の東わきを北へ下る

＊暗闇坂　文京区白山五丁目（もと原町一四番地）を南に下る坂

＊暗闇坂　港区元麻布三丁目、一本松のところからオーストリア大使館前を北に下る坂。宮村坂、相生坂とも　102－103

＊暗闇坂　文京区本郷七丁目と弥生町一丁目との境、すなわち東京大学と農学部との間を弥生町二丁目のほうへ下る坂

暗闇坂　〔台東区清水町の清水坂の別名〕

＊暗闇坂　大田区山王二丁目一二番と、山王三丁目三一番の間を北へ上る坂。坂の両側は崖になっている

＊暗闇坂　〔宿坂の別名〕

＊車坂　台東区、国電上野駅、公園口のところから南へ下る坂　218　258　329

＊車坂　大田区、池上本門寺境内の坂。経蔵背後の長い坂をいう、昔本門寺境内へ車の通れる唯一の坂であったという　258　329　331

車坂　〔京都〕　330

＊車返し坂　木曾街道　330

＊九郎九坂　港区元赤坂一丁目（旧表町二丁目）豊川稲荷の東わきを北へ下る坂　178

＊桑原坂　港区芝白金台三丁目瑞聖寺と芝白金台一丁目八芳園との間の坂。

日吉坂上より南へ下る坂

け

外《げ》記《き》坂　〔新坂の別名〕嘉永二年江戸切絵図に、「ケキサカ」とあり、この坂の北側に「内藤外記」の屋敷が見える　365

*外記殿坂　〔本郷〕　262

*けころ坂　目黒区上目黒二丁目と中目黒三丁目の間、駒沢通りの坂。中目黒小学校、アメリカンスクール前を、北へ正覚寺前まで下る坂

*化《け》粧《わい》坂　台東区浅草五丁目の坂。もと日本堤のあったころ地《じ》方橋《がたばし》辺から土手へ上った坂。今はない　186　219　362

源氏坂　〔勢揃坂の別名〕　210

玄《げん》碩《せき》坂　港区西麻布三丁目桜田神社前桜田大通から、東へ麻布六本木六丁目に下る狭い坂。坂下の右に妙経寺がある。藪下坂ともいう。この坂の辺に玄碩という僧が住んでいたので坂の名となった

源三坂　〔堀坂の別名〕　51

こ

*御《ご》院殿《いんでん》坂　台東区谷中七丁目、芋坂と寛永寺坂との中間、谷中墓地の間から根岸へ下る坂。御隠殿坂とも

御隠殿坂　〔御院殿坂の別書き〕

幸庵坂　〔紅葉坂の別名〕

光威寺坂　〔駿河台、埃坂の別名〕　29　176

甲賀坂　〔番町、芥坂の別名〕　175

＊甲賀坂　千代田区神田駿河台一丁目、池田坂のふもと辺、日大工学部の南わきを西へ上る坂。この坂をさらに西へ進めば胸突坂へ上る

＊笄《こうがい》坂　港区西麻布二丁目四丁目の境、もと都電の通った坂路をいう。牛坂に平行する坂　262

笄坂　〔元麻布の富士見坂の別名〕

＊幸国坂　港区麻布六本木三丁目四番から、大泉寺、円林寺前を南へ上る長い坂。幸国寺坂、市兵衛坂、なだれ坂とも　30

幸国寺坂　〔幸国坂の別名〕　29–30

庚《こう》申《しん》坂　〔切支丹坂の別名〕　233–235　262

＊紅梅坂　千代田区神田淡路町二丁目からニコライ堂のほうへ上る坂。幽霊坂とも　173

紅梅坂　〔埃坂の別名〕　176

コウモリ坂　〔金剛寺坂の別名〕

＊高《こう》力《りき》坂　四谷見附の四谷口のほうから堀端通りを市谷見附のほうに下る坂。高力家前の坂で、高力坂と呼んだ

小《こ》笹《ざさ》坂　〔小篠坂の別名〕

＊小《こ》篠《ざさ》坂　文京区大塚五丁目と豊島区雑司が谷一丁目との境、本浄寺前辺　139

から池袋のほうへ上る坂。もとは田圃の畔道のような狭い坂であった。小笹坂、乞食坂とも

乞《こ》食《じき》坂　〔小《こ》篠《ざさ》坂《ざか》の別名〕　142

乞食坂　〔牛込、袖摺坂の別名〕　141–142

乞食坂　〔四谷、茶の木坂の別名〕　141–142

乞食坂　〔日暮里の御殿坂の別名〕　140

＊五段坂　新宿区市谷本村町、自衛隊の敷地。江戸時代の尾州邸内に囲い込まれた坂。経済協力センターのある辺。今はない　219 275 280 282–286 292 362

＊御殿坂　国電日暮里駅のところから西へ上る坂、坂の右に本行寺がある。乞食坂とも　139 140 142 232

＊御殿坂　文京区白山二丁目と白山三丁目との境、小石川植物園の東わきを南へ下る坂。御殿表門坂、富士見坂、大坂ともいう。むかし白山御殿のわきの坂であった　60 216

＊御殿坂　新宿区筑土八幡町、八幡社裏手、芥坂の頂上から、さらに南のほう、もと都電の通りへ下る坂。慶安五年のころ、徳川家綱の大納言時代、ここに牛込御殿ができた

御殿裏門坂　〔蓮華寺坂の別名〕

御殿表門坂　〔小石川、御殿坂の別名〕　216

＊小《こ》布《ぶ》施《せ》坂　(旧小布施邸)の西わきを南に下るコンクリートの段坂　文京区目白台一丁目一六番七号日本女子大学附属豊明小学校

駒場坂　〔松見坂の別名〕

＊芥《ごみ》坂　文京区湯島三丁目の妻恋坂の北側の横町を、もとの三組町へ上る坂。立爪坂とも　175

＊芥坂　新宿区筑土八幡町から東五軒町へ下る坂。筑土八幡社の西わきを北へ下る坂　175

＊芥坂　新宿区鷹匠町と市谷砂土原町一丁目の境を北へ上る坂。暗闇坂、長延寺坂とも　176　240

＊芥坂　千代田区三番町と一番町の境、袖摺坂の頂上辺から東北方へ下る坂。五味坂、甲賀坂、ハキダメ坂とも　175-176　376

＊芥坂　港区西麻布三丁目六番の坂、中国大使館前の通りから西に下る小さい坂。紺屋坂とも　176

＊埃《ごみ》坂　千代田区神田駿河台、ニコライ堂の北わきを西へ上る坂。紅梅坂、光威寺坂、光威坂とも　176

五味坂　〔番町、芥坂の別名〕　175-176

＊小山坂　港区三田一、二丁目の境。貯金局周辺を頂上として都立三田高校前を三田警察署のところまで下る坂。綱が手引坂、手引坂、馬場坂、姥坂とも　216　293　295

＊転《ころび》坂　港区赤坂旧氷川町の氷川神社北わき、氷川坂のふもとから、北へ氷川小学校のほうへ上る狭い坂。赤坂六丁目八、九番の間の坂　55　255-259

＊権《ごん》現《げん》坂　〔根津、新坂の別名〕

＊金剛寺坂　文京区春日二丁目、新坂と安藤坂の中間にあって、春日二丁目　28　218

五番、六番の間を北へ上る坂（もとは金富町と水道町の境の坂であった）。坂の西側に金剛寺があった。新鳶坂、コウモリ坂とも

権田坂　（安珍坂の別名）　97　99–101

権太原坂　（安珍坂の別名）

権田原坂　（安珍坂の別名）

近藤坂　（御組坂の別名）

*権之助坂　国電目黒駅のところから、目黒区目黒一丁目と下目黒一丁目との間を、西へ行く大きな坂、新坂とも呼ぶ。坂下の目黒川に新橋がある。昔の権之助坂は、途中北のほうへ曲って田道橋へ下る坂であった　128　272

*金《こん》毘《ぴ》羅《ら》坂　目黒区下目黒三丁目と目黒三丁目との間、大鳥神社の北わき目黒通りを西に上る坂。坂の北側に、もと金毘羅社があった

紺屋坂　（麻布桜田の芥坂の別名）昔、桜田町創立の時からの旧家樋田長右ヱ門という者が、この付近で紺屋渡世をしていたので、それが坂の名に呼ばれたのであろう　176　262

さ

*皂《さい》角《かち》坂　千代田区駿河台二丁目から神田川に沿い西のほう水道橋駅まで下る坂。昔この坂に皀角の木が多くあったので、坂の名となっ　59–60

たという。その後、一本だけ残っていたということである（新編江戸志）

皂《さい》莢《かち》坂　〔三宅坂の別名〕

皂角坂　〔牛啼坂の別名〕

西念坂　〔四谷、観音坂の別名〕

西念寺坂　〔四谷、観音坂の別名〕

＊坂町坂　新宿区坂町八番より南へ上る坂。坂上の東角は栄進館という旅館で、その隣りは姫百合幼稚園である

相模殿《さがみどの》坂　〔麻布、御薬園坂の別名〕

＊鷺《さぎ》坂　文京区小日向二丁目の久世山から音羽一丁目（旧九丁目）へ下る坂

＊桜坂　港区赤坂一丁目十一、十二番の間の坂。旧福吉町都電停留所付近から東へ上る坂であった。坂のふもとに福井医院がある　262

＊桜坂　〔品川〕　262

＊桜谷坂　戦前は上野公園日本美術協会と常盤華壇との間を、国電上野駅へ下る段坂。今はない。くらやみ坂とも　362

＊柘《ざく》榴《ろ》坂　港区高輪三、四丁目の境、国電品川駅から、プリンスホテル南わきを森村学園のところまで上る坂。新坂とも　65　132

＊左内坂　新宿区市谷左内町の坂、市谷見附外、外堀通りから、江上料理学院前を西北へ上るかなりの急坂。昔、このところの名主は代々島田左内といった　173　218

＊実《さね》盛《もり》坂　文京区湯島三丁目、中坂の南にあって、中坂に平行して東へ下る二層の石段の坂　409

鮫ケ橋坂　〔鮫河橋坂の別書き〕

＊鮫《さめ》河《が》橋《はし》坂　新宿区若葉一丁目と港区元赤坂二丁目との境、旧赤坂離宮と学習院初等科との間を北へ上る坂。鮫ケ橋坂、紀伊国坂、大坂とも　205　276

鮫《さめ》干《ぼし》坂　〔小石川、牛坂の別名〕　65　216

三《さん》子《こ》坂　〔三光坂の別名〕

三鈷坂　〔三光坂の別名〕

三古坂　〔三光坂の別名〕

三光坂　港区芝白金二丁目と四丁目の境、専心寺西わきを南に上る坂。三鈷坂、三古坂、三子坂とも

＊三《さん》崎《ざき》坂　台東区谷中四、五丁目の境の坂、本郷団子坂を下ってさらに東へ上る坂。首振坂とも　26　81

＊三丁目坂　文京区音羽一、二丁目の境、大塚警察署の南わきを、西のほう目白台三丁目の東大病院分院前へ上る坂

＊三年坂　千代田区五番町十番、十二番の間を、北から南へ上る小さな坂。旧土手三番町の坂、三念寺坂、三念坂とも　82–86

＊三年坂　千代田区霞が関三丁目文部省と大蔵省との間を西へ上る坂。もとこの辺を三年町といった。淡路坂、鷺坂とも　86–87　89　308–309

＊三年坂　港区麻布飯倉六丁目と二丁目の間を麻布我善坊町へ下る坂。三　85　86

念坂とも

＊三年坂　台東区谷中五丁目（旧上三崎北町）本立寺裏手の坂。中坂、蛍坂とも　80

＊三年坂　新宿区神楽坂上から、神楽坂三丁目、四丁目の境を東北方津久戸町のほうへ下る長い坂。坂下は筑土八幡社前　81―83

三年坂　〔矢来下、地蔵坂の別名〕　82―83

三念坂　〔我善坊谷の三年坂の別名〕　85―86

三念坂　〔牛込津久戸の三年坂別名〕　29　81―82　84

＊三念寺坂　〔番町の三年坂の別名〕　29　82　84　86

＊山《さん》王《のう》坂　千代田区永田町二丁目、衆議院第一議員会館わきを、西のほう日枝神社（山王社）前へ下る坂。鹿島坂とも

＊山王男坂　千代田区永田町二丁目、山王台の中央、日枝神社（山王社）の前へ、東から上る石段の坂、男坂とも

＊山王女坂　千代田区永田町二丁目、山王社前へ上る男坂の左に並ぶゆるやかな坂。女坂、御成坂とも

＊三百坂　文京区小石川三丁目と四丁目の境、東京学芸大附属小学校の東わきを北へ光円寺のほうへ下る坂。三藐坂《さんみやくざか》とも　44　425―426

＊三《さん》分《ぶん》坂　港区赤坂五丁目と赤坂七丁目との間、聖パウロ学園前から報土寺前へ下る坂　90―94

＊三べ坂　千代田区永田町二丁目永田町小学校の裏手を、日枝神社のほうへ下る坂。三部坂、三辺坂、水坂とも　20　40

三部坂　〔三べ坂の別書き〕
三辺坂　〔三べ坂の別書き〕
*三べ坂
三貎坂　〔三百坂の別名〕
三谷坂　港区麻布六本木一丁目と赤坂一丁目との境を、霊南坂の頂上辺から西北方旧三谷町へ下る坂　41　44　425

し

椎の木坂　〔向坂の別名〕
潮干坂　〔四谷、観音坂の別名〕
潮踏坂　〔四谷、観音坂の別名〕
潮見坂　〔汐見坂。本郷、団子坂の別名〕
*潮見坂　〔汐見坂〕千代田区、昔の江戸城内、二の丸から本丸へ上る坂、白鳥堀北わきの坂　65　37　356　64　361　216
*潮見坂　〔小石川、牛坂の別名〕
*潮見坂　千代田区霞が関二丁目と三丁目との間、外務省と大蔵省との間の坂。西から東へ下る　64–65
*潮見坂　〔汐見坂〕港区赤坂葵町アメリカ大使館前から東へホテルオークラ前を、芝西久保明舟町のほうに下る坂。大和坂とも　64　264

＊潮見坂　〔汐見坂〕港区三田三丁目と四丁目の境を、聖坂の中腹から西北へ上る坂　62-63　262

潮見坂　〔伊皿子坂の別名〕　62-63　244　262

＊紫霞坂　市谷尾州邸内　364

＊地獄坂　新宿区市谷本村町に陸軍士官学校があったころ、ここの正門から上る坂をいった

＊地蔵坂　荒川区西日暮里三丁目諏訪神社裏から西日暮里五丁目に下る坂。この坂上は浄光寺で、その本尊は東都六地蔵の第三番の地蔵尊である

地蔵坂　〔白山坂の別名〕

＊地蔵坂　墨田区東向島三丁目と一丁目の境、地蔵坂交番前の子育地蔵堂のところから東南へ下る小さな坂　262

＊地蔵坂　新宿区天神町、矢来下交番前を西北へ東榎町へ下る坂。三年坂とも　82

＊地蔵坂　新宿区神楽坂上から南へ光照寺のほうへ上る坂、いわゆる藁店《わらだな》へ上る坂である。藁坂《わらざか》ともいう。光照寺には子安地蔵がある　262

＊地蔵坂　北区中十条二丁目一二番四号王子中十条郵便局と中十条二丁目九番一一号との間を、国電東十条駅南口のほうへ下る坂。坂下に子育地蔵尊のお堂がある　262

地蔵坂　〔志村、清水坂の別名〕　130　262

地蔵坂　〔淀橋、成子坂の別名〕

地蔵坂　〔王子大坂の別名〕

＊シタン坂　千代田区麹町四丁目と紀尾井町の境を西南方へ下る坂。坂下は清水谷で、ここからさらに西南へ上る坂は紀尾井坂である。清《し》水谷坂《みずだにざか》とも

＊七《しち》面《めん》坂　荒川区西日暮里三丁目と台東区谷中五丁目の間を、経王寺前から西へ下る坂。坂の北側の延命院には七面社がある。延命院はその別当であった。日蓮宗の寺で、寛政のころ、延命院日道という破戒僧の乱行で有名であった　80

七面坂　〔駒込団子坂の別名〕　37　216

＊七面坂　港区麻布十番二丁目一本松坂を下る途中、北へ下る小さな坂。坂を下る右側にもと松頭山本善寺があった。本尊七面天女、戦後廃寺となる

＊十《じっ》貫《かん》坂　中野区本町五、六丁目境から、杉並区和田本町へ行く坂。いわゆる鍋屋横町の坂で、坂下に地蔵堂がある。『新編江戸志』には、「中野長者此坂にのぼりて、目の及ぶかぎり、永禄十貫文を以て買得たり、故に名付」とある

＊信濃坂　今はない坂、昔は上野公園両大師堂の東北側から、旧現竜院の墓地の西わきを坂本方面へ下る坂であった　219　362

信濃坂　〔谷中、善光寺坂の別名〕

信濃坂　〔安珍坂の別名〕　97　99-101

＊忍《しのぶ》坂　台東区上野公園忍が岡の花園神社の東わき、五条天神の鳥居前

の坂。女坂とも

*清《し》水《みず》坂　台東区池之端四丁目と上野動物園との間を都立上野高校南わきへ上る坂。暗闇坂とも

清水坂　〔紀尾井坂の別名〕　323

清水坂　〔檜坂の別名〕

清水坂　〔品川、鉄砲坂の別名〕　178

*清水坂　今はない坂。新宿区市谷本村町、旧尾州邸内に囲み込まれた坂　219　275　278　280　286

*清水坂　板橋区志村二丁目の志村坂の西裏通りの昔の坂をいう。隠岐坂、隠岐殿坂、地蔵坂とも　362　130

*清水坂　北区中十条四丁目二番一号のたばこ屋の角を北へ、八幡山児童遊園のところまで下る坂。この坂の頂上は馬坂の頂上でもある

清水谷坂　〔シタン坂の別名〕

*志村坂　板橋区志村二丁目と小豆沢三丁目との境。総泉寺の前中仙道を北西に下る坂。清水坂とも　130

*釈迦坂　文京区小日向四丁目徳雲寺西北外囲を大塚一丁目のほうへ上る坂。徳雲寺の墓地に釈迦に似た墓石があって、この坂からよく見えたので、この坂を釈迦坂と呼んだ

砂利坂　〔向坂の別名〕

砂利場坂　〔宿坂の別名〕

*十七が坂　目黒区中目黒四丁目馬喰坂上永隆寺墓地のところを東南方へ下

る坂。坂下の左は毛利マンションである。この坂で十七の娘が殺されていたのを、この坂のそばに葬った。それが坂の名になったのだという

*宿《しゅく》　坂　豊島区高田一、二丁目の境、金乗院の東わきを北へ上る坂。砂利場坂、暗闇坂、浅間坂とも　206-207

*樹木谷坂　文京区湯島二丁目の横根坂を下り、さらに南へ東京医科歯科大学のほうへ上る坂　33

浄雲寺坂　〔白山坂の別名〕

浄　心　坂　〔浄心寺坂の別名〕

*浄心寺坂　文京区白山一丁目円乗寺前を東北に上る坂、坂上の北側に浄心寺がある。浄心坂、於七坂、乗信寺坂とも

乗信寺坂　〔浄心寺坂の別書き〕

浄泉寺坂　〔市が谷安藤坂の別名〕もとこの坂の南側に、浄泉寺という寺があった

*昌　平　坂　元禄のころ、聖堂脇坂といわれた昌平坂で、寛政一一年聖堂境内に囲み込まれ、神田明神から見通しの坂であった。今はない　21　67-74　382

*昌　平　坂　文京区湯島二丁目、聖堂前神田川沿いの坂。昌平河岸を東に下る。相生坂とも　67-74　104　262　382

*昌平坂　文京区湯島一丁目、聖堂の東わきの坂。団子坂とも　67-74　382

*浄瑠璃《じょうるり》坂　新宿区市谷砂土原町一、二丁目境を西北方払方町へ上るやや長い坂　218　226　287-292　327

＊蜀江《しょくこう》坂　新宿区柏木三丁目精華学園前を北に上る坂。蜀江山へ上る坂である。蜀江山は「つつじ山」とよみ、つつじの名所であった

＊蜀江坂　港区芝白金四丁目六丁目境、聖心女子学院の西わきを南へ上る坂。この坂上が蜀江台である。昔、この蜀江台の楓は、紅葉のころは、蜀江錦のようで、美しかったと伝えられていた

蜀江坂　目黒区中根二丁目立源寺の裏手より岡田邸わきを東へ下る坂

＊新坂　上野公園内徳川霊廟の東から鶯谷駅へ下る坂。鶯坂、根岸坂とも　24

＊新坂　新宿区荒木町と舟町との境を北へ下る坂。昔の杉大門通りにつづく坂で、坂の両側は切通しになっている。絵図を見ると、昔この坂のできる前は、この辺一体は全勝寺の寺内であった　23

＊新坂　千代田区神田淡路町二丁目の坂。幽霊坂と観音坂との中間を東に下る

＊新坂　千代田区永田町二丁目都立日比谷高校前から西方ホテルニュージャパンわきまで下る坂。遅刻坂とも　428

＊新坂　港区赤坂七、八丁目境。旧新坂町と赤坂台町との境を南から北へ青山通りに上る坂　22　262

＊新坂　文京区本郷六丁目（もと森川町映世神社の南を西へ行く坂）旧森川町一一七番地旅館蓋平館のち太栄館前の坂

＊新坂　文京区白山一丁目と西片一丁目との境を、西片二丁目へ上る坂。福山坂とも　24

＊新　坂　文京区本郷二丁目の坂（もと春日町から本郷弓町一丁目に上る坂）、壱岐坂と東富坂との間にあって東へ上る坂。外記坂とも　262

＊新　坂　〔小石川〕　262

＊新　坂　港区南麻布三丁目と四丁目の境を明治通りから北へ上る坂。坂上の右に麻布プリンスホテルがある

＊新　坂　文京区音羽一丁目より目白通りを西へ上る坂。坂上の左側には椿山荘がある。目白新坂、椿坂とも

＊新　坂　文京区春日二丁目、金富小学校の西わきを北へ上る坂　23

＊新　坂　新宿区若宮町と袋町の境を西へ上る坂。若宮神社の前辺が坂下になる

＊新　坂　千代田区五番町、国電市ケ谷駅の前を南へ上る坂

新　坂　〔愛宕新坂の別名〕

新　坂　〔権之助坂の別名〕　129

＊新　坂　文京区根津二丁目、根津神社の南わきを西へ上る坂。権現坂とも

＊新　坂　〔湯島天神〕　409-413

新　坂　〔庾嶺坂の別名〕　216

新　坂　〔柘榴坂の別名〕

新壱岐坂　文京区本郷二丁目一四番辺から西へ後楽園のほうへ下る道幅の広い大きな新坂である。昔の壱岐坂とは、東洋女子短大の前で交差している。壱岐殿坂が立派に現存している以上、壱岐坂で　124-126

はなくて、新壱岐坂と呼ぶべきである

新五反坂　〔新五段坂の別名〕

＊新五段坂　新宿区市谷本村町、いま自衛隊（旧尾州邸）内に囲い込まれた坂。五段坂に平行した坂であった　282-286

＊新助坂　新宿区南元町一行院前から国電信濃町駅のところまで上る坂。辷坂とも。今日では、この坂を久能坂、千日坂とも呼ぶ　362

新道坂　〔西片の胸突坂の別名〕　401

＊新道坂　目黒区上目黒一丁目、代官山トンネルに近い都電の通る道と東急線との間の新道路の坂　401-404

新《しん》鳶《とび》坂　〔金剛寺坂の別名〕

＊新富士見坂　港区南麻布四丁目、もとユーゴ大使館付近から西へ下る坂。この坂路は途中南へ折れ、さらに西へ曲るやや急坂である。坂下の南は、南麻布四丁目一〇番二三号である。坂の途中の曲り角では富士山がよく見える　61

＊神《しん》明《めい》坂　港区三田一丁目貯金局と竜原寺との間を北へ天祖神社の方へ下る坂。天祖神社はもとは「元神明」といった　296-297

す

水《すい》神《じん》坂　〔目白の胸突坂の別名〕

須賀坂　〔天王坂の別名〕明治の初めころ天王社はすべて須賀神社と改

称された

*杉山坂　（青山紀州邸）　364

鈴《すず》降《ふり》坂　（善国寺坂の別名）

鈴振坂　（善国寺坂の別名）

辷《すべり》坂　（新助坂の別名）　55

*諏《す》訪《わ》坂　千代田区平河町二丁目と紀尾井町との境、赤坂プリンスホテルと都道府県会館の間を北へ上る坂。達磨坂ともいう。嘉永二年の江戸切絵図には、この坂の東側に、「諏訪一学」の屋敷が見える

せ

清《せい》玄《げん》坂　（浅間坂の別名）　42

*勢《せい》揃《ぞろい》坂　渋谷区神宮前二丁目、熊野神社の西わきを北へ下る坂。坂の西側には竜岩寺、慈光寺が並ぶ。源氏坂とも　209-210

聖堂脇坂　（昌平坂の別名）この昌平坂は最初の昌平坂である　73

*絶《ぜっ》江《こう》坂　港区南麻布二、三丁目境、曹渓寺と延命院との間を北へ上る坂。曹渓寺の開山僧を絶江といったが、後本村町南部の地名となった。地名から来た坂名ということになる

蝉《せみ》坂　北区上中里一丁目、平塚神社の東南角から湾曲して、国電上中里駅へ下る坂。攻坂、宮坂とも　38-40　407-408

*ゼームス坂　品川区南品川五、六丁目の境、都立品川ろう学校前を北へ下る
坂。ゼームスという英国人がここに住んでいた
攻《せめ》坂　〔蟬坂の別名〕　38　40　407–408
浅《せん》間《げん》坂　宿坂のこと。「高田村誌」につぎのように書いてある。「宿坂関　42
の旧跡、金乗院の門前を四家町の方へ上る坂口をいふ、此地は
昔の奥州街道にして、其頃関門のありし跡なりと、木花開耶姫
社、同じく宿坂の中腹にあり、土俗八兵衛稲荷或は開耶姫稲荷
とも称す、又当社を桜姫の宮と唱へ此坂を清玄坂と呼ぶ」。清
玄坂、宿坂、砂利場坂、暗闇坂とも
*善光寺坂　台東区谷中一丁目、玉林寺と天眼寺との間を旧桜木町の方へ上　26　29　31
る坂。信濃坂とも
*善光寺坂　文京区小石川三丁目伝通院の東方に善光寺月参堂がある。この
前を東方に下る坂である。坂のふもとは昔の伝通院裏門のあっ
たところ、そして六角坂のふもとでもある
*善国寺坂　千代田区麴町三、四丁目境を新宿通りから北へ下り、さらに北　29
の方二番町へ上る坂、鈴降谷の坂である。鈴降坂、鈴振坂とも
*仙台坂　港区南麻布一丁目と元麻布一丁目との境を東のほう二之橋から　262　379
西へ上って行く坂。昔、この坂の南側に松平陸奥守の下屋敷が
あった
*仙台坂　品川区南品川三、五丁目境、町田学園前、池上通りを南に上る
坂。坂上に仙台坂巡査派出所がある

*仙台坂　〔大井〕　262
千《せん》駄木坂　〔団子坂の別名〕　37, 216
千日《にち》坂　〔久能坂の別名〕

そ

掃除坂　〔赤坂の稲荷坂の別名〕　422-423
*袖《そで》切坂　381
*袖摺《すり》坂　新宿区岩戸町から北町と袋町との境を南へ上る坂。しかし、戦後はこの坂路もすっかり改修されて大きな道幅の坂になってしまった。乞食坂とも　139, 141-142, 262, 375
*袖摺坂　千代田区一番町芥坂の頂上より南へ下る坂。この坂下からさらに南へ上る坂は永井坂である　239, 262, 376
袖引坂　〔小石川、団平坂の別名〕　380
*袖振坂　〔三田小山、日向坂の別名〕　377-379
*袖もぎ坂　380
*染井坂　豊島区駒込六丁目、西福寺東わきを南に上る坂という人もある

た

*代官坂　渋谷区代官山町一三番地辺から西北方、猿楽町へ上るコンクリ

ートの段坂。坂下に昭和三十四年五月竣工の立札があった
＊太鼓坂　目黒区八雲三丁目二四番、二五番の間を、北のほう呑川のところまで下る坂　263
大黒坂　〔一本松坂の別名〕　102-103
大《だい》超《ちょう》坂　〔妻恋坂の前名〕　109-111　217
大潮坂　〔妻恋坂の別名〕　109-111
大帳坂　〔妻恋坂の別名〕　109-110
大長坂　〔妻恋坂の別名〕　109-110
大朝坂　〔妻恋坂の別名〕　109
＊大《だい》日《にち》坂　文京区小日向二丁目の坂、服部坂の西に並び、平行して北へ妙足院前を久世山に上る坂。妙足院には大日堂がある。八幡坂とも　49
＊大《だい》坊《ぼう》坂　大田区、池上本門寺境内の坂、本堂裏手経堂裏より大坊前へ下る七十八段の磴道の坂である。大坊は日蓮上人終焉の旧跡である　329
＊台町坂　新宿区市谷台町の中央を東から西へ余丁町方向に上る坂
＊滝の坂　新宿区矢来町牛込聖教会前を西へ八メートルも行くと右手に北へ下る小さな坂がある。昔の滝の坂らしい坂
竹柴の坂　〔聖坂の古名〕　201
＊建《たけ》部《べ》坂　文京区本郷一丁目と二丁目の境を北に上る坂。坂下の西側に元町公園があるが、これは昔の「初音の藪」である。初音坂とも　340

いう。嘉永二年江戸切絵図には「△タケベ坂」とあり、その西側に「建部六左ヱ門」と記す

＊立《たて》爪《づめ》坂　〔湯島、芥坂の別名〕　55　175

＊炭《た》団《どん》坂　文京区本郷四丁目三二、三五番の間の坂。本妙寺坂と鐙坂の中

353

間の坂。今は段坂　55　119　349　350

＊谷《たに》畑《ばた》坂　目黒区自由が丘二、三丁目六番、一八番境を北へ上る坂。坂上の右に自由が丘学園がある　386

狸坂　〔まみざかの別名〕　418

達磨《だるま》坂　〔諏訪坂の別名〕この坂みちを達磨門前と呼んだ。それはここの紀州邸の門扉に達磨に似た節目があったので、その門を人々が達磨門といったからである

丹下坂　〔庚申坂の別名〕

＊丹後坂　港区赤坂四丁目、旧丹後町と赤坂一つ木町との境を北に上る石段の坂。この道は赤坂小学校前へ出る。元禄のころ、この坂の東側に米倉丹後守の屋敷があった　45　299-307

＊団《だん》子《ご》坂　文京区千駄木二、三丁目境を西へ上る坂。坂のふもとから東へ谷中に上る坂が三崎坂である。潮見坂、千駄木坂、七面坂とも　39　53　64　216

団子坂　〔湯島、昌平坂の別名〕　68　71　74

＊団子坂　新宿区若松町と市谷河田町との境を西南方余丁町へ上る坂。馬の首団子坂とも

*団子坂　〔溜池黒田邸〕
*弾《だん》生《じょう》坂　港区元赤坂一、二丁目境、豊川稲荷の西わきを南に上る坂。もとこの坂の西側に松平弾正の屋敷があった　263 364
*丹波《たんば》谷《だに》坂　港区麻布六本木三丁目、不動坂の西にあって、東から西に下る坂。坂下の谷を丹波谷といった。もと岡部丹波守の屋敷があったところ
丹平坂　〔団平坂の別名〕　379
*団平坂　文京区小石川五丁目小石川図書館の東わきを北へ下る坂。丹平坂、ダンベエ坂、袖引坂ともいう。昔は、この坂下は松平播磨守の屋敷であった。今の小石川図書館の付近が清岸寺門前町で、この地内に団平と呼ばれる男が住んで米つきを商売としていた。よほど変り者であったに違いない　379 380
ダンベエ坂　〔団平坂の別名〕

ち

遅刻坂　〔永田町の新坂の別名〕　141
*ちとせの坂　〔六義園〕　363
茶の木坂　〔四谷、暗闇坂の別名〕　428
*茶屋坂　目黒区三田二丁目と中目黒二丁目との境、茶屋坂隧道の上から東へ下り、途中南へ折れて田道小学校前へ行く坂。『新編武蔵

風土記稿』は次のように書いている。「味噌下は渋谷村の方へ寄てあり、御遊猟御立場の辺なり、此所に茶店あり、土俗爺が茶屋と呼び世に聞えたる茶店なり」

*中段坂〔青山紀州邸〕 364

*忠弥坂〔本郷〕 340–348

長延寺坂〔芥坂の別名〕 176

つ

*月見坂〔市谷尾州邸〕 364

*辻井の坂〔牛込酒井邸〕 363

鼓坂〔牛込、相生坂の別名〕 36 104

*つづみ坂 港区赤坂一丁目一二番辺の坂、さくら坂の南にあって、これに並行して東へ霊南坂教会のほうへ上る坂

*綱坂 港区三田二丁目、慶応大学裏門前の坂。坂の頂上は貯金局である。渡辺坂ともいう。今、三井クラブのあるところは、古いころ渡辺綱の生れた家のあったところで、ここに「綱が産湯の井」があった 20 201 252 293

綱が手引坂〔小山坂の別名〕 216 252 293

綱曳坂〔綱干坂の別名〕

*津《つ》の守《かみ》坂 新宿区荒木町と三栄町との境を北に下る坂。小栗坂、荒木坂、 20 282

新木坂ともいう。昔、坂の西側に、松平摂津守の屋敷があった

椿坂　〔目白、新坂の別名〕

*妻《つま》恋《ごい》坂　文京区湯島三丁目妻恋神社前を東に下る坂。大超坂、大潮坂、大帳坂、大長坂とも　26　109-111　217　409

*つりぼり坂　港区南麻布三丁目お薬園坂の中腹から西に下る狭い急坂をいう。戦前は坂下に一竿園、衆楽園等の釣堀があった

て

*鉄《てつ》飛《び》坂　目黒区平町二丁目と大岡山一丁目境、呑《のみ》川の中里橋のところから東へ上る坂。坂の頂上の北側に帝釈堂がある

*鉄砲坂　文京区音羽一丁目から、関口三丁目と目白台三丁目の境を西へ上る坂。坂わきには文華女子中学校、高等学校がある。坂の北の運動場は昔の鉄砲練習所の跡である　177　179

*鉄砲坂　新宿区若葉二、三丁目境を若葉一丁目に上る坂。稲荷坂とも　177

鉄砲坂　〔北条坂の別名〕　178

*鉄砲坂　今はない坂。昔は品川歩行《かち》新宿二丁目から清水横町を御殿山へ上って行く坂であった。今の品川区北品川三丁目品川教会付近へ上る坂であった。清水坂とも　178　275　362

手《て》引《びき》坂　〔小山坂の別名〕　216

*出《で》羽《わ》坂　新宿区南元町国電線路に沿って西南方へ上る坂。坂の北わきに　246-253

東医健保会館があり、南わきにはパシフィック・コンサルタントがある
*天神坂 港区高輪一丁目、旧丹波町の曹洞宗松久寺前の坂。松久寺には天満宮がある。この坂下には清正公がある 263
*天神坂 目黒区八雲一丁目と柿の木坂一丁目の境、都立大学の東わきの坂をいう。坂の東側に北野天神社がある 263
天神石坂 〔天神男坂の別名〕 26
天神男坂 湯島天神社地から、女坂の南のほうを東へ下る石段の急坂
*天神女坂 文京区湯島天神の社地から男坂とは別に下る坂
*天《てん》王《のう》坂 新宿区四谷二丁目から須賀神社へ行く坂、坂の西側の東福院、東側の愛染院の間を南へ下る坂。東福院坂、須賀坂とも 263

と

*動《どう》坂 文京区本駒込四丁目と千駄木四丁目の境、石の不動のところから南へ駒込病院前に上る坂。不動坂とも 265-266 426-427
唐犬坂 〔池田坂の別名〕昔、坂のそばの池田邸で唐犬を飼っていたので、坂の名となった
*道玄坂 渋谷区上通三丁目の坂をいう。宮益坂のふもとから続いて西へ上る坂。道元坂、道源坂とも 119 208 218 372 413
道元坂 〔道玄坂の別名〕 415

道源坂　〔道玄坂または道源寺坂の別名〕
＊道源寺坂　港区麻布六本木一丁目、道源寺南わきを東へ上る坂。道源坂とも
＊東郷坂　千代田区三番町と四番町との境、旧東郷邸の西わきを南へ下る坂。法眼坂とも　28
東福院坂　〔天王坂の別名〕
徳永坂　〔曙坂の別名〕
豊《と》島《しま》坂　〔夏目坂の別名〕
どぜむ坂　目黒区碑文谷四、五丁目の境。碑文谷警察署前、目黒通りを東へ下る坂
飛坂　〔東富坂、西富坂の別名〕　34　176　218
鳶《とび》坂　〔富坂の別名〕　35
富坂　〔東富坂、西富坂の別名〕　34　132　176　268
＊豊《とよ》坂　文京区目白台二丁目、日本女子大学西南の角から南の方目白台一丁目に下る坂。坂下に豊川稲荷があり、江戸川に架かった橋は豊橋である　263
＊鳥居坂　港区麻布六本木五丁目、フィリピン大使館や東洋英和女学院前を南に下る坂。鳥井坂とも書いた。寛文図を見ると、この坂のできる前、この辺一帯は「トリイ兵部」の屋敷となっている
鳥井坂　〔鳥居坂の別名〕

な

＊内《ない》記《き》坂　渋谷区下通五丁目を東へ上る坂。代官山トンネルのところから、恵比寿駅のほうへ行く坂である。明和九年の江戸図には、「松平肥前」の下屋敷わきに「ナイキ坂」とある　365-374

中　坂　〔三浦坂の別名〕　26

中　坂　〔初音坂、三年坂の別名〕　81

＊中　坂　文京区白山一丁目の胸突坂と浄心寺坂との中間にあって両坂に並行して東北に上る坂　263

＊中　坂　文京区湯島三丁目を西から東へ下る坂。古い昔は天神石坂と妻恋坂との間の坂であった　26　263　409-410

＊中　坂　千代田区九段北一丁目の九段坂ともちの木坂との間の坂。目白通りから西へ上る坂で、頂上には都立九段高校があり、坂の途中南側には世継稲荷がある　26-27　263

＊中　坂　千代田区平河町一丁目、平河天神の裏手を南に下る坂　263

＊中　坂　港区西麻布三丁目の駒沢通りから、北条坂、芥坂の中間を西に下る小さい坂

＊永　坂　港区麻布永坂町と六本木五丁目との間を北から南に下る長い坂。長坂とも　46-47　218

長　坂　〔永坂の別名〕　47　218

*永井坂　千代田区一番町の坂、新宿通り麹町一、二丁目の境より北へ下る坂。坂下は袖摺坂のふもとである。昔、坂の東側に永井勘九郎、西側に永井奥之助の屋敷があった　376

*永井坂　〔番町〕　239

*中根坂　新宿区市谷加賀町大日本印刷の前を北へ上る坂

*中野坂　中野区本町一丁目と中央一丁目との間の坂、淀橋をふもととして西南方へ上る青梅街道の坂

那《な》光《こう》坂　〔名光坂《めいこうざか》の別名〕　386

名《な》光《こう》坂　〔名光坂の別名〕

梨《な》子《し》坂　〔本郷、梨の木坂の別名〕　121-122

なし坂　〔〃〕

梨坂　〔〃〕　122

*梨の木坂　文京区本郷五丁目の胸突坂（菊坂）の途中から南へ分かれて下る坂。梨坂、梨子坂、梨木坂、なし坂とも　122

*梨の木坂　千代田区永田町一丁目、社会文化会館の右わきを南へ国会図書館わきに上る坂　427-428

なだれ坂　〔幸国坂の別名〕　30

*夏目坂　新宿区喜久井町、来迎寺前を北に下る坂。坂下は馬場下町である。豊島坂ともいう。夏目小兵衛は、この地の旧家で、喜久井町という町名は、夏目家の家紋、井桁に菊からとったものである。夏目漱石は夏目小兵衛の子孫であるという

＊七《なな》曲《まがり》坂　新宿区下落合一、二丁目境を、氷川神社のところから北へ上る坂。途中曲折が多く、目白通りまで上る　46-47　258

何《なに》右衛《え》門《もん》坂　赤坂、薬研坂の別名。「江戸鹿子」に「何右衛門といひし狂気のもののすみけるとなり」とある

＊鍋《なべ》割《わり》坂　文京区白山三丁目の東京大学植物園内を南北に横断した坂であったが、今は坂跡だけ残る。御薬園坂、病人坂とも　115

＊鍋割坂　千代田区三番町内堀通りから千鳥ヶ淵へ下る坂。坂下の北にフェアモントホテルがある　115-116

＊鍋割坂　千代田区隼町半蔵門会館と国立劇場敷地の間を西へ上り、さらに平河天神のほうへ下る坂　115　117

＊鍋割坂　新宿区矢来町、旧酒井邸庭園内の坂であって、今はない　114-115　363

＊成《なる》子《こ》坂　新宿区柏木一丁目、青梅街道の坂、成子天神前から西へ淀橋まで下る坂、鳴子坂、地蔵坂とも

鳴子坂　〔成子坂の別書き〕

＊南郭坂　渋谷区東二、三丁目境の坂、西に下る。坂上の北角は服部南郭の屋敷であった。今の服部邸の前には都立広尾高校がある。富士見坂とも

＊納戸坂　〔小石川〕　362

＊南部坂　港区赤坂二丁目と麻布六本木二丁目との境を、米国大使館宿舎わきを西北に上り左折して氷川神社のほうへ上る。難歩《なんぶ》坂、なんぽ坂とも　40　133　137-138　218

*難歩坂　〔赤坂の南部坂の別書き〕

南平坂　渋谷区南平台町を南へ下る坂、この坂路は鉢山町の都立一商前へ通ずる道である　40

なんぽ坂　〔赤坂、南部坂の別名〕　40

に

*二合半坂　千代田区富士見町一丁目の暁星学園中学および小学校の間を北に下り、突き当たって右折して、さらに目白通りに下る坂。日光坂とも　241－242

*西富坂　文京区小石川二丁目と春日二丁目との間、春日通りの坂。西から東へ下る坂を今日富坂というが、本当の昔の富坂は、この坂の南、旧砲兵工廠内に消えてしまっていた。富坂、鳶坂、飛坂とも　34－49　131－132　267－268

ね

根岸坂　〔上野の新坂の別名〕　24
＊猫《ねこ》股《また》坂　文京区千石二、三丁目の境、不忍通りの坂。昔の猫股橋のところから上る坂の途中から右へ千石二丁目（旧林町）へ上り、氷川神社の裏手へ行く坂　263
＊根来坂　〔市谷本村〕　275　278–279　286　362
＊鼠《ねずみ》坂　文京区音羽二丁目から、小日向台二、三丁目との境を、昔の小日向台に上るコンクリートの細長い坂　168　271
＊鼠坂　新宿区鷹匠町と納戸町との境を北へ上る坂。中根坂と芥坂との中間の坂　168–169
＊鼠坂　港区麻布永坂町と麻布狸穴町との境を北へ外苑東通りまで上る長い坂。頂上に近いところを、植木坂、鼬坂とも　168–169
＊根津裏門坂　文京区根津一丁目と千駄木二丁目との境、根津神社裏門前を西へ上る坂。坂の頂上の右側に日本医大附属第三病院がある
＊ネッコ坂　渋谷区神宮前五丁目と港区北青山三丁目の境の道を北へ進むと、神宮前五丁目一四、一五番辺が、湾曲した小坂になっている。ここがネッコ坂である。坂の東側の今アパートのところはもと大山邸であった
＊念仏坂　新宿区市谷仲之町西南角から住吉町に下る石段の坂　45　321　335
＊念仏坂　〔麹町〕　322–323　335
＊念仏坂　〔熱海道〕

＊乃木坂　港区赤坂八丁目と赤坂九丁目との境、乃木神社前を西へ外苑東通りへ上る坂。行合坂、幽霊坂、膝折坂とも　181　184-185　232

＊登り坂〔飯田町〕　225

は の

＊梅林坂(ばいりんざか)　今はない坂。旧江戸城内にあった天神社付近の坂であった　45

＊ハキダメ坂〔番町の芥坂の別名〕　258

＊白山坂　文京区白山一丁目と白山五丁目との境、白山通りを北へ上る坂。地蔵坂、薬師坂、浄雲寺坂とも　218　356-361

＊馬喰坂(ばくろうざか)　目黒区目黒三丁目と中目黒四丁目の境の坂。永隆寺の南側を東に下る坂　175

＊梯子坂(はしござか)　新宿区東大久保二丁目、九左衛門坂に並び東へ永福寺墓地へ上る石段の坂　263

＊八幡坂　新宿区高田町高田八幡の北わきの坂〔久世山、大日坂の別名〕　263

＊八幡坂　渋谷区千駄ケ谷八幡の北わきを西に下る坂

＊八《はっ》景《けい》坂　大田区大森駅前を北から南へ下る坂。昔は駅前の岡（今は天祖神社境内）へ上る坂であった。薬研坂、やけい坂とも　38　66　256

＊服《はっ》部《とり》坂　文京区小日向一、二丁目境を北へ小日向神社へ上る坂　423–424

初音坂　〔建部坂の別名〕　349–350　353

花見坂　〔日暮里の富士見坂の別名〕　61

＊羽《はね》沢《ざわ》坂　港区南青山七丁目五番九号と渋谷区広尾三丁目五番三三号の間を、東へ赤十字病院の方へ上る坂。坂の頂上右側にタバコ屋がある

馬場坂　〔小山坂の別名〕　216　293–298

番《ばん》付《づけ》坂　〔茱萸木坂の別名〕　422–423

ひ

東坂　〔日無坂の別名〕　44

＊東富坂　文京区本郷一丁目と四丁目の境の道、春日通りの坂。しかし、昔の本当の坂は、この都電の道の南裏通りの坂であった。飛坂とも　34　268

＊氷《ひ》川《かわ》坂　文京区千石二丁目の氷川神社の西わきを北に上る坂。氷川神社と植物園との間の坂も氷川坂と言った

氷川坂　〔小石川、網干坂の別名〕

*氷川坂　港区赤坂六丁目氷川神社の北わきの坂

*比丘尼《びくに》坂　新宿区天神町と矢来町との境を北へ中里町へ下る小さな坂

*比丘尼坂　新宿区市谷本村町と本塩町との境、私立学校振興会前の坂　263

*膝《ひざ》折《おり》坂　〔乃木坂の別名〕　184

*聖《ひじり》坂　港区三田四丁目、功運寺前を北へ三丁目に下る坂　64　65　201　218
263

*一《ひと》口《くち》坂　千代田区九段北三丁目、四丁目境を南に上る坂。坂の下東側に三輪田学園がある。旧称「いもあらい坂」　154　386　396

*日《ひ》無《なし》坂　豊島区高田一丁目と文京区目白台一丁目一五番五号（旧高田豊川町）との境を南に下る坂。鳳山という酒屋と写真屋との間から南へ下る坂、東坂とも　44

ひなた坂　〔日向坂《ひゅうがざか》の別名〕

美男坂　〔逢坂の別名〕　79

*檜《ひのき》坂　港区赤坂九丁目防衛庁（元歩兵第一連隊）の北裏の坂、清水坂とも

*姫《ひめ》下《おり》坂　港区西麻布二丁目、長谷寺、大安寺の北外囲の辺にあった坂。今の北坂がその跡であろうか　171

*百反坂　品川区西品川三丁目と東大崎三丁目の境を東から西へ上る坂

*日向《ひゅうが》坂　港区三田一丁目と三田二丁目との境、当光寺前を西へ二之橋まで下る坂。ひなた坂、袖振坂とも　263　379

*瓢箪坂　新宿区神楽坂六丁目と白銀町との境を西に上る坂　332-335

病人坂　〔小石川、鍋割坂の別名〕　115

＊屏風坂　今はない。上野公園内両大師堂と科学博物館および学士院との間を、上野七丁目の方へ下る坂であった　218–219　362

＊日《ひ》吉《よし》坂　港区白金台一丁目と白金二丁目との境、目黒通りを東から西へ上る坂。坂の南側に藤山邸および藤山工業図書館がある。ひよせ坂とも　263

ひよせ坂　〔日吉坂の別名〕

＊ビール坂　渋谷区恵比寿四丁目、加計塚小学校のところで二股に分かれて、右は新橋へ、左は恵比寿橋へ下る二つの坂を言った。この坂の下はビール会社の門前である

ふ

＊吹《ふき》上《あげ》坂　文京区小石川四丁目極楽水の宗慶寺と善仁寺の間を南へ春日通りの茗台中学のほうへ上る坂。禿坂とも　166–167

福山坂　〔新坂の別名〕　24

＊茯苓坂　〔戸山尾州邸〕　364

＊藤坂　文京区小日向四丁目伝明寺（藤寺）前から北のほう春日通りへ上る坂。富士坂とも

富士坂　〔藤坂の別名〕

＊富士見坂　千代田区永田町二丁目衆議院議長公邸前を赤坂の方へ下る坂。　57　263

富士見坂　今は高速道路の下になっている〔宮益坂の前称〕　56-57　209　263

*富士見坂　港区元麻布三丁目の専称寺前から西麻布三丁目三番辺を西に下る坂。坂下は昔の笄橋のあったところで、牛坂へ上る道筋である。笄坂とも　413-415

*富士見坂　今はない坂。目白の学習院内に囲い込まれたもの　275　362

*富士見坂　文京区本郷二丁目油坂と建部坂との中間にあって、両坂に並行して外堀通りに下る坂。坂の西側に東京都の公共職業補導所がある

*富士見坂　千代田区神田駿河台一丁目、明治大学の南わきを西へ下る坂　60

富士見坂　〔青木坂の別名〕　60-61

*富士見坂　文京区大塚二丁目と五丁目との境、住友銀行の南わきを護国寺前へ下る坂。不動坂とも　57　59　263

*富士見坂　千代田区九段北三丁目と富士見二丁目の境、靖国神社北わきの坂、西のほうへ下る。坂下の右に法政大学がある　57-58

*富士見坂　〔小石川、御殿坂の別名〕　60　216

*富士見坂　新宿区市谷本村町、旧尾州邸のところにあった坂。今は自衛隊がある　219　275　286　362

富士見坂　大田区鵜の木一丁目一七番の坂、坂の上はもと富士見が岡と呼ばれた

＊富士見坂　荒川区西日暮里三丁目法光寺の北を東へ諏訪神社鳥居前へ上る坂。花見坂とも　61

富士見坂　〔渋谷、南郭坂の別名〕

＊富士見坂　港区芝公園弁天堂のところから東京タワーへ行く坂の東わき、富士見台に上る五六層の石段の坂をいう。坂の上に観音堂がある

不動坂　〔目白坂の別名〕　218

不動坂　〔動坂の別名〕

＊不動坂　港区麻布六本木三丁目不動院前を西に下る坂　426-427

＊不動坂　北区田端町、国電田端駅より道灌山へ上る段々の坂。この坂を南へ行けば与楽寺前に出る。ここにあった石の不動像は坂の付近にはない。今は与楽寺境内に移されている

＊不動坂　新宿区東大久保二丁目西向天神社内、北の方から大聖院の不動堂に向って上る坂

不動坂　〔大塚の富士見坂の別名〕この坂上にあった浪切不動尊は、今はすぐ近くの本伝寺境内に移された

へ

＊別《べっ》所《しょ》坂　目黒区中目黒一丁目、二丁目の境を北へ上る坂。坂上の南には国際電気研究所、北には帝釈天堂がある　402

＊蛇　坂　港区三田四丁目二番仏乗院の北わきを東へ上る小坂（旧北寺町と南寺町の間の坂）。坂の南側に相生稲荷がある　30

蛇　坂　〔三田の安全坂の別名〕　30

＊弁天坂　新宿区簞笥町、南蔵院前を山伏町のほうへ上る坂。南蔵院には弁天堂がある　263

＊逸見坂　文京区白山四丁目の坂、白山神社の裏門のところ竜雲院の前から西南方植物園のほうへ上る坂。寛延三年図には、この坂の西側に「逸見弥左衛門」の屋敷が見える

ほ

法印坂　〔番町の行人坂の別名〕

法《ほう》眼《げん》坂　〔東郷坂の別名〕

法眼坂　〔番町、行人坂の別名〕　218

法眼坂　〔南法眼坂の別名〕

＊北条坂　港区麻布三丁目と南麻布五丁目との境を西北に下る坂。坂下の正面の高台は日赤病院である。北条坂の末のほうを鉄砲坂と呼ぶ。昔、坂の南側に北条相模守の屋敷があった　178

＊宝竜寺坂　新宿区原町一丁目と弁天町との境、宗円寺の北を東へ上る石段の坂。幽霊坂ともいう。昔、この坂の南側に宗円寺、北側に宝竜寺があった

蛍《ほたる》坂　〔谷中、三年坂の別名〕　81

＊堀田坂　渋谷区広尾四丁目、日赤病院の東北外囲の坂。坂下は西麻布四丁目である。御太刀坂、禿坂ともいう。今の日赤病院のあるところは、昔、堀田備中守の屋敷であった　167

＊洞《ほら》坂　港区高輪三丁目、東禅寺の参道を左へ折れて二本榎のほうへ行く洞横町の坂。法螺坂とも書く　258　424–425

法《ほ》螺《ら》坂　〔洞坂の別書き〕　424

＊堀坂　文京区小石川二丁目富士銀行寮南わきを下り、さらに善雄寺門前まで下る坂。源三坂、宮内坂とも　50–51

本郷坂　〔明神坂の別名〕　72

＊誉《ほん》田《だ》坂　今はない坂。港区元赤坂二丁目、旧赤坂離宮内に囲い込まれた坂。江戸初期ころの坂であった　95–101　204–205　219　275–276　362

＊本妙寺坂　文京区本郷四丁目、真砂小学校の西わきを昔の本妙寺門前へ向って下る坂。本妙寺の跡には本郷税務署がある　119–120　353

ま

＊松見坂　目黒区駒場一丁目と上目黒八丁目の境を、東から西に新遠江橋まで下る坂。旧遠江橋のそばには松見地蔵がある。駒場坂とも

＊狸《まみ》坂　港区西麻布二、三丁目の境、一本松のところから西に下る坂。たぬき坂、切通坂とも　418

＊狸《まみ》穴《あな》坂　港区麻布狸穴町、ソ連大使館西わきを南のほうへ下る坂。『江戸砂子』に「むかし此坂に雌狸《まみ》の住ける大なる穴ありとぞ」とある　218

万年坂　〔もちの木坂の旧称〕　263

み

＊三浦坂　台東区谷中一、二丁目の境、宗善寺を左にし、玉林寺の裏手を根津二丁目（旧真島町）へ下る。三崎坂と善光寺坂との中間の坂で、中坂ともいう。三浦備後守屋敷前の坂（嘉永二年図）　26

＊見送り坂　文京区本郷二丁目、三丁目の境、「かねやす」前から本郷通りを北へ下る。ほんのわずかな坂。坂下は昔の「別れの橋」のあったところ　215

＊みおり坂　目黒区下目黒三丁目、目黒不動の西門外、下目黒四丁目二〇の住友商事下目黒寮の前を北へ上る坂。三折にまがっている

＊見返り坂　文京区本郷五丁目の本郷通りの坂。見おくり坂の下からさらに北へ上る坂。東大赤門前のほうへ上る坂　215

＊見隠坂　〔青山紀州邸〕　364

＊御《み》岳《たけ》坂　豊島区南池袋四丁目、清立院前の坂、宝城寺の前辺から東へ、雑司が谷一丁目のほうに上る坂。三丈坂とも書く。清立院には御岳権現社がある

三《み》丈《たけ》坂　〔御岳坂の別書き〕

御《み》太《た》刀《ち》坂　〔堀田坂の別名〕

＊三組坂　文京区湯島三丁目の坂、妻恋坂、中坂の中間にあって、東に下る坂。もと本郷三組町の坂。三組とは御中間、御小人、御駕籠方をいう

水坂　〔三べ坂の別名〕　40

＊南法眼坂　千代田区一番町行人坂の頂上から南へ下る坂（もとの町名では、上二番町から元園町一丁目に下る坂）。法眼坂、八百屋坂とも　239

峰月坂　〔峯月坂。胸突坂の別名〕　38　271　401

宮坂　〔蟬坂の別名〕　407–408

＊三《み》宅《やけ》坂　千代田区永田町一丁目堀端を国立劇場のほうへ上る坂。橿木坂、皂莢坂ともいう。坂を上る左側に、三宅土佐守の屋敷があった（嘉永二年図）　20

＊宮《みや》益《ます》坂　渋谷区上通二丁目東急デパート前、宮益橋から東へ青山のほうへ上る坂。富士見坂とも　56–57　208–209　264

宮村坂　〔麻布、暗闇坂の別名〕　413–415

＊宮村坂　港区（旧麻布宮村町から麻布桜田町に上る坂であった）、狐坂のふもと長玄寺辺から、元麻布三丁目五、六番の間を西北方に上る坂

＊茗《みようが》荷坂　文京区小日向三丁目拓殖大学と小日向四丁目深光寺との間を北へ地下鉄茗荷谷駅のほうへ上る坂

＊茗荷坂　新宿区市谷富久町源慶寺と四谷四丁目東長寺との間を西へ上る坂　144

＊妙義坂　豊島区駒込二丁目、三丁目の境、すなわち本郷通りを駒込駅前から北へ下る坂。この坂の西方に妙義神社がある

＊妙見《みょうけん》坂　大田区、池上本門寺日朗菩薩草庵跡、照栄院入口のところの石段の坂をいう。この坂上に妙見堂がある

＊明神坂　文京区湯島一丁目聖堂裏手、神田明神前の坂、湯島坂、本郷坂とも　70

＊明神石坂　千代田区外神田二丁目、神田明神の裏門から東へ下る石段の坂。男坂とも

明神男坂　〔明神石坂の別名〕

む

＊無縁坂　台東区池之端一丁目と文京区湯島四丁目との境の坂（もと両門町と言った）。坂のふもとに近く旅館「かりかね荘」がある。森鷗外の小説『雁』にひびかせたのであろう。武辺坂とも書いた。昔、この坂下に講安寺と称仰院という寺院があった。講安寺の開山重達が称仰院を隠居所にしていたことがあった。それ以前から称仰院は無縁寺であった　176　218

＊向《むかい》坂　新宿区東大久保二丁目、大久保通りのガケ下。昔の砂利場の坂、　35–36

* 胸突坂　東西向い合っている坂
文京区関口二丁目の駒塚橋を渡り、水神社と芭蕉庵との間を北のほう目白通りへ上る坂。水神坂とも　53　258　268-269

* 胸突坂　神田駿河台一丁目、明治大学の北わきを西に上る急坂。坂の頂上に小松医院がある〔菊坂の別名〕　38　121　258　271　401

* 胸突坂　文京区西片二丁目（一四番）と白山一丁目（二四番）との境を東北に上る坂。峰月坂、新道坂とも

* 武辺坂　〔無縁坂の別名〕　176

め

* 名光坂　港区白金二丁目と高輪一丁目の境、時宗松秀寺の裏手のところから南へ白金台一丁目へ上る坂。名光坂、那光坂とも書いた。昔、この辺の地名に東那光というのがあった。そこの坂も那光坂と呼んだ。のちに名光坂と書いた　386

* 明治坂　港区白金六丁目三番から一三番へ上る坂。旧三光町三八五番地と三七九番地との間を南へ上る坂　24

* 女夫坂　新宿区四谷二丁目新宿通りの四谷消防署前辺から北へ三栄町へ行く道の小坂、昔の伝馬町の坂である。今はない坂　218

坂

*夫婦坂 〔湯島天神〕 412-413

*目《め》切《きり》坂 目黒区上目黒一丁目と青葉台一丁目との境の坂、代官山トンネルの西方、ブルガリア公使館（旧根津邸）の前を西に下る坂。坂のふもとの南には都営アパートが並ぶ。昔、この坂の近くに、臼の目切を業とする者が住んでいたので、坂の名になった 402

*目白坂 文京区音羽一丁目（旧音羽九丁目）から目白台へ上る坂。途中坂の右側に、八幡社、養国寺、大泉寺がある、坂上の目白不動は戦後、宿坂の金乗院内へ移った。不動坂とも

目白新坂 〔新坂の別称〕

も

*冬青木《もちのき》坂 千代田区富士見町一丁目より東へ目白通りへ下る坂、中坂の北に並ぶ坂。旧称万年坂。黐の木坂とも書く 24 26-27 218 242

黐《もち》の木《き》坂 〔冬青木坂の別書き〕

*紅葉《もみじ》坂 台東区谷中七丁目、天王寺の西北裏手から日暮里駅のほうへ下る坂。幸庵坂ともいう。『金杉日記』に、ここを紅葉の名所として次のように書いている。「天王寺うら幸庵坂下、又三しま社のほとり、秋色尤もふかし、林間に酒を煖む」 264

*紅葉坂 大田区、池上本門寺境内の坂。いま、本道の裏を東へ下る坂を 264 330

いう。昔の裏門通りの坂である

紅葉屋敷坂〔御組坂の別名〕紅葉屋敷とは伊藤佐源太の屋敷のことである 239

や

八《や》百《お》屋《や》坂〔南法眼坂の別名〕

ヤカン坂〔小日向の薬鑵坂の別書き〕

夜《や》寒《かん》坂〔雑司が谷の薬鑵坂の別名〕

＊薬《や》鑵《かん》坂 文京区小日向一丁目一〇番、生西寺の北わきの坂。ヤカン坂とも 337-338

＊薬鑵坂 新宿区若葉一丁目の国電のトンネル入口に近いところへ、下の谷から上って行く坂であったが、今はない 336

＊薬鑵坂 文京区目白台二丁目と三丁目の境の坂、坂の西側の長野県東京事務所前を南に向って上る坂。夜寒坂とも 337

＊薬鑵坂〔杉並〕 336

＊焼餅坂 新宿区市谷山伏町と市谷甲良町との境、大久保通りの坂、東から西に下る。赤根坂ともいう。昔、この坂に焼餅を売る店があった〔続江戸砂子〕

薬園坂〔麻布、お薬園坂の別称〕

薬園坂〔小石川、お薬園坂の別称〕

薬師坂〔白山坂の別名〕

＊八《や》景《けい》坂　〔八景坂《はっけいざか》の別称〕　38　66　255–256
＊薬《や》研《げん》坂　港区赤坂四丁目と七丁目との境を南へ下りさらに南に上る二つの坂。青山通りの港区役所赤坂支所のところが坂の下り口である。何右衛門坂とも　34　90　132　258
薬研坂　〔八景坂の旧名〕　38　66　258
＊奴《やっこ》坂　港区南麻布三丁目四番と九番の間の坂、お薬園坂上、本村公園の南わきを西に下る小坂。坂下には麻布プリンスホテルがある　42–43
＊谷畑坂　〔目黒〕　386
藪《やぶ》下《した》坂　〔玄碩坂の別名〕
大《やま》和《と》坂　〔葵町、潮見坂の別名〕　64　264
＊山吹坂　新宿区東大久保二丁目、西向天神社内の天神社殿に向って西から上る坂
＊山臥坂　〔溜池黒田邸〕　364
＊山屋敷坂　〔青山紀州邸〕　364

ゆ

湯坂　〔湯立坂の別名〕
祐玄坂　〔庾嶺坂の別名〕　216
唯《ゆう》念《ねん》坂　〔庾嶺坂の別名〕　216
幽霊坂　〔庾嶺坂の別名〕　216　264

幽霊坂〔駿河台、紅梅坂の別名〕
幽霊坂〔乃木坂の別名〕 185 264
幽霊坂〔湯立坂の別名〕
＊幽霊坂 千代田区富士見町二丁目、大和銀行寮から旅館聖富荘前を北へ下る小さな坂。勇励坂とも 176
＊幽霊坂 港区三田四丁目一二番一九号と一一番二八号との間を北西に下る坂。坂の左側に正覚寺、玉鳳寺、称讃寺などがある
＊幽霊坂 文京区目白台二丁目、日本女子大学の西わきを北に下る坂。昔、この坂の西側に本住寺があった 264
幽霊坂〔宝竜寺坂の別名〕
＊夕麗坂〔市谷尾州邸〕 364
勇励坂〔富士見町二丁目の幽霊坂の別書き〕 176
行《ゆき》合《あい》坂〔乃木坂の旧名〕 181 184 232
湯島坂〔明神坂の別名〕 69–70
湯島男坂〔天神男坂の別名〕
湯島女坂〔天神女坂の別名〕
＊湯島新坂〔本郷〕 409
湯島中坂〔湯島、中坂の別名〕 26
＊湯《ゆ》立《だて》坂 文京区小石川五丁目二〇番、三〇番の間を西に下る坂。湯坂、幽霊坂ともいう。『新編江戸志』は「湯坂は松平大学頭殿やしき向、安房殿町より下る坂、里諺曰往古は此坂下大河入江にて

氷川明神へは川を隔て渡ることを得ず、故に此処の氏子、この坂にて湯花を奉るより坂の名とすと也」とある。湯花を奉るということは湯立てを行うことである

*庾《ゆ》嶺《れい》坂　新宿区若宮町の若宮八幡の前から東南方、外堀通りへ下る坂。幽霊坂、祐玄坂、唯念坂、行人坂、若宮坂、新坂とも　21　216　264　382

よ

*横根坂　文京区湯島二丁目一番、三番の間を北へ上る坂。樹木谷坂のふもとからさらに北に上る坂。横見坂とも　42

*横町坂　文京区小日向一丁目七番と八番との間の坂。服部坂の頂上小日向神社前から東へ下る小坂。坂の北側に福勝寺がある

横見坂　〔横根坂の別名〕　42

葭《よし》見《み》坂　〔天神坂の別名〕

吉見坂　〔天神坂の別名〕

*黄泉比良坂　327–328　381

れ

*霊南坂　港区赤坂葵町と赤坂一丁目との境（アメリカ大使館とホテルオークラの間）を南へ上る坂。昔、慶長のころ、高輪の東禅寺が　41　88　173　197　221　241

この辺にあった。その開山を嶺南と言ったので、ここの坂も嶺南坂と呼んだ。後に霊南坂と改めた

蓮花坂　〔蓮華寺坂の別名〕

＊蓮《れん》花《げ》寺《じ》坂　文京区白山二丁目と白山四丁目との間、蓮華寺の北方を西南に上る坂。蓮花坂、御殿裏門坂とも　28

ろ

＊朗《ろう》師《し》坂　大田区、池上本門寺表石段東わきに日蓮宗宗務院がある。この前を東へ行くと突当たりが大田区民会館と大田区立池上図書館の門の入口である。この門の前から逆に西へ本門寺の番神社の背後のほうへ上って行く百八段六層の石段の坂が朗師坂である。石段の上り口に「朗師坂」の碑が立っている　329

＊六角坂　文京区小石川二丁目の坂、春日通りの西富坂上。中央大学理工学部前から北へ伝通院裏手へ下って行く坂。「富坂荘」前辺から右へ折れる小さな坂。昔、この坂の西側に六角帯刀の屋敷があった　49

六コク坂　〔六石坂の別書き〕

＊六《ろっ》石《こく》坂　北区西ケ原二丁目、一里塚付近から西方飛鳥山公園下へ下る坂。坂下には音無橋がある。六コク坂とも

わ

若宮坂　〔庾嶺坂の別名〕　20 216

渡辺坂　〔綱坂の別名〕　252

＊渡部坂　新宿区天神町と中里町の境を南へ矢来のほうへ上る坂。昔、坂のふもと東側、中里町に「渡部源蔵」の屋敷があった（万延元年図）　293

藁（わら）坂　〔神楽坂の地蔵坂の別名〕

本書は中公文庫より一九八一年六月に刊行された『江戸の坂 東京の坂』と、一九八二年二月に刊行された『続 江戸の坂 東京の坂』を併せて一冊としたものである。巻末に収録した「江戸東京坂名収録および索引」は、『江戸の坂 東京の坂』の巻末に収められていたものに、『続 江戸の坂 東京の坂』巻末の「坂名索引」を加えたものである。

本文中の〈 〉による注は、ちくま学芸文庫に収録するにあたり編集部が補ったものである。

なお、本書に登場する地名やその表記、町名の範囲など、また大学、ホテル、企業、諸官庁をはじめとする施設の所在地や名称などは、刊行当時と現在とでは大きく異なる。また、本文と索引とで同一の地域について異なる時代の地名が用いられている場合や、同一の場所をさす地名であっても表記が統一されていない箇所がある。

さらに、本書の刊行後、江戸の地図や地史などに数々の発見があり、坂名の由来等をはじめ、本書で述べられていることについても新たな説が出てきたものもあるが、これらについては、著者が故人であることと、本書の歴史的意義に鑑みてそのままとした。

（ちくま学芸文庫編集部）

米・百姓・天皇　網野善彦　石井進
日本とはどんな国なのか、なぜ米が日本史を解く鍵なのか、通史を書く意味は何なのか。これまでの日本史理解に根本的転回を迫る衝撃の書。（伊藤正敏）

列島の歴史を語る　網野善彦　藤沢・網野さんを囲む会編
日本は決して「一つ」ではなかった！　中世史に新次元を開いた著者が、日本の地理的・歴史的な多様性と豊かさを平明に語った講演録。（五味文彦）

列島文化再考　網野善彦／塚本学／坪井洋文／宮田登
近代国家の枠組みに縛られた歴史観をくつがえし、列島に生きた人々の真の姿を描き出す、歴史学・民俗学の幸福なコラボレーション。（新谷尚紀）

日本社会再考　網野善彦
歴史の虚像の数々を根底から覆してきた網野史学。漁業から交易まで多彩な活躍を繰り広げた海民に光をあて、知られざる日本像を鮮烈に甦らせた名著。

図説 和菓子の歴史　青木直己
饅頭、羊羹、金平糖にカステラ、その時々の外国文化の影響を受けながら多種多様に発展した和菓子。その歴史を多数の図版とともに平易に解説。

今昔東海道独案内 東篇　今井金吾
いにしえから庶民が辿ってきた幹線道路・東海道。日本人の歴史を、著者が自分の足で辿りなおした名著。東篇は日本橋より浜松まで。（今尾恵介）

物語による日本の歴史　石母田正　武者小路穣
古事記から平家物語まで代表的古典文学を通して、国生みからはじまる日本の歴史を子ども向けにやさしく語り直す。網野善彦編集の名著。（中沢新一）

増補 学校と工場　猪木武徳
経済発展に必要とされる知識と技能は、どこで、どのように修得されたのか。学校、会社、軍隊など、人的資源の形成と配分のシステムを探る日本近代史。

居酒屋の誕生　飯野亮一
寛延年間の江戸に誕生しすぐに大発展を遂げた居酒屋。しかしなぜ他の都市ではなく江戸だったのか。一次資料を丹念にひもとき、その誕生の謎にせまる。

すし 天ぷら 蕎麦 うなぎ　飯野亮一

二八蕎麦の二八とは？ 握りずしの元祖は？ なぜうなぎに山椒？ 膨大な一次史料を渉猟しそんな疑問を徹底解明。これを読まずに食文化は語れない！

天丼 かつ丼 牛丼 うな丼 親子丼　飯野亮一

身分制の廃止で作ることが可能になった親子丼、関東大震災が広めた牛丼等々、どんぶり物二百年の歴史をさかのぼり、驚きの誕生ドラマをひもとく！

増補 アジア主義を問いなおす　井上寿一

侵略を正当化するレトリックか、それとも真の共存共栄をめざした理想か。アジア主義を外交史的観点から再考し、その今日的意義を問う。増補決定版。

十五年戦争小史　江口圭一

満州事変、日中戦争、アジア太平洋戦争を一連の「十五年戦争」と捉え、戦争拡大に向かう曲折にみちた過程を克明に描いた画期的通史。（加藤陽子）

たべもの起源事典 日本編　岡田哲

駅蕎麦・豚カツにやや珍しい郷土料理、レトルト食品・デパート食堂まで。広義の〈和〉のたべものと食文化事象一三〇〇項目収録。小腹のすく事典！

ラーメンの誕生　岡田哲

中国のめんは、いかにして「中華風の和食めん料理」へと発達を遂げたか。外来文化を吸収する日本人の情熱と知恵。丼の中の壮大なドラマに迫る。

山岡鉄舟先生正伝　小倉鉄樹／石津寛／牛山栄治

鉄舟から直接聞いたこと、同時代人として見聞きしたことを弟子がまとめた正伝。江戸無血開城の舞台裏など、リアルな幕末史が描かれる。（岩下哲典）

戦国乱世を生きる力　神田千里

土一揆から宗教、天下人の在り方まで、この時代の現象はすべて民衆の姿と切り離せない。「乱世の真の主役としての民衆」に焦点をあてた戦国時代史。

士（サムライ）の思想　笠谷和比古

中世に発する武家社会の展開とともに形成された日本型組織。「家（イエ）」を核にした組織特性と派生する諸問題について、日本近世史家が鋭く迫る。

思想のアンソロジー　吉本隆明

『古事記』から定家、世阿弥、法然、親鸞、宣長、折口、大拙、天草方言まで。自らの思索の軌跡をアンソロジーに託して綴った、日本思想史のエッセンス。

養老孟司の人間科学講義　養老孟司

ヒトとは何か。「脳‐神経系」と「細胞‐遺伝子系」。二つの情報系を視座に人間を捉えなおす。養老「ヒト学」の到達点を示す最終講義。（内田樹）

記号論　吉田夏彦

文字、数字、絵画、空の雲……人間にとって世界は記号の集積であり、他者との対話にも不可欠のツールだ。その諸相を解説し、論理学の基礎へと誘う。

モードの迷宮　鷲田清一

拘束したり、隠蔽したり……。衣服、そしてそれを身にまとう「わたし」とは何なのか。スリリングに語られる現象学的な身体論。（植島啓司）

新編 普通をだれも教えてくれない　鷲田清一

「普通」とは、人が生きる上で拠りどころとなるもの。それが今、見えなくなった……。身体から都市空間まで、「普通」をめぐる哲学的思考の試み。（苅部直）

くじけそうな時の臨床哲学クリニック　鷲田清一

やりたい仕事がみつからない、頑張っても報われない、味方がいない……。そんなあなたに寄り添いながら、一緒に考えてくれる哲学読み物。（小沼純一）

「聴く」ことの力　鷲田清一

「聴く」という受け身のいとなみを通して広がる哲学の可能性を問い直し、ホモ・パティエンスとしての人間を丹念に考察する代表作。（高橋源一郎）

初版 古寺巡礼　和辻哲郎

不朽の名著には知られざる初版があった！　若き日の熱い情熱、みずみずしい感動は、本書のイメージを一新する発見に満ちている。（衣笠正晃）

初稿 倫理学　和辻哲郎　苅部直 編

個の内面ではなく、人と人との「間柄」に倫理の本質を求めた和辻の人間学。主著へと至るその思考の軌跡を活き活きと明かす幻の名論考、復活。

反オブジェクト　隈研吾

自己中心的で威圧的な建築を批判したかった——思想史的な検討を通し、新たな可能性を探る。いま最も世界の注目を集める建築家の思考と実践！

錯乱のニューヨーク　レム・コールハース　鈴木圭介訳

過剰な建築的欲望が作り出したニューヨーク／マンハッタンを総合的・批判的にとらえる伝説の名著。本書を読まずして建築を語るなかれ！（磯崎新）

S, M, L, XL+　レム・コールハース　太田佳代子／渡辺佐智江訳

世界的建築家の代表作がついに！　伝説の書のコア・エッセイにその後の主要作を加えた日本版オリジナル編集。彼の思索のエッセンスが詰まった一冊。

東京都市計画物語　越澤明

関東大震災の復興事業から東京オリンピックに向けての都市改造まで、四〇年にわたる都市計画の展開と挫折をたどりつつ新たな問題を提起する。

新版大東京案内（上）　今和次郎編纂

昭和初年の東京の姿を、都市フィールドワークの先駆者が活写した名著。上巻には交通機関や官庁、デパート、盛り場、遊興、味覚などを収録。

グローバル・シティ　サスキア・サッセン　伊豫谷登士翁監訳　大井由紀／髙橋華生子訳

世界の経済活動は分散したのではない、特権的な大都市に集中したのだ。国民国家の枠組みを超えて発生する世界の新秩序と格差拡大を暴く衝撃の必読書。

東京の空間人類学　陣内秀信

東京、このふしぎな都市空間を深層から探り、明快に解読した定番本。基層の地形、江戸の記憶、近代の都市造形が、ここに甦る。図版多数。（川本三郎）

大名庭園　白幡洋三郎

小石川後楽園、浜離宮等の名園では、多種多様な社交が繰り広げられていた。競って造られた庭園の姿に迫りヨーロッパの宮殿とも比較。（尼﨑博正）

東京の地霊《ゲニウス・ロキ》　鈴木博之

日本橋室町、紀尾井町、上野の森……。その土地に堆積した数奇な歴史・固有の記憶を軸に、都内13カ所の土地を考察する「東京物語」。（藤森照信／石山修武）

江戸の坂 東京の坂(全)

二〇一〇年十一月十日　第一刷発行
二〇二一年十月十五日　第三刷発行

著　者　横関英一（よこぜき・ひでいち）
発行者　喜入冬子
発行所　株式会社　筑摩書房
　　　　東京都台東区蔵前二−五−三　〒一一一−八七五五
　　　　電話番号　〇三−五六八七−二六〇一（代表）
装幀者　安野光雅
印刷所　中央精版印刷株式会社
製本所　中央精版印刷株式会社

乱丁・落丁本の場合は、送料小社負担でお取り替えいたします。
本書をコピー、スキャニング等の方法により無許諾で複製する
ことは、法令に規定された場合を除いて禁止されています。請
負業者等の第三者によるデジタル化は一切認められていません
ので、ご注意ください。

© HIDESATO YOKOZEKI 2010　Printed in Japan
ISBN978-4-480-09321-9 C0125